manuel du docteur

HOUSE

DELPHINE SLOAN

City

ISBN : 978-2-35288-327-2
Code Hachette : 50 6580 0

Couverture : Studio City/Shuterstock
Illustrions intérieures : Shutterstock/ D.R.
Dessin du visage de Dr House : Smilewithme/ Shutterstock

Rayon : Document
Collection dirigée par Christian English & Frédéric Thibaud
Catalogue et manuscrits : www.city-editions.com

Dépôt légal : deuxième semestre 2009
Imprimé en France par CPI France Quercy - Mercuès - N° 91657/

Introduction

En 2009, le 49e Festival de télévision de Monte-Carlo a couronné *Dr House*, « Série télévisée la plus regardée au monde ». La mesure porte sur les audiences de 66 pays (soit 1,6 milliard de téléspectateurs potentiels). Avec une audience cumulée de 81,8 millions de téléspectateurs, *Dr House* surclasse les indétrônables *Experts*. L'année précédente, encore, *Dr House* n'était que troisième. Même ceux qui encensent la série depuis ses débuts sont stupéfaits de ce succès.

Si le monde entier se passionne pour cette œuvre, c'est sans conteste pour ses qualités de production, la singularité des cas médicaux qui y sont développés, le suspens… mais surtout en raison de la fascination qu'exerce son héros principal : le docteur Gregory House. Dire que, dans la genèse du projet, il n'était pas du tout au centre de l'intérêt – voire absent –, mais une sorte de faire-valoir, un prétexte au déroulement d'enquêtes médicales !

Replaçons-nous dans le contexte de « l'époque » (une expression un brin excessive étant donné que la série n'a que cinq ans…). À ce moment-là, les séries autour des thèmes scientifiques ont la cote. *Les Experts* (Las Vegas), en plus de susciter des franchises, font des émules, des copies, des ersatz. Paul Attanasio est scénariste. Il signe les scripts de *Quiz Show*, *Donnie Brasco* et crée aussi pour la télévision (*Homicide*, par exemple).

Attanasio cherche un nouveau concept de série pour surfer sur cette vague scientifique tout en s'éloignant de la pure enquête criminelle. Ancien journaliste, il adore la rubrique du *New York Times Magazine* qui s'intéresse à des cas médicaux étonnants et se convainc de pouvoir en faire une série médicale originale.

Depuis le début des séries à la télévision, il existe un genre médical. Un genre qui a connu son heure de gloire au début des années 1990 avec le sacre international d'*Urgences*. Loin des soap-opéras comme *Hôpital central* (la série fétiche de Greg House), pensée par un médecin (Michael Crichton), elle impose sa vision hyperréaliste, où le patient et son affection sont au cœur de l'attention. Dans le sillage d'*Urgences* – qui s'est éteinte cette année 2009 après 15 ans d'antenne –, avec les années, les titres et les succès s'enchaînent : la concurrente *Chicago Hope*, la comique *Scrubs*, la sentimentale *Grey's Anatomy*...

Le médecin est une source inépuisable d'inspiration. Héros tout particulier, il est un homme ordinaire capable de sauver des vies.

Le docteur House est peut-être un mortel, mais assurément il n'a rien d'ordinaire !

Dans le cas de *Dr House*, l'idée de départ était donc de traiter les microbes comme des criminels coupables de maladies improbables. Les symptômes sont les éléments de preuves. Le nom de code du concept est « Shore/Attanasio project ». David Shore est principalement connu comme scénariste ou producteur des séries *Un tandem de choc, The Practice, New York District*...

Il convient que le plan est assez abrupt : *Une fois la série vendue à la chaîne, on s'est dit qu'il fallait y ajouter quelque chose parce que, les microbes n'ayant pas de mobile et ne courant pas se cacher derrière un pancréas une fois leur méfait commis, ça risquait d'être assez sec. Un microbe ne peut pas non plus accuser un autre microbe parce qu'il couche avec sa femme, il fait juste ce pour quoi il est programmé, ce qui risquait d'être très ennuyeux après quelques épisodes.*

Par-dessus le marché, la fiction nécessite incarnation. Sans des personnages forts, une œuvre n'est rien. Y a-t-il un médecin dans l'assistance ? Shore ayant besoin d'un médecin, d'énigmes, d'un limier rusé, Sherlock Holmes lui saute à l'esprit. C'est donc dans le moule du détective de Conan Doyle qu'il façonne sa créature, et les points communs s'accumulent, entre volonté analogique et clins d'œil.

House : *Holmes est mon double*

Le créateur de Sherlock Holmes, Conan Doyle (1859-1930), s'est inspiré d'un médecin pour camper son personnage. Le Dr Joseph Bell est professeur de médecine (et chirurgie), et Conan Doyle suit ses cours. Bell cultive son sens de l'observation et fait preuve d'un pouvoir étonnant de déduction – presque divinatoire – en ce qui regarde la maladie.

L'anglais avale parfois le « l » en prononçant « Holmes ». On entend alors « Homes », *home* signifiant « maison »... Le scénariste David Shore, toujours cohérent dans ses choix, décide, pour son personnage, de lui donner le nom de « House », autre façon de dire « maison ».

Et, autre point commun, Holmes et House sont grands et minces.

Ce sont deux hommes solitaires, mais chacun a un ami cher. Le fidèle compagnon de Sherlock Holmes est le Dr Watson, le confident de House est le Dr Wilson. Précisons cependant que, dans les romans policiers de Doyle, Watson aide Holmes à enquêter. Dans *Dr House*, Wilson a un rôle plus secondaire et irrégulier en ce qui concerne les cas médicaux. On peut davantage dire que l'équipe de House assume ce rôle de collaborateur du Dr Watson. Elle peut aussi est assimilée aux « Baker Street Irregulars », ces gamins de Baker Street que Holmes paye quelques schillings pour l'aider à fouiner sur le terrain. Le talent d'enquêteurs de ces six enfants anglais à l'accent cockney vivant dans les quartiers populaires de Londres est digne des plus fins limiers.

Cuddy, quant à elle, prend des allures de Mrs. Hudson, la logeuse de Sherlock Holmes et Watson au 221B, Baker Street, à Londres. Sur la porte de House est inscrit « 221B ».

House et Holmes sont tous deux musiciens. L'Anglais joue du violon, l'Américain du piano (également de la guitare...). Il est amusant de constater que les producteurs sont allés choisir un sujet britannique (Hugh Laurie), comme Sherlock Holmes, pour incarner un natif de l'Ohio.

House est dépendant à la Vicodin, Holmes est cocaïnomane

Bien que de nature paresseuse, ils sont sans cesse en action quand il est question de résoudre une énigme. Le reste du temps, l'ennui les submerge.

Alors que Greg House est fan du feuilleton bébête *General Hospital* (*Hôpital central*), la curiosité de Holmes est piquée par les courriers du cœur des journaux. Les auteurs de la série jouent avec cette gémellité et en profitent pour glisser dans des épisodes des noms issus de l'univers holmésien : Adler (1x01), Doyle (2x17), Moriarty (2x24).

Le réalisateur Bryan Singer – auréolé des succès des films *Usual Suspects* et des *X-Men* –, croyant au projet Shore/Attanasio, se propose d'en être l'un des producteurs et d'en réaliser le pilote (premier épisode de la série). Il est de ceux qui craquent pour le comédien Hugh Laurie, quasiment inconnu aux USA à l'époque. La majorité s'accorde à dire que, sans le talent de Laurie,

House n'aurait pas eu le même coefficient de sympathie, ce que confirme l'un des scénaristes et coproducteur exécutif de la série, Peter Blake, qui n'aurait pas parié sur son succès sans sa vedette : *Même si le scénario signé David Shore était génial, je me suis dit : « Cette série n'a aucune chance. Le héros est vraiment un sale con ! Comment les téléspectateurs vont-ils pouvoir l'apprécier ? » C'était sans compter sur son interprète. Il émane de lui une telle intelligence qu'il a rendu son personnage fascinant.*

David Shore n'était pas non plus tout à fait sûr de lui. Il attendait que la chaîne lui demande de lui faire adopter un petit chien ou pleurer sur le sort de sa grand-mère mourante ! Mais il n'en fut rien. House a toute latitude pour être odieux, cynique, sarcastique, misanthrope, politiquement incorrect, misogyne...

En qualité de série policière en milieu hospitalier, *Dr House* suit un schéma narratif assez immuable : une scène d'introduction présente le malade au moment de sa crise aiguë, House s'empare du cas, discute du diagnostic différentiel avec ses trois assistants, les Drs Foreman, Cameron et Chase, ordonne une véritable enquête médicolégale, des analyses qui conduisent à un diagnostic qui s'avère erroné.

Le patient s'enfonce. Autre diagnostic, nouveau traitement, nouvelle erreur. À un moment, une conversation – qui n'a aucun rapport avec le cas – offre la révélation à House (*epiphany*). Il explique la solution à son équipe, le téléspectateur a le détail grâce à des images de synthèse décrivant la maladie de l'intérieur du corps de la victime, en plongée sous-cutanée. Le patient reçoit le traitement adéquat : l'affaire est bouclée.

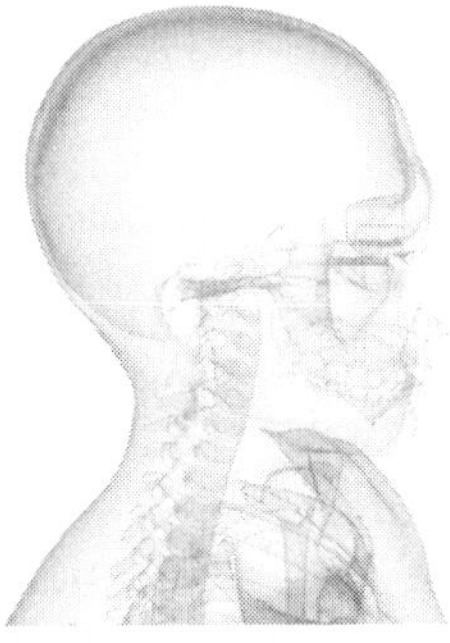

Autour de cette intrigue se développe une histoire parallèle, nous en apprenant toujours davantage sur le personnage captivant de House. Que ce soit sa manière particulière de traiter les malades de la Consultation, sa conception de la relation amicale – à travers ses rapports avec le Dr Wilson –, son insubordination, ses loisirs, ses failles... L'action principale se déroule dans les murs d'un hôpital fictif du New Jersey nommé Princeton-Plainsboro.

Bien sûr, les scènes sont tournées en studio à Los Angeles (studios Fox à Century City), et les vues extérieures de l'hôpital sont des prises du campus de l'Université de Princeton (First Campus Center).

Peut-être parce que House est musicien lui-même, l'illustration musicale de la série jouit d'une attention toute particulière. Presque chaque épisode a sa chanson, dans des registres variés. Le générique d'ouverture et de fin qu'entendent les Américains – et non les Français pour des questions de droits d'auteurs – est un morceau du groupe Massive Attack, intitulé « Teardrop » (version instrumentale).

Lancée en novembre 2004 aux États-Unis sur la Fox, la série connaît le succès grâce à sa diffusion à la suite de la très populaire émission *American Idol* (*La Nouvelle Star* en France).

En cinq saisons, *Dr House* a multiplié les récompenses comme certaines infections, les bactéries. Citons-en quelques-unes des plus remarquables.

Screen Actors Guild Awards 2009 : meilleur acteur dans une série dramatique pour Hugh Laurie. / **People's Choice Awards 2008** : série dramatique préférée et acteur de télé préféré du public pour Hugh Laurie. / **People's Choice Awards 2008** : meilleure série dramatique. / **Emmy Awards 2007** : meilleur maquillage pour l'épisode « Que Sera Sera » (3x06) / **Golden Globe Awards 2007** : meilleur acteur dans une série dramatique pour Hugh Laurie. / **Screen Actors Guild Awards 2007** : meilleur acteur dans une série dramatique pour Hugh Laurie. / **Golden Globe Awards 2006** : meilleur acteur dans une série dramatique pour Hugh Laurie. / **Emmy Award 2005** : meilleur scénario d'une série dramatique pour l'épisode « Cours magistral » (1x21).

On remarque que, souvent, c'est Hugh Laurie qui recueille les lauriers. Quoi qu'on en dise, aussi passionnantes que puissent être les énigmes médicales, *Dr House* attire des foules subjuguées par Gregory House, l'un des personnages les plus intéressants de l'histoire de la fiction télévisuelle, voire de la fiction en général.

Les personnages

Dr Gregory House

Poste : chef du département Diagnostics à l'hôpital de Princeton-Plainsboro (New Jersey).

Spécialité : maladies infectieuses, néphrologie, médecine interne.

Au fil des épisodes, on en apprend un peu plus sur le parcours de Gregory House, ses hobbies, ses talents.

Né le 11 juin 1959, Gregory House est le fils de Blythe et John House, un militaire servant dans le corps des pilotes de la Marine. Une profession qui a contraint la famille à souvent déménager, de bases en bases. Dans son enfance, Greg a par exemple vécu en Égypte – de là lui vient son intérêt pour l'égyptologie – et au Japon. C'est d'ailleurs au pays du soleil levant que lui a pris l'envie de devenir médecin, quand, à 14 ans, il rencontre un médecin buraku (caste japonaise) et assiste au miracle de le voir guérir un patient que tout le corps médical, impuissant, avait abandonné. Gregory a une aversion complète pour son père et, bien qu'appréciant sa mère, il préfère éviter de voir ses parents le plus possible. John n'était sans doute pas très tendre avec son fils… House entame ses études de médecine à l'université Johns-Hopkins, où il y entreprend des recherches en psychiatrie et en sciences comportementales, mais en est exclu pour tricherie, suite à la dénonciation de l'un de ses camarades. Il rejoint alors l'Université du Michigan, où il passe son doctorat et rencontre Lisa Cuddy.

Il file l'amour parfait avec Stacy, une avocate rencontrée lors d'une partie de paint-ball, jusqu'au jour où, sur un parcours de golf, il ressent une douleur insupportable à la jambe droite. Les médecins qui le prennent en charge ne cherchent pas vraiment à le diagnostiquer, étant persuadés qu'il est simplement en état de manque. En fait, il a été victime d'un infarctus musculaire. Un caillot de sang s'est formé dans un anévrisme présent dans la cuisse, d'où l'infarctus, puis la nécrose du quadriceps.

House, qui ne veut absolument pas perdre sa jambe, préconise une intervention très dangereuse, risquant de conduire à la défaillance de plusieurs organes et, au pire, à une crise cardiaque. Après qu'il a été mis artificiellement dans le coma pour échapper à la douleur, Stacy va à l'encontre de sa décision et, sur les recommandations de Cuddy, donne son accord pour retirer le muscle nécrosé, une procédure à mi-chemin entre l'amputation de la jambe et le rétablissement de la circulation sanguine dans la jambe par le court-circuit du muscle.

À son réveil, House en veut à mort à Stacy de l'avoir ainsi abusé et la quitte. Il ne lui pardonne pas cette intervention lui ayant fait perdre l'usage partiel de sa jambe – il est obligé de marcher avec une canne – et le condamnant à une douleur permanente – qui le conduit à une dépendance sauvage à la Vicodin, un puissant analgésique.

Cet épisode de la vie de House se passe à peu près cinq ans avant le début de la série.

D'un naturel déjà arrogant, narcissique, misanthrope et désabusé, la personnalité de Gregory House s'enfonce un peu plus

dans le pessimisme, la mauvaise humeur et la noirceur après cette épreuve.

C'est toute l'originalité de House d'être un médecin contraire à l'archétype du bon docteur. Seules les maladies intéressent le Dr House. Les malades, il n'en a cure. D'ailleurs, il ne leur fait pas confiance et préfère les éviter au maximum. Il aime les énigmes, pas les sentiments. Son credo, il l'expose un jour à un patient : *Préférez-vous un médecin qui vous tient la main quand vous mourrez ou qui vous ignore quand vous êtes guéri ?*

Politiquement incorrect, il ne se prive jamais d'une réflexion raciste, misogyne, antisémite, homophobe...

Il dédaigne complètement la déontologie de sa profession, n'hésite pas à faire chanter ses collègues, engager des paris sur les chances des patients, prescrire des traitements peu conventionnels, voire apparemment dangereux, menacer un malade et aller contre ses volontés, pénétrer par effraction chez lui, nier toute loi et hiérarchie.

Profondément antireligieux, il se moque des croyances des autres. Il s'intéresse à ce que Dieu représente et à ce que la religion apprend sur les hommes. Cela ne l'empêche pas d'être en colère contre Dieu et sa création. C'est un scientifique. Rationnel, il dénonce la religion comme un non-sens et une hypocrisie, juge ses ouailles comme des abrutis, aveuglés par leur foi.

Son style vestimentaire est, pour un médecin, anti-conventionnel. Ne portant jamais la blouse blanche, c'est sa façon de se rebeller contre l'institution médicale qu'il exècre.

D'apparence négligée, sa barbe de trois jours, ses cheveux ébouriffés, ses vestes portées par-dessus un tee-shirt mode et un blue-jean, ses baskets branchées et sa grosse cylindrée sont pourtant autant de détails qui font de lui une espèce de dandy du XXIe siècle. Son look lui donne un côté « éternel ado », renforcé par son goût pour les consoles vidéo, le yo-yo, les sucettes et autres skate-boards.

Tant de contradictions venant d'un surdoué, qui connaît l'espagnol, le portugais, le mandarin, le japonais, l'hindi, le yiddish, l'allemand..., qui joue du piano, de la guitare et de l'harmonica. Greg House est un passionné de musique : classique, jazz, blues, rock des années 1960 et 1970.

En même temps, cet être complexe joue les ménagères de moins de 50 ans en se passionnant pour la presse people et en ne ratant jamais son feuilleton soap, *Hôpital central* (*General Hospital*). Concurremment, il sait jouer les mâles de base en fréquentant des prostituées, en multipliant les blagues salaces, en aimant les matches de base-ball, de hockey sur glace et les compétitions de monster trucks.

Brillant, drôle, caustique, bourré de charme, House réussit à se faire apprécier malgré ses tares et ses répliques. Il est en souffrance. Alors que lui ne pratique pas l'empathie, les autres peuvent, eux, ressentir de la compassion à son égard.

Gregory House n'est finalement qu'un homme. C'est ce qui le rend à fois insupportable et irrésistible.

Dr Lisa Cuddy

Poste : directeur administratif de l'hôpital Princeton-Plainsboro, membre du conseil d'administration, membre du comité des greffes d'organes, doyen de la faculté.

Spécialité : endocrinologie.

Lisa Cuddy est de confession juive et a une sœur. Son passé reste assez secret jusqu'alors. Elle a étudié à l'Université du Michigan, où elle a fait la rencontre de Gregory. À l'âge de 25 ans, seconde de sa promotion, elle en est sortie avec le diplôme de médecine en poche. C'est elle qui, au moment de l'accident de House, reprend en main son dossier et lui évite l'amputation.

Elle est la première femme doyenne de médecine à l'âge de 32 ans. C'est une belle femme et elle ne le dissimule pas.

Son personnage est secondaire au début de la série. Elle ne sert que de garde-fou à House à l'exhorter à faire ses heures de consultation, à lui éviter les procès et l'empêcher de pratiquer n'importe quelle intervention abracadabrante sur ses patients.

Bien que souvent épouvantée par le comportement de House, elle lui reconnaît son génie et l'atout qu'il représente pour l'hôpital... pour l'humanité ! Elle n'hésite pas à le défendre de toutes attaques extérieures.

Les sondages d'opinion, très favorables à Cuddy, ont poussé les scénaristes de *Dr House* à donner plus d'épaisseur et de visibilité à la directrice du Princeton-Plainsboro. Le public apprécie notamment la tension sexuelle qui existe entre House et Cuddy, couple régulièrement plébiscité « plus glamour de la télévision ». Ces deux-là flirtent de plus en plus ouvertement alors que le temps avance, jouent au chat et à la souris avec un mélange d'amusement et d'agacement. Bien que passionnée par son travail, elle porte le rêve de devenir mère, sous peine de faire un bébé toute seule. Elle a du reste recours à la fécondation in vitro, mais en vain.

Dr James Wilson

Poste : chef du département d'oncologie (cancérologie), membre du conseil d'administration et membre du comité de greffe d'organes.

Meilleur (seul) ami de Gregory House, il entretient avec lui une relation à la fois complice et honnête, dans l'ensemble. Ils s'opposent, se taquinent, se chamaillent, se piègent... Leur complicité est réelle et indispensable à l'un et à l'autre, même si, çà et là, la proximité de House peut s'avérer pesante à Wilson. Il essaye parfois de lui échapper, mais revient toujours, car il ne peut pas lui dire non. Il semble prêt à tous les sacrifices pour House. Un drôle de couple, qui, bien sûr, alimente les fantasmes d'un amour homosexuel. Ils se sont rencontrés, vers 1988, lors d'une convention médicale à la Nouvelle-Orléans. Wilson prit part à une bagarre dans un bar, et House, présent, paya sa caution et engagea un avocat pour plaider sa cause. Ils devinrent amis. Lorsqu'un poste d'oncologie se libéra au Princeton-Plainsboro, House le signala à son copain.

Wilson est peu chanceux avec les femmes. Lors de la première saison, il vit son troisième mariage, qui se termine au cours de la seconde saison, quand il apprend que son épouse le trompait. House estime que son ami aime les femmes brisées : une fois qu'il les a prises sous son aile, a réparé leur fêlure, il s'en désintéresse.

Wilson est de confession juive, a deux frères – dont l'un est un marginal –, est diplômé de l'université McGill de Montréal, de Columbia et de l'Université de Pennsylvanie.

Gentil, compatissant et rassurant, il a une approche exceptionnelle avec les patients, l'exact opposé du Dr House, qui, tout en le désignant comme un « vampire émotionnel », le décrit comme un médecin auquel les gens disent merci quand il leur annonce qu'ils vont mourir.

Dr Eric Foreman

Spécialité : neurologie.

Il a étudié successivement à l'université Columbia, puis à l'université Johns-Hopkins.

House aime à dire qu'il l'a embauché pour son passé de délinquance juvénile, de voleur de voitures. Il est d'extraction modeste.

Sa mère est atteinte de la maladie d'Alzheimer, ce qui explique sans doute son choix de spécialité : la neurologie.

Son frère, Marcus, est en prison pour une affaire de drogue. Foreman est sévère à son égard, car lui s'est sorti des embrouilles pour devenir un médecin émérite. D'un caractère difficile, Foreman est souvent en opposition avec House, lorgnant d'ailleurs sur son poste.

Rigide, il ne supporte pas les excentricités de son collègue, d'autant moins quand House lui renvoie de lui-même une image de médecin insensible et arrogant.

Dr Allison Cameron

Spécialité : immunologie, médecine interne, allergologie, médecine d'urgences.

Dotée d'une grande capacité d'empathie, elle la met au service des patients et devient peut-être parfois trop sentimentale.

Allison est une très jeune veuve. Son mari est mort du cancer et elle l'a accompagné jusqu'à ses derniers instants avec une vraie dévotion pour une femme de 21 ans. Cette expérience l'a confortée dans son rôle de médecin. Ce trait de caractère, qui la pousse à venir en aide aux personnes en souffrance, explique en partie son attirance pour House, grand accidenté de la vie.

Elle vient du Middle West des États-Unis. Bien qu'étudiante parmi les meilleurs de sa promotion, Cameron est choisie par House sur son physique, sa théorie étant que les jolies femmes devenant médecin sont plus valables sous le prétexte que leur beau minois aurait pu leur servir à se diriger vers un emploi nettement plus aisé que médecin.

À la fin de la troisième saison, Chase est renvoyé par House, Foreman a donné sa démission, et Cameron, qui se retrouve seule, quitte le département pour rejoindre les Urgences et en devenir le chef. On l'y retrouve toute blonde !

Elle entretient une relation sentimentale avec Robert Chase.

Dr Robert Chase

Spécialité : soins intensifs, médecine d'urgences, cardiologie, chirurgie.

Australien, d'une trentaine d'années, il est le fils d'un éminent médecin, Rowan, et a été pistonné pour entrer dans l'équipe de House. Le père a abandonné sa famille, rendant la mère alcoolique jusqu'à la mort. Catholique, Robert a pensé, avant de devenir médecin, entrer au séminaire.

Ambitieux et bien que talentueux, il est souvent considéré comme le maillon faible de l'équipe. Il apparaît docile, plutôt désireux de se faire bien voir de House.

Cette attitude lui nuit plus qu'elle ne l'avantage, car son patron ne le porte pas dans son cœur et le respecte peu. À la fin de la saison 3, Chase, qui entretient une relation sentimentale avec Allison Cameron, quitte l'équipe de Diagnostics et devient chirurgien.

Il est allergique aux fraises.

Les petits nouveaux de la saison 4, grands vainqueurs de la « House Academy »

Dr Remy Hadley – Numéro Treize (Thirteen en VO)

Spécialiste en médecine interne.

Elle garde son surnom du numéro qu'elle avait lors de la compétition visant à constituer la nouvelle équipe du département

Diagnostics. Femme plutôt réservée et énigmatique, son père était alcoolique et sa mère est décédée de la maladie de Huntington, affection dégénérative héréditaire du système nerveux. De peur d'avoir à affronter la vérité de sa propre condition, Numéro Treize ne veut pas se faire tester. Lorsqu'elle y consent enfin, elle apprend qu'elle est effectivement porteuse du gène.

La jeune femme est bisexuelle.

Dr Lawrence Kutner

Spécialiste en médecine sportive, en médecine physique et de réadaptation.

Il était le candidat numéro 6.

À six ans, il assiste à l'assassinat de ses parents d'origine indienne, gérants d'une épicerie, et est adopté par les Kutner.

Il fait souvent preuve d'originalité dans ses diagnostics, entretient de bonnes relations avec les patients, est très superstitieux et n'hésite pas à prendre des risques.

Dr Chris Taub

Spécialiste en chirurgie plastique.

Exerçant sa profession de chirurgien plastique avec succès, il l'abandonne toutefois pour sauver son mariage. Il avait eu une aventure avec une infirmière.

Ses collègues, en l'apprenant, le firent chanter, le menaçant de tout révéler à sa femme s'il ne signait pas une clause de non-concurrence. Il ne pouvait donc plus exercer la chirurgie esthétique.

Pour justifier l'abandon de sa carrière, il raconte à son épouse qu'il a perdu une patiente et lui offre un diamant.

Il est de confession juive, non pratiquant, et considère sa tendance à l'adultère comme son vice… comme certains souffrent de dépendance à la Vicodin…

En tant que médecin, Chris n'est pas très porté sur les sentiments, présente une personnalité plutôt cynique et a une vision assez désabusée de l'existence qui lui donne un petit côté « Droopy ».

Il est le plus âgé et le plus expérimenté de l'équipe de House, celui le plus à même de le remettre en question.

Quelques personnages secondaires récurrents

Edward Vogler prend la direction du conseil d'administration de l'hôpital (saison 1).

Vogler est un milliardaire propriétaire d'une firme pharmaceutique. Sous prétexte d'une donation de l'ordre de 100 millions de dollars, il prend la tête du conseil d'administration de l'hôpital avec l'intention non déguisée d'utiliser l'hôpital comme un laboratoire de tests pour ses remèdes contre le cancer.

Il se retrouve opposé à House, faisant tout pour le mettre à la porte. Le médecin sort victorieux de ce bras de fer, et c'est Vogler qui quitte.

Interprété par **Chi McBride**. Né le :
23 septembre 1961.
Vu dans : *Boston Public, Pushing Daisies…*

Stacy Warner, ex-compagne de House, elle lui demande son aide pour soigner son mari, Mark Warner (saisons 1 et 2). Elle devient ensuite avocate de l'hôpital (saison 2).

Stacy a été la compagne de Greg House pendant cinq ans. Elle était présente lors de l'accident vasculaire qui a rendu son amoureux handicapé.

Ils se sont rencontrés lors d'une partie de paint-ball qui opposait équipe de juristes et équipe de médecins.

Elle est avocate constitutionnelle et diplômée de la Duke University. Deux ans après sa rupture d'avec House, Stacy a épousé Mark.

La jeune femme n'a jamais cessé d'éprouver des sentiments pour Greg, mais il est trop destructeur.

Grand amour de House, il la repousse néanmoins, alors même qu'elle pense à quitter Mark pour retourner avec lui. Il lui explique qu'il ne pourra jamais changer et, sur ces entrefaites, Stacy quitte son travail à l'hôpital pour retourner à Short Hills avec Mark.

Interprétée par **Sela Ward**. Née le : 11 juillet 1956.
Vue dans : *Once and Again : Deuxième Chance*...

Michael Tritter est un policier qui cherche des noises à House (saison 3).

Les deux hommes se rencontrent à la Consultation, mais ça se passe mal. Pour l'humilier, House laisse Tritter avec le thermomètre dans les fesses pendant deux heures, sans aucune raison. Cherchant à se venger, Tritter arrête le médecin pour conduite en excès de Vicodin. À partir de là, House devient l'idée fixe du policier qui ne recule devant rien (allant même jusqu'à instrumentaliser Wilson) pour mettre son adversaire hors circuit. Le juge finit par lui remettre les pieds sur terre et le sermonner pour sa conduite excessive.

Interprété par **David Morse**. Né le : 11 octobre 1953.
Vu dans *L'Armée des douze singes* de Terry Gilliam, *Rock* de Michael Bay, *La Ligne verte* de Frank Darabont, *Dancer in the Dark* de Lars von Trier, *16 Blocs* de Richard Donner...

Amber Volakis, alias « Abominable Garce », est candidate au poste de médecin lors du renouvellement de l'équipe de House.

Elle est radiologue interventionnelle. House lui octroie le numéro 24. Amber est prête à tout pour réussir, quitte à marcher sur les autres et enfreindre tous les règlements. Elle n'est pas retenue, mais devient la petite amie de Wilson, ce qui n'est pas pour plaire à House qui la voit comme un rempart à son amitié avec James (saison 4). Puis, elle meurt, pour revenir en saison 5 sous la forme d'hallucinations.

Interprétée par **Anne Dudek**.Née le : 22 mars 1975.
Vue dans *Mad Men*, *Big Love*...

Les acteurs

☆ Hugh LAURIE/Dr HOUSE

Le succès de Dr House *va me donner des cauchemars jusqu'à la fin de mes jours ! J'ose à peine m'imaginer arriver dans un village de la France profonde et être reconnu par tous les habitants. Adieu, vacances tranquilles !*

Deux Golden Globes du Meilleur Acteur de l'année remportés, trois nominations aux Emmy Awards engrangées, et tant d'autres trophées, un titre d'Homme le plus sexy décerné par le magazine *People*, Hugh Laurie est fait officier de l'Ordre de l'Empire britannique. En France, il est plébiscité par un large public conquis par l'impertinence du Dr House et fasciné par la qualité du jeu de son interprète. Les lecteurs se ruent sur son polar, *Tout est sous contrôle*, l'un des grands succès de librairie de l'année 2009.

Né à Oxford, en Angleterre, le 11 juin 1959, James Hugh Calum Laurie a un père médecin ; néanmoins lui, cadet d'une famille de quatre enfants, a suivi des études d'archéologie et d'anthropologie. Il aurait bien suivi les traces de Ran, pas en tant que médecin, mais comme champion d'aviron. En effet, William George Ranald Mundell Laurie a gagné la médaille d'or dans cette discipline sportive aux Jeux olympiques de 1948. Hugh fait partie de l'équipe junior d'aviron de Grande-Bretagne ; malheureusement une mononucléose l'oblige à abandonner ce sport.

Dès sa première année à la fac, il fait la connaissance d'Emma Thomson (qui brillera, entre autres, dans *Retour à Howards End, Raisons et Sentiments*, la saga *Harry Potter*...). Tous deux, comme le futur Monty Python John Cleese, intègrent la célèbre compagnie théâtrale comique Cambridge Footlights et, à la fin de la saison, ils partent en tournée dans tout le pays. Au détour d'une représentation, Hugh Laurie rencontre le comédien Stephen Fry (vu depuis dans *Un poisson nommé Wanda, Gosford Park, V pour Vendetta*...), qui rejoint la troupe. Ensemble, ils jouent dans des sketches, notamment à la télévision (*A Bit of Fry and Laurie*). Ainsi, Laurie paraît un jour aux côtés de Rowan Atkinson (*Mr Bean*), puis Kenneth Branagh requiert leur participation dans *Peter's Friends* (1992).

Sa carrière au cinéma évolue d'une manière assez moyenne. On le voit dans *Les 101 Dalmatiens, L'Homme au masque de fer, Stuart Little 1 et 2, Le Vol du Phœnix*... C'est d'ailleurs en plein tournage de cette production, en Namibie, qu'il passe l'audition pour incarner Gregory House. Il réalise une cassette vidéo dans la salle de bains de sa chambre d'hôtel, en commençant par s'excuser pour son look quelque peu négligé, justifié par le personnage qu'il incarne dans le film en cours. C'est ainsi que le créateur de *Dr House*, David Shore, en regardant la bande d'essai de Hugh, a eu l'exacte vision de l'apparence qu'il voulait pour son personnage principal. Au-delà de sa physionomie ad hoc, Shore se félicite tous les jours d'être tombé sur un comédien comme Laurie : *Hugh est tellement bon que ça vous donne une grande liberté, il vous rend capable de tout écrire. Dans une scène dramatique, lourde, émouvante, je peux balancer une blague en plein milieu et il s'en tire.*

La panoplie de baskets de House revient aussi à son acteur, car Hugh, qui les adore, en possède une cinquantaine de paires.

On se plaît toujours à rapprocher fiction et réalité. La presse aime en faire des pages sur le caractère de Laurie. Apparemment, il serait aussi ingérable que Gregory House. Et maniacodépressif. À l'appui, des citations de l'acteur lui-même : *Je consulte un psy. Malheureusement, comme tout dépressif, je ne sais jamais vrai-*

ment quand et pourquoi ça me frappe. C'est une maladie qui fait partie intégrante de ma vie. Pour circonstance atténuante : l'éloignement de sa femme et ses trois enfants restés en Angleterre pendant que lui tourne la série à Los Angeles. *Cette séparation forcée me rend aussi râleur que House*, admet-il volontiers. Son défouloir : la boxe. Travailler 15 heures par jour n'est pas non plus pour apaiser les esprits déjà tendus... Comme toute peine mérite salaire, en septembre 2008, il avait réussi à négocier un cachet de 400 000 dollars par épisode.

Autre trait partagé, plus agréable : la mélomanie. Comme Laurie est un bon pianiste, l'on voit de temps à autre House caresser son clavier. Le comédien fait d'ailleurs partie du « Band from TV » un groupe de rock à vocation caritative, composé de vedettes du petit écran : Greg Grunberg de *Heroes*, James Denton et Teri Hatcher de *Desperate Housewives*, Jesse Spenser du même *Dr House*.

La moto est également une passion commune à l'acteur et son personnage.

En revanche, Hugh Laurie ne boite pas. Il a dû s'habituer dans son jeu à cette démarche handicapée : *Ce n'est pas la démarche qui a le plus d'incidence*, précise-t-il, *c'est le fait de n'avoir l'usage que d'une seule main. C'est beaucoup plus contraignant que de devoir boiter, se faire un thé, mettre deux sucres, ouvrir la porte, répondre au téléphone, avec une seule main, cela prend beaucoup de temps. À chaque scène, je dois me demander où poser ma canne, c'est une contrainte physique énorme.*

Autre contrainte, celle de forcer son accent. Ce natif d'Oxford est loin d'avoir le débit américain naturel d'un Gregory House de l'Ohio. Il a travaillé dur pour y parvenir aussi parfaitement et se souvient comme il a été difficile de prononcer des mots tels que *coronary artery* sans se trahir !

Filmographie sélective

1992 : *Peter's Friends* / 1995 : *Raison et Sentiments* / 1996 : *Les 101 Dalmatiens* / 1997 : *Spice World, le film* / 1998 : *L'Homme au masque de fer* / 1999 : *Stuart Little* / 2002 : *Stuart Little 2* / 2004 : *Le Vol du Phœnix* / 2005 : *Vaillant, pigeon de combat !* (voix)/ 2008 : *Au bout de la nuit* / 2009 : *Monstres contre aliens* (voix)

À la télé

1997 : Saison 4, épisode 24 de *Friends*. Il y interprète un gentleman anglais que Rachel rencontre dans un vol pour Londres.

2002 : Saison 1, épisodes 3 et 4 de la série britannique d'espionnage *MI-5*. Il est le prétentieux chef de département du MI-6.

2003 : *Fortysomething*, série britannique arrêtée au bout de six épisodes. Il y joue un homme touché par la crise de la quarantaine. Laurie réalise personnellement les trois premiers épisodes.

Ce qu'il pense de House : *Je ne le vois pas comme un salaud. Pour moi, c'est un héros : il n'est pas poli, ce n'est pas forcément quelqu'un que vous présenteriez à votre mère, mais il est à la recherche de la vérité. Et cette vérité pourrait bien un jour vous sauver la vie ou celle d'une personne que vous aimez. C'est là qu'est l'héroïsme. Pour cela, il a abandonné une bonne partie de ses chances d'être heureux, de ses contacts avec les autres, d'une vie sociale normale, pour ne pas compromettre sa recherche de vérité. Je trouve cela héroïque. Je ne peux pas le voir comme un salaud.*

☆ Lisa EDELSTEIN/Dr CUDDY

Je serais certainement médecin aujourd'hui si je n'avais pas autant détesté les études.

Avant d'incarner la rigide Cuddy, Lisa Edelstein était connue pour être une des grandes reines des nuits new-yorkaises. Une vraie clubbeuse, cette Lisa E. ! Ce statut de jeune femme branchée lui fait décrocher l'animation d'une émission sur la chaîne MTV (*Awake on the Wild Side*).

Cette fille de médecin aurait pu reprendre la blouse, mais les études la révulsent. D'un naturel plutôt bohème, elle préfère devenir actrice. Dès qu'elle devient majeure, elle quitte sa famille et son Boston natal (elle y est née le 21 mai 1966) pour faire une école d'art dramatique dans la Grosse Pomme et obtient très vite son premier (tout petit) rôle dans *The Doors*.

La folie des nuits endiablées n'a qu'un temps. Avec les années 1990, elle voit beaucoup de ses amis mourir du sida et en fait même le sujet d'une comédie musicale qu'elle compose et interprète : *Positive Me*. Lisa s'applique à reprendre ses activités d'actrice et apparaît à la télévision dans *Dingue de toi*, *Seinfeld*, *Urgences*, *À la Maison-Blanche*, *Ally McBeal* (dans le rôle d'un transsexuel !), *Felicity*, *The Practice*, *FBI : Portés disparus*... Au cinéma, dans *Au nom d'Anna*, *Ce que veulent les femmes*... Lisa Edelstein, Lisa E., Lisa Cuddy... Trois vies et maintenant une notoriété mondiale.

Ce qu'elle pense de son personnage : *Une grosse travailleuse qui adore avoir raison, comme moi !*

Ce qu'elle pense de House : *J'ai toujours été attirée par des hommes complexes comme House. Même s'il est lunatique et égoïste, Gregory House est doté d'une intelligence incroyable, et c'est quelque chose qui m'a toujours fascinée chez un homme.*

Ce qu'elle pense de Hugh Laurie : *Hugh peut parfois être excessif. Il est assez têtu et obstiné, mais il est aussi et surtout un vrai professionnel. Hugh est pour moi une véritable inspiration. Il est l'un des hommes les plus intelligents que je connaisse et j'ai beaucoup de respect pour lui, même s'il lui arrive d'être un peu trop obsessionnel dans ses idées.*

☆ Robert Sean LEONARD/Dr WILSON

Un bon rôle, qui me laisse du temps libre pour lire, faire de longues balades et cuisiner. Moins je tourne, mieux je me porte.

Robert Sean Leonard est né Robert Lawrence Leonard. Ce nom étant déjà utilisé par un autre acteur quand il a débuté sa carrière, il a pris pour second prénom celui de son frère, Sean. Il voit le jour le 28 février 1969 dans le New Jersey, y grandit et fait ses études à l'Université de Columbia avant d'obtenir ses premiers rôles. Bien que Robert soit, de formation, un acteur de théâtre, le grand public le connaît aujourd'hui pour son rôle à la télévision dans *Dr House* et hier pour celui du jeune écorché vif Neil Perry, en lutte avec son père autoritaire et sectaire, dans *Le Cercle des poètes disparus* (1989). Depuis, il s'est fait discret sur les grands écrans, mais on le retrouve tout de même dans *Beaucoup de bruit pour rien* de Kenneth Branagh ou *Le Temps de l'innocence* de Martin Scorsese. Le reste de sa filmographie n'est pas spécialement marquant : dans *I Love You I Love You Not* (1996), il joue avec Jeanne Moreau, Claire Danes et Jude Law ; puis il participe au long-métrage de son partenaire des *Poètes disparus*, Ethan Hawke, *Chelsea Walls*, et rencontre Sylvester Stallone dans *Driven*...

Ce qu'il pense de son personnage : *Wilson est le seul à dire la vérité à House. Il n'a rien à perdre. Il ne travaille pas pour House, et House ne travaille pas pour lui. Wilson est le seul personnage qui choisit de passer du temps avec lui ; il n'est pas là parce que le travail l'y oblige. C'est pour cela qu'il est complètement libre de lui dire tout ce qu'il pense. Quoique Cuddy ne se retienne pas beaucoup non plus !*

Ce qu'il pense de House : *Je pense que House est un personnage très attirant. La plupart des gens voudraient être amis avec lui.*

Ce qu'il pense de Hugh Laurie : *Hugh a en permanence le sentiment de ne pas être bon. Il déteste qu'on dise qu'il est sexy, mais il déteste encore plus qu'on dise qu'il est brillant. Il est sincère. Hugh apprend 72 nouvelles répliques par jour et doit les dire avec un accent. C'est un cauchemar. Je ne voudrais pas échanger nos rôles !*

☆ Omar EPPS/Dr FOREMAN

House est génial dans ce qu'il fait, et Foreman essaye d'être aussi bon médecin qu'il peut l'être.

Avant d'être le Dr Foreman de *Dr House*, Omar Epps a fait ses classes aux *Urgences*, dans le pyjama du Dr Dennis Grant (saison 3, 1996). Le métier d'acteur n'est pas la seule corde à son arc. Rappeur, il a monté à ses débuts, avec son frère, le groupe Wolfpak en 1991. Alors qu'il prenait des cours de théâtre, ce gamin des quartiers difficiles de New York écrivait aussi des scénarios.

Au début de sa carrière, il décroche plutôt des rôles de gars de la zone (*Juice* avec Tupac Shakur, *Fièvre à Columbus University*) ou de sportifs (*Love & Basketball*, *Dans les cordes*). Il élargit un peu le spectre dans l'horreur de *Scream 2* ou *Dracula 2001* et la comédie sentimentale, *Irrésistible Alfie*.

Il est né le 23 juillet 1973 à Brooklyn, New York.

Ce qu'il pense de son personnage : *Il y a un paradoxe : Foreman est le type qui s'élève le plus contre House et ses comportements, alors qu'il est celui qui lui ressemble le plus dans sa façon de se comporter avec les gens. Enfin, je dirais quand même que Foreman est plus cordial que House.*

Ce qu'il pense de House : *House juge les autres de manière catégorique. Il est insensible et dur envers tous ses semblables.*

Ce qu'il pense de Hugh Laurie : *Hugh est à l'opposé du Dr House : un mec super cool et sympa.*

☆ Jennifer MORRISON/Dr CAMERON

Peu importe ce qu'il se passe entre eux, on ne peut que remarquer l'incroyable alchimie qui opère. Parfois, cela ressemble à de la fascination mutuelle. Elle a envie de prendre soin de lui, il est intrigué par elle. Ils ne semblent avoir aucun contrôle sur leurs émotions jusqu'à ce que la raison s'en mêle ! Leur relation semble impossible, mais il y a définitivement quelque chose de fort, de direct entre eux.

Surnommez-la Jenny Morrison. Elle est née à Chicago le 12 avril 1979 et commence une carrière de mannequin très jeune. Photos, pubs... Son premier grand fait de gloire est de s'être retrouvée à la une du magazine *Sports Illustrated for Kids* aux côtés de Michael Jordan. Elle court les castings ciné et télé, s'accroche et obtient une apparition dans le film *Intersection* avec Sharon Stone et Richard Gere. En parallèle, elle ne néglige pas son éducation et s'inscrit à des cours de théâtre. Quelques autres contrats tombent pour les films *Miracle sur la 34e Rue, Hypnose, Urban Legend 2 : Coup de grâce*... Le temps de deux épisodes, elle incarne la petite amie de Pacey

dans la série *Dawson*. Au moment de tourner dans le film *Mr. & Mrs. Smith*, avec Angelina Jolie et Brad Pitt, la fin des jours difficiles semble vraiment se dessiner, car elle est retenue après avoir auditionné pour le rôle du Dr Cameron dans une nouvelle série intitulée *Dr House*, dont le succès rapide et écrasant lui confère désormais un statut de star. De surcroît, sa liaison avec son partenaire Jesse Spencer ou celle, plus récente, avec Amaury Nolasco, Sucre dans la série *Prison Break*, attire sur elle l'attention de la presse people. En 2009, elle participe à la nouvelle version cinématographique de la série *Star Trek*, réalisée par le créateur d'*Alias* et *Lost*, J. J. Abrams.

Ce qu'elle pense de son personnage : *Cameron est une jeune femme qui a travaillé très dur pour en arriver là. Elle est très intelligente, a toujours été parmi les meilleurs de sa classe, mais elle ne sent pas encore avoir fait ses preuves. Être sous l'autorité de quelqu'un d'aussi hostile que House ne favorise pas l'assise de la confiance en soi ! L'environnement n'est pas idéal pour que Cameron surmonte ses faiblesses.*

Ce qu'elle pense de House : *C'est un homme blessé qui souffre. Forcément, il réveille l'infirmière en nous.*

Ce qu'elle pense de Hugh Laurie : *Hugh est un type si brillant. Je ne crois pas qu'il y ait quelqu'un sur terre qui aurait pu interpréter Dr House aussi bien. Je ne peux pas croire qu'il s'obstine encore à imiter, de temps en temps, l'accent anglais !*

☆ Jesse SPENCER/Dr CHASE

Mon père et mon frère sont médecins. J'ai toujours voulu être acteur. Je voulais me démarquer d'eux à tout prix.

Australien, il voit le jour à Melbourne le 12 février 1979. Dès l'âge de huit ans, il chante dans une chorale nationale et joue du violon. La musique étant sa passion, il a un studio chez lui et pratique le piano, la basse, la batterie, la guitare. Contrairement à ses frères aînés, il n'épouse pas la carrière de son père : la médecine !

Il commence son parcours sur les planches dans des comédies musicales et joue ensuite dans le soap-opéra quotidien, culte en Australie, *Neighbours* (Kylie Minogue y a fait ses débuts). Il y apprend le métier et connaît un petit succès auprès du public de son pays natal. Plus tard, alors qu'il tente sa chance en Angleterre, on lui propose d'auditionner pour le rôle du Dr Chase. Après avoir vécu une idylle avec sa partenaire Jennifer Morrison, lui avoir demandé sa main dans le romantique Paris, il est désormais célibataire depuis la rupture de leurs fiançailles.

Ce qu'il pense de son personnage : *Je voulais jouer le Dr Chase comme un gars qui n'est pas contre House en permanence, car c'est déjà le cas de beaucoup de monde. Je me suis donc dit qu'il devait apprécier House, qu'il recherchait certainement son attention. Ça permet de donner une vraie couleur au personnage ; c'est très agréable de jouer un type qui n'est pas un benêt, mais plutôt un mec qui pense d'abord à lui, qui veut faire avancer sa carrière. Il recherche quelque chose chez House ; il n'est pas là par hasard. »*

Ce qu'il pense de House : *Bien que House soit antipathique, il prend les bonnes décisions et l'on ne peut qu'être d'accord avec la façon dont il agit. Il n'a pas peur de dire ce qu'il pense, refuse d'entrer dans le moule. C'est ce qui séduit le public qui, secrètement, rêve d'être comme lui : aussi libre.*

Ce qu'il pense de Hugh Laurie : *Le seul trait de caractère qu'il ait en commun avec House, c'est son perfectionnisme. Dans son jeu, il n'hésite pas à prendre son temps s'il ne trouve pas tout de suite le bon ton ou le bon mouvement. Il sait exactement ce qu'il veut.*

Petits nouveaux de la quatrième saison, devenus acteurs principaux dans la cinquième

☆ Peter JACOBSON/Dr TAUB

À bientôt 45 ans, Peter Jacobson voit décoller sa carrière grâce à *Dr House*. Né le 24 mars 1965, à Chicago, il obtient un diplôme universitaire et fait le conservatoire d'art dramatique de Julliard, à New York. Depuis 1993, il apparaît au cours d'un épisode dans des séries comme *Urgences*, *New York District*, *Esprits criminels*, *Les Experts : Miami*, *The Lost Room*... On l'entrevoit dans les films *Harry dans tous ses états*, *Good Night and Good Luck*, *Domino Transformers*, *Panique à Hollywood*.

☆ Kal PENN/Dr KUTNER

Celui qui a décidé de suspendre sa carrière d'acteur pour rejoindre l'administration de Barack Obama est né le 23 avril 1977. Il avait participé activement et médiatiquement à la campagne du nouveau président des États-Unis.

Son vrai nom est Kalpen Suresh Modi, et il vient du New Jersey. Diplômé de la section théâtre, cinéma et télévision de l'Université de Californie, il débute au théâtre et fait des apparitions dans plusieurs séries comme *Buffy contre les vampires*, *Spin City* ou *Urgences*. Il obtient ensuite quelques petits rôles dans des productions cinématographiques comme *Le Fils du Mask*, *7 Ans de séduction* ou *Superman Returns*. On a pu le voir également au début de la saison 6 de *24 Heures chrono*.

☆ Olivia WILDE/Dr HADLEY (« NUMÉRO TREIZE »)

De son vrai nom, Olivia Jane Cockburn, 1 m 71, elle naît le 10 mars 1984 à New York, mais grandit dans la capitale, Washington. Elle fait une école d'art dramatique en Irlande, pays d'origine de son père.

Revenue aux États-Unis, elle débute dans une série télé, *Skin*, arrêtée au bout de six épisodes. Rapidement, elle rejoint l'équipe de *Newport Beach*, où elle incarne la jolie blonde bisexuelle qui déboussole, un temps, la vie sentimentale de Marissa Cooper. Avant de tenter sa chance à la « House Academy » de la quatrième saison, devenir « Numéro Treize » et revenir en saison 5, elle joue dans quelques films comme *The Girl Next Door* ou encore *Alpha Dog*.

Saison 1

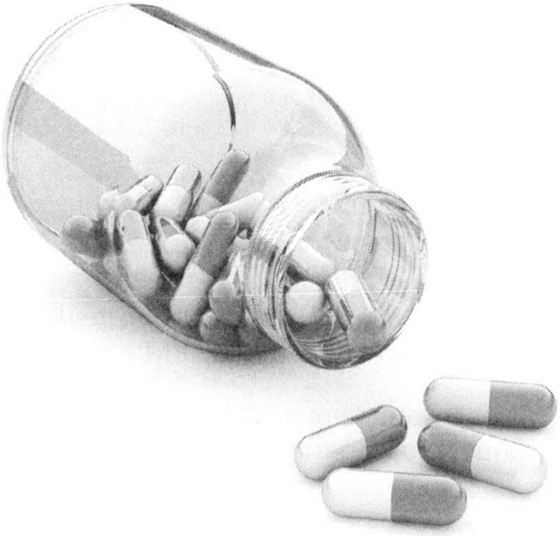

ÉPISODE 1 (1x01)

VF/Les Symptômes de Rebecca Adler - VO/Pilot

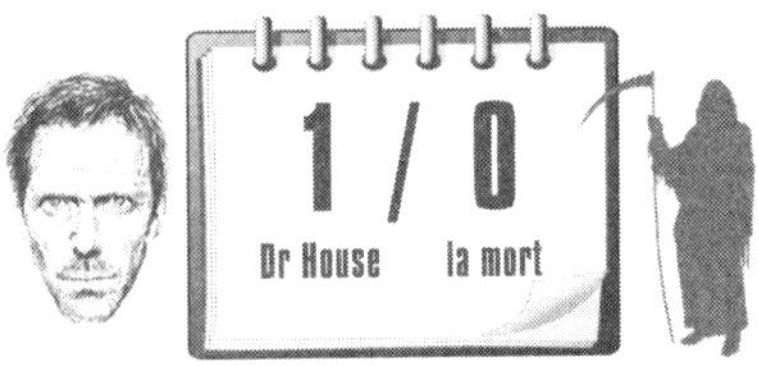

Prises de vicodine :

3

Le patient

Identité : Adler, Rebecca.

Âge : 29 ans.

Profession : institutrice d'école maternelle.

Allergie : gadolinium (agent de contraste dans l'imagerie par résonance magnétique, IRM).

Symptômes : première attaque un mois auparavant, elle ne pouvait plus parler, elle balbutiait comme un bébé.

Intérêt : House s'intéresse à son cas parce que… elle est la cousine du Dr Wilson. Enfin, c'est ce qu'il raconte à House. On apprend au cours de l'épisode qu'ils ne sont absolument pas parents.

Le cas

Rebecca Adler est une institutrice de maternelle de 29 ans. En plein milieu de sa salle de classe, elle convulse. Elle est conduite au centre hospitalier de Princeton-Plainsboro.

Erreur de diagnostic : tumeur au cerveau

Avant d'arriver dans le service du Dr House, Rebecca est traitée par radiothérapie pour une tumeur au cerveau. Sa patiente ne réagissant pas à ce traitement, le Dr Wilson, oncologue, passe le dossier à son collègue et ami le Dr House, diagnosticien spécialiste des maladies infectieuses. Lui et son équipe (les Drs Foreman, Cameron et Chase) planchent sur le diagnostic différentiel. House demande un scanner.

Lors de l'examen, Rebecca a une autre crise. On constate qu'elle est allergique au gadolinium, l'agent de contraste utilisé pour pratiquer une IRM. Les médecins lui font, en urgence, une trachéotomie (ouverture pratiquée dans la trachée pour libérer les voies aériennes).

Erreur de diagnostic : vasculite

L'ordonnance de House : stéroïdes

House pense qu'elle est atteinte de vasculite, une inflammation des parois des vaisseaux sanguins. Malgré les réticences du Dr Cameron, il ordonne qu'on mette la patiente sous stéroïdes, sans examens plus poussés. On verra bien ce qui se passe !

Il ne se passe rien de bon. Elle semblait bien réagir au traitement… Néanmoins, quelques heures plus tard, Rebecca ne voit plus rien et recommence à convulser.

Pour en savoir plus sur le mode de vie de la patiente, le Dr House envoie le Dr Foreman, accompagné du Dr Cameron, au domicile de la jeune femme, mais ils reviennent bredouilles.

Élémentaire, mon cher Wilson !

Au détour de la conversation, Foreman évoque le jambon que Rebecca conservait dans son frigo. House a trouvé : un ver a élu domicile dans le cerveau de la patiente…

Diagnostic final : neurocysticercose

Imputable aux larves du ténia du porc (*cysticerci*, dont elle tire son nom), c'est la plus fréquente des infections parasitaires du système nerveux central. On l'attrape en ingérant des aliments crus ou mal lavés, infestés d'œufs de ténia (parasite intestinal de l'animal). L'œuf éclot dans l'estomac et migre vers les muscles (dont le cœur), le derme, l'œil, la moelle épinière et le cerveau. Les larves s'enkystent, formant ainsi une tumeur de la taille d'un grain de riz.

Lorsque la tumeur se fixe dans le cerveau, elle provoque maux de tête, crises d'épilepsie, confusion, troubles de l'équilibre et vomissements (on parle alors de neurocystercose) ; si la tumeur se forme dans l'œil, elle conduit à la cécité.

Le diagnostic permettant de localiser la tumeur se fait par radiographie, IRM, scanner et/ou biopsie. On recherche également la présence d'anticorps dans le sérum sanguin du patient.

Des médicaments antiparasitaires (tels que le Praziquantel ou l'Albendazole) peuvent être utilisés. Les stéroïdes et anti-inflammatoires sont également souvent prescrits, en complément, pour réduire l'œdème cérébral qui résulte de l'infection. Une ablation de la tumeur par voie chirurgicale doit parfois être pratiquée.

Complication : la patiente refuse le traitement

Allant contre sa réticence à être en contact avec des patients, House se décide à la rencontrer.

Le Dr Chase a une idée. Grâce aux bons vieux rayons X, il va pouvoir montrer à la patiente le ver qu'elle a dans la cuisse. Car si un ver s'est logé dans son cerveau, d'autres se sont forcément introduits ailleurs. Les muscles des cuisses sont un endroit privilégié pour eux.

Après avoir enfin la preuve qu'elle demandait, Rebecca Adler accepte le traitement.

Dans cet épisode, on apprend que House...

– aime regarder le soap-opéra (feuilleton télé) *Hôpital central*. Ce programme, qui dure depuis les années 1960 aux États-Unis, met en scène les romances et drames du personnel du septième étage de l'hôpital de la ville fictive de Port-Charles.

– est handicapé suite à un accident vasculaire dans la cuisse droite.

L'accessoire de House

Une canne avec une poignée torsadée.

Le moment odieux de House

Cuddy : *Pourquoi lui donnez-vous des stéroïdes ?*

House : *Elle est ma patiente. C'est ce qu'on fait avec, on leur donne des médicaments.*

Cuddy : *Pas sur des devinettes. Du moins, pas depuis Mengele.*

House : *Vous me comparez à un nazi ? Sympa.*

Prises de Vicodin : 3

Vicodin : médicament analgésique, mélange de paracétamol et d'hydrocodone (opiacé de synthèse, dérivé de deux opiacés naturels, la codéine et la thébaïne). Vicodin™ est le nom d'une spécialité commercialisée aux États-

Unis, initialement par les laboratoires Abbott.

À noter que ce dérivé morphinique n'est pas commercialisé en France.

Les médecins estiment le plus souvent que les douleurs « fonctionnelles », telles que les céphalées psychogènes et la fibromyalgie, ne méritent pas le risque de dépendance médicamenteuse, qui par ailleurs empêche d'attaquer le mal par d'autres biais : psychothérapie et psychotropes.

« Housisme »

Tout le monde ment.

House musique

« You Can't Always Get What You Want » (Rolling Stones).

House : *Le philosophe Jagger l'a dit : « On n'a pas toujours ce qu'on veut. »*

Guest star

Robin Tunney

Elle joue le rôle de la patiente Rebecca Adler.On connaît surtout Robin Tunney pour avoir campé la petite amie avocate de Lincoln Burrows dans *Prison Break*, saison 1. Actuellement, elle incarne un agent fédéral, à la tête d'une équipe d'enquêteurs, dans la série à succès *The Mentalist.*

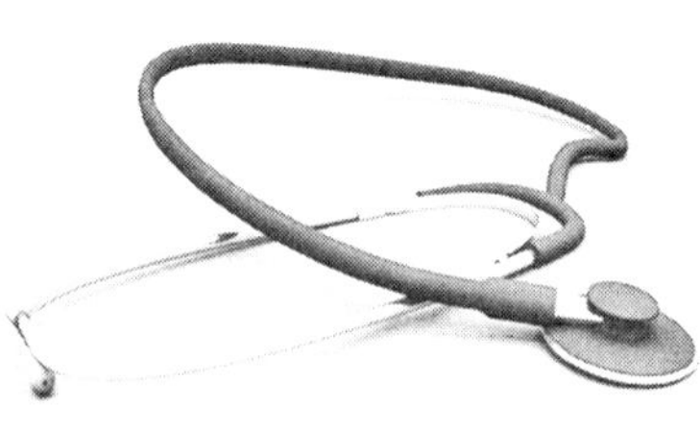

ÉPISODE 2 (1x02)

VF/Test de paternité - VO/Paternity

Prises de vicodine :

2

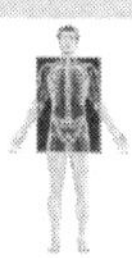

Le patient

Identité : Dan. Âge : 16 ans.

Profession : lycéen, joueur de lacrosse.

Symptômes : terreurs nocturnes, grande fatigue, diplopie (vision double).

Intérêt : House s'intéresse à son cas parce que... les parents de l'enfant lui ont envoyé un courrier, et Cameron, chargée par House de classer ses papiers, leur a donné un rendez-vous.

House : *Depuis quand j'ai une signature de fille, moi ?*
Cameron : *Je vais vous expliquer...*
House : *Vous voyez ce G ? L'espèce de petite boucle en haut, ça ressemble même pas à mon écriture. Vous croyez que je suis malade ? C'est quoi le diagnostic quand on fait des G comme une petite collégienne ?*
Cameron : *Il est impossible de vous joindre par les voies normales ! Ils ont téléphoné, envoyé des mails...*
House : *La persévérance ne suffit pas pour focaliser mon attention. Peut-être que si vous vous habilliez autrement... Essayez les jeans taille basse !*

Le cas

Dan, un adolescent de 16 ans, est sujet à des cauchemars et à des troubles de la vision. Il est tombé sur la tête lors d'un match de lacrosse.

House parie avec ses collègues que l'enfant a été adopté…

Erreur de diagnostic : abus sexuels

Après avoir sous-entendu que l'enfant subissait des sévices sexuels, House pense à une commotion cérébrale passée sous le nez des médecins des urgences. En effet, le garçon, trois semaines plus tôt, est tombé sur la tête pendant un match, suite à une collision avec un autre joueur. Le docteur révise son jugement quand le patient lui affirme qu'il voyait déjà double avant cet incident sur le terrain, que ce dysfonctionnement de sa vue en était même la cause. House est alors d'avis qu'il consulte un ophtalmologue et se fasse prescrire des verres.

Puis, il remarque un spasme à la jambe du patient : myoclonie (contraction musculaire rapide, involontaire, de faible amplitude, d'un ou plusieurs muscles, commune lorsqu'on s'endort, mais anormale lorsque le sujet est éveillé). House en conclut que le cerveau de Dan perd le contrôle.

House : *Que ce soit un problème de mouvements spasmodiques ou une maladie dégénérative du cerveau, ce gamin ira chercher son bac en fauteuil roulant et en Pampers !*

En regardant l'IRM, le diagnostic n'est pas confirmé, mais il y a une obstruction. Une intervention chirurgicale doit être pratiquée pour installer un shunt afin de permettre au liquide céphalorachidien de circuler librement.

Mais voilà, une fois l'intervention pratiquée, il s'avère que la grosseur n'était pas l'origine du problème, mais le symptôme.

Erreur de diagnostic :
sclérose en plaques fulgurante

House : *Le cerveau est comme un méandre de câbles ; la sclérose détruit la gaine, et le nerf meurt.*

L'ordonnance de House :

Il existe des médicaments pour atténuer les symptômes, mais la maladie va progresser, les problèmes devenir plus en plus sévères : incontinence, perte des repères spatio-temporels, douleurs...

Alors que les médecins gardent Dan pour la nuit, il disparaît de son lit d'hôpital. On le retrouve sur le toit, à deux doigts de sauter. Il pensait être sur son terrain de lacrosse... House en conclut qu'il ne s'agit pas de terreurs nocturnes, donc non plus de sclérose.

Erreur de diagnostic :
syphilis nerveuse ou neurosyphilis

C'est une pénétration à l'intérieur du système nerveux central du tréponème pallidum, responsable de la syphilis).

Cameron : *Vous avez pensé au sexe ?*

House : *Euh, oui. Mais, vous savez, d'abord on travaille ensemble, et puis en plus de ça je suis plus vieux que vous... Mais peut-être que ça vous plaît ?*

Cameron : *Je veux dire que c'est peut-être une neurosyphilis !*

House : *Beau rattrapage !*

L'ordonnance de House :
pénicilline en injection intrarachidienne

Dan ne répond pas au traitement. House demande un électroencéphalogramme, un électro-oculogramme droit et gauche et qu'on place un microphone sur l'œsophage.

Élémentaire, mon cher Wilson !

Après avoir pratiqué un test ADN à l'insu des parents, House confirme son intuition selon laquelle cet enfant n'est pas biologiquement le leur. La mère biologique avait-elle été vaccinée contre la rougeole ? Le virus s'est fixé sur le cerveau de Dan et s'est caché, comme une bombe à retardement, pendant 16 ans.

Pour que le diagnostic soit confirmé, l'adolescent doit subir une biopsie sur la rétine.

Diagnostic final : panencéphalite sclérotique subaiguë (complication tardive de la rougeole)

Maladie neurologique progressive, le plus souvent fatale. C'est une forme d'encéphalite rare (affection inflammatoire de l'encéphale – partie du système nerveux central, située dans la boîte crânienne), d'évolution subaiguë, due à une infection chronique par le virus mutant de la rougeole. Elle survient principalement chez les enfants et les jeunes adultes, deux à huit ans après la primo-infection par le virus de la rougeole.

Elle se manifeste par un déclin progressif des capacités intellectuelles, associé à des altérations du comportement, puis par des myoclonies (contractions musculaires brutales et involontaires), des paralysies spastiques (exagération permanente du tonus musculaire d'origine neurologique) et une démence. Des manifestations ophtalmologiques surviennent dans plus de la moitié des cas. Le diagnostic est posé par l'IRM cérébrale, l'électroencéphalogramme et la ponction lombaire.

En l'absence de traitement, la mort se produit habituellement un à trois ans après le début des signes cliniques.

Dans cet épisode, on apprend que House...

– adore faire des paris. House pense que les parents de Dan ne sont pas ses parents biologiques : il parie 50 dollars là-dessus. Il gagne 100 dollars de Cuddy, 100 dollars de Cameron, 200 dollars de Foreman et 600 dollars de Wilson.

– a un piano chez lui.

– fume des cigares. Il en possède une boîte dans son appartement.

Le moment odieux de House

Dans une scène précédente, le Dr Cuddy demandait à House pourquoi il se trouvait à l'hôpital à une heure si tardive. Il lui répondait qu'il y avait rendez-vous avec une call-girl.

Cuddy : *Comment va votre prostituée ?*

House : *C'est gentil de vous intéresser. Une drôle d'histoire ! Elle voulait devenir directrice d'hôpital, mais... c'est pas sa façon de baiser les gens !*

L'accessoire de House

Une sucette.

« Housisme »

Une autre raison pour laquelle je n'aime pas rencontrer les patients : ils ne risquent pas de vous hurler dessus s'ils ne vous connaissent pas.

House musique

« On Saturday Afternoon in 1963 » (Rickie Lee Jones).

Guest star

Alex Skuby

Un habitué des petites apparitions dans les séries : on l'a vu dans *Demain à la une*, *Urgences*, *Buffy contre les vampires*, *Chicago Hope*, *Angel*, *Les Experts*, *FBI : portés disparus*, *24 Heures chrono*...

ÉPISODE 3 (1x03)

VF/Cherchez l'erreur - VO/Occam's Razor

Prises de vicodine :

3

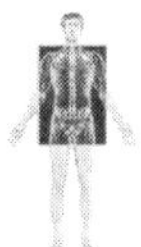

Le patient

Identité : Brandon.

Âge : 22 ans.

Profession : étudiant.

Antécédents médicaux : toux traitée.

Symptômes : toux, éruption cutanée, douleurs abdominales, nausées, fièvre, tension très faible.

Intérêt : House s'intéresse à son cas parce que... Wilson le lui demande !

Le cas

Brandon, jeune homme de 22 ans, tousse beaucoup. Il s'évanouit après avoir eu des relations sexuelles avec sa fiancée Mindy. Aucune maladie n'explique tous les symptômes de Brandon. D'autant que son traitement en intraveineuse, pratiqué aux urgences, n'apporte aucune amélioration à son état.

Rien d'anormal à l'hémogramme (numération formule sanguine [NFS] : examen hématologique complet. Analyse quantitative – numération – et qualitative – formule – des éléments figurés du sang : globules rouges, globules blancs et plaquettes), ni au scanner abdominal.

L'ordonnance de House :
antibiotiques à large spectre

Avant de trouver ce qui cloche, House décide de traiter les symptômes avant de découvrir la cause sous-jacente, et prescrit ainsi des antibiotiques à large spectre contre la sepsis (infection par des bactéries). Il commande en outre un test de stimulation à l'ACTH (test utilisé afin d'évaluer le fonctionnement des glandes surrénales) et un échocardiogramme.

Mais la pression artérielle du patient chute, ses poumons se remplissent de fluide, sa créatinine est en hausse, ses reins arrêtent de fonctionner.

Erreur de diagnostic :
infection sinusale et hyperthyroïdie

L'ordonnance de House :
Unasyn pour l'infection sinusale et Levothyroxine en intraveineuse pour traiter la thyroïde

La fièvre redescend, mais le patient tousse toujours.

Son système immunitaire ne répond plus, et son taux de globules blancs est très bas. Brandon doit être placé en chambre stérile, car même un simple rhume pourrait le faire mourir.

Élémentaire, mon cher Wilson !

Le pharmacien se trompe de boîte quand House vient lui réclamer sa Vicodin. Cela lui donne l'idée que le patient traité a reçu des médicaments contre la goutte en lieu et place des antitussifs.

House : *D'abord, il tousse. Comme c'est un crétin, il est allé voir un médecin. Pour justifier la consultation à 200 dollars, ce médecin s'est senti obligé de faire quelque chose. Il lui fait une ordonnance.*

Sept mille personnes meurent chaque année à cause d'erreurs liées aux médicaments.

Ça reste un petit chiffre comparé aux erreurs dues aux médecins.

Le pharmacien lui a donné des médicaments pour la goutte au lieu de médicaments pour la toux.

Diagnostic final : empoisonnement à la colchicine

C'est un alcaloïde très toxique, extrait au départ des colchiques (principalement le colchique d'automne).

Toxicité (accidents de surdosage) : diarrhées, nausées, vomissements, douleurs abdominales, paralysie neuromusculaire progressive, modification de la numération et formule sanguines, alopécie (calvitie ou perte de cheveux) au dixième jour, convulsions, atteinte rénale, choc septique (résultat de la présence dans le sang de toxines bactériennes) et, enfin, toux et détresse respiratoire. De nos jours, le rôle de la colchicine se limite au traitement de la goutte, de la péricardite aiguë…

Remarque : la colchicine est toxique à partir de 10 milligrammes et mortelle au-delà de 40 milligrammes.

Traitement : lavage gastrique, aspiration duodénale, antibiothérapie, réanimation.

La toxicité de la colchicine peut être majorée par l'association à certains médicaments.

Complication

Depuis qu'il est hospitalisé, le patient n'a pas reçu ces médicaments inadaptés, alors pourquoi s'enfonce-t-il ? House accuse les parents de lui en donner dans le dos des médecins. C'était le cas. Seulement, il s'avère que c'était des comprimés contre la toux. House est très ennuyé que sa théorie géniale ne soit pas confirmée et il ordonne une laparotomie exploratrice.

Pendant que ses médecins le préparent pour l'intervention, le patient fait un arrêt. Après l'avoir choqué, son cœur repart. Brandon a mal au bout des doigts.

Élémentaire, mon cher Wilson ! (bis)

House (aux parents de Brandon) : *Mauvaise nouvelle, votre petit amour se drogue.*

Le jeune homme a pris de l'ecstasy par deux fois, une drogue souvent coupée à la colchicine.

Toujours est-il que le pharmacien avait bien fait une erreur en délivrant les cachets ! House obtient sa preuve et est soulagé : il avait raison depuis le début.

Dans cet épisode, on apprend que House...

– aime les jeux vidéo. On peut le voir jouer à *Metroid Zero Mission* sur Game Boy Advance.

L'accessoire de House

Une balle de base-ball rouge et grise.

Le moment odieux de House

Foreman : *Je trouve votre argument spécieux !*

House : *Et je trouve votre cravate hideuse !*

« Housisme »

Qu'est-ce que vous préférez ? Un médecin qui vous tient la main en vous laissant mourir ou un médecin qui vous ignore en vous guérissant ? Évidemment, le pire de tout, ce serait un médecin qui vous ignore en vous laissant mourir...

House musique

« One Is the Loneliest Number (Three Dog Night) ».

Guest star

Alexis Thorpe

Née le 19 avril 1980 en Californie, cette jeune actrice sexy fait ses débuts dans *Les Feux de l'amour*. Elle apparaît dans d'autres séries : *Des jours et des vies, Nip/Tuck* ; au cinéma, on l'a vue dans le troisième volet d'*American Pie*.

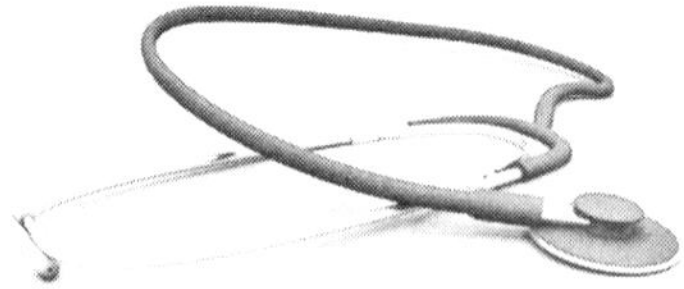

Épisode 4 (1x04)

VF/Panique à la maternité - VO/Maternity

Prise de vicodine :

0

Le patient

Identité : **Hartig, Maxine.**

Âge : **42 heures.**

Profession : **bébé.**

Symptômes : **vomissements, léthargie, fièvre, convulsions.**

Intérêt : **House s'intéresse à son cas parce que... sa curiosité est piquée alors qu'il squatte la salle de repos de la maternité pour regarder *Hôpital central*.**

Le cas

Deux bébés nés respectivement il y a 42 et 48 heures présentent des symptômes identiques. House pense qu'il y a une infection qui se répand dans l'hôpital. Il veut qu'on ferme la maternité. Il y a une épidémie ! Cuddy refuse. Deux cas ne font pas une épidémie.

Cuddy : *Vous voyez des signes d'infection parce que vous trouvez ça plus intéressant. Deux malades ordinaires vous ennuieraient beaucoup trop !*

House : *Et voilà ! C'est pour ça que je me ruine pas chez le psy ! Chaque jour vous me donnez des éclairages fabuleux gratuitement !*

Cuddy : *Chez le psy ?! Si vous décidez de consulter un psy, je serais prête à vous le payer À VIE ! L'hôpital organisera une vente de gâteaux s'il le faut !*

Puisque deux cas ne font pas une épidémie, House décide de trouver d'autres cas dans l'hôpital. Résultat : trois bébés malades et un quatrième montrant des symptômes.

Erreur de diagnostic : infection bactérienne

Les plus courantes touchant les hôpitaux sont supposées. SARM (Staphylococcus aureus résistant à la Méthicilline, couramment appelé « staphylocoque doré »), entérocoques résistants à la Vancomycine, pseudomonas, Hæmophilus influenzæ.

L'ordonnance de House : Vancomycine pour le SARM et Aztréoname pour le reste

Il demande en outre des IRM et la recherche d'abcès et infections. Le mélange des deux traitements provoque un dysfonctionnement des reins. House propose de traiter les deux enfants différemment pour qu'il ne reste plus qu'une maladie suspecte.

Le deuxième nourrisson meurt. Le SARM l'emporte. Le bébé Hartig vit. Néanmoins, rapidement, son état empire également.

On pense à une infection virale qui atteint le cœur. Mais l'équipe bloque sur trois virus différents : l'echovirus 11, le parvovirus B19 et le CMV (cytomégalovirus).

Élémentaire, mon cher Wilson !

House : *Mais bien sûr ! Ce sont des nouveau-nés. Ils ont le sang de leur mère, les anticorps de leur mère.*

Les bébés en bonne santé ont survécu grâce aux anticorps de leur mère. Comme la mère avait déjà eu le cytomégalovirus, elle avait les anticorps, et le bébé était par le fait même protégé. On teste donc les mamans des bébés malades pour l'echovirus, le cytomégalovirus et le parvovirus. Le virus pour lequel elles n'ont pas d'anticorps est celui qui tue les bébés.

House voudrait connaître le pourquoi du comment. C'est alors qu'il voit passer dans le couloir une employée âgée de la nurserie qui tousse et touche avec les doigts son nez dégoulinant. Puis, elle attrape des ours en peluche qu'elle donne aux bébés : le nounours transmet le virus.

Diagnostic final : infection à echovirus 11

Les echovirus, (pour *Enteric Cytopathogenic Human Orphan* virus) sont un groupe de virus orphelins qui prennent généralement la forme d'une infection gastro-intestinale et d'éruptions cutanées. (Un virus orphelin est un virus identifié, mais dont on ignore un éventuel rôle quant à la survenue d'une maladie. Il s'agit de virus en quête de maladie.)

Les symptômes dépendent du type de maladie : méningite aseptique, croup, encéphalite, ulcères buccaux, myocardite, péricardite, pneumonie, éruptions cutanées, infection des voies respiratoires supérieures, pharyngite virale…

Ils peuvent être identifiés à partir de divers prélèvements (gorge, selles, liquide céphalo-rachidien…) mis en culture.

Peu de médicaments antiviraux spécifiques sont disponibles. Un stimulateur des défenses immunitaires appelé « immunoglobuline intraveineuse » peut aider les patients atteints de graves infections lorsque leur système immunitaire est fortement déprimé.

Les complications varient en fonction du site et du type d'infection. Myocardite et péricardite peuvent être fatales, alors que d'autres types d'infection régressent spontanément, sauf s'ils atteignent des nouveau-nés (notamment s'ils sont dépourvus d'anticorps).

Le moment odieux de House

Une patiente de consultation : *Merci infiniment. Je vais vous offrir quelque chose.*

House : *Parfois, le plus beau cadeau qu'on peut faire à quelqu'un est de ne jamais le revoir.*

« Housisme »

Les mariages les plus solides sont basés sur des mensonges.

Guest star

Ever Carradine

La petite-fille de l'acteur John Carradine et la fille de Robert Carradine est née le 6 août 1974 à Los Angeles. Elle est un visage connu des amateurs de séries, avec des apparitions dans *24 Heures chrono, Grey's Anatomy, Commander in Chief, Les Experts, Will & Grace, La Vie à cinq…*

ÉPISODE 5 (1x05)

VF/L'erreur est humaine - VO/Damned if You Do

Prises de vicodine :

2

Le patient

Identité : Augustine.

Âge : inconnu.

Profession : religieuse.

Symptôme : dermatose aux mains.

Intérêt : House s'intéresse à son cas parce que… il a administré lui-même un antihistaminique à la religieuse, et son cas s'est aggravé.

Le cas

Pensant qu'elle a des stigmates aux mains, une nonne se rend à la consultation. House lui administre un antihistaminique et de la pommade à la cortisone partant du postulat qu'il s'agit d'une allergie au liquide vaisselle. Rapidement, après ingestion du cachet, la sœur n'arrive plus à respirer. House lui injecte de l'adrénaline, pensant qu'elle fait une crise d'asthme. C'est alors le cœur d'Augustine qui s'emballe. Cuddy accuse House de s'être trompé de dose. Lui est sûr d'être irréprochable.

Erreur de diagnostic :
syndrome de Churg-Strauss

C'est une maladie auto-immune caractérisée par une inflammation chronique des petites et moyennes artères.

L'ordonnance de House :
Prednisone 40 milligrammes, 3 fois par jour

Pendant le diagnostic différentiel, House ordonne qu'on fasse une IRM à la patiente après lui avoir administré du Prednisone (un corticostéroïde).

Durant le scanner, la sœur sent une odeur très désagréable qui la rend hystérique. Elle crie que Jésus vient la chercher. Puis, elle se met à convulser, et des plaques rouges apparaissent sur sa jambe. Son test revient positif pour une encéphalite herpétique. Son système immunitaire est gravement affaibli.

House ordonne qu'on la mette en caisson hyperbare (chambre à oxygène sous haute pression) pour une maladie du tissu conjonctif. Foreman s'y oppose et rapporte à Cuddy les prescriptions de House.

La directrice retire le dossier à House et reprend le traitement de la patiente en main. Elle continue à s'enfoncer. Pendant ce temps, House se rend au couvent pour parler d'Augustine à la mère supérieure. Il apprend qu'elle était orpheline, qu'elle a vécu dans la rue, s'est fait avorter avant de prendre le voile. Il y boit une tisane spéciale, aux feuilles de ficaire (propriétés : dépuratif, diurétique, vulnéraire, cholérétique, hypoglycémiant, cicatrisant).

La même que la sœur Augustine consomme en abondance. Elle avait causé l'arrêt cardiaque de la religieuse en étant combinée avec l'adrénaline. Considérant ce nouvel indice, il semble que la patiente ne puisse qu'être sujette à une allergie chronique.

Erreur de diagnostic : allergie chronique

L'ordonnance de House : mise en chambre stérile et test des possibles allergènes

Les médecins la placent en chambre stérile, avec l'intention d'introduire progressivement de potentiels allergènes et identifier celui en cause. Malgré la chambre complètement stérile, Augustine fait un nouveau choc anaphylactique.

Élémentaire, mon cher Wilson !

House : *Dieu est en elle. Ce serait plutôt plus simple si c'était une tumeur.*
Wilson : *Elle est peut-être allergique à Dieu.*

Voilà comment House pense au stérilet au cuivre. La sœur lui a en effet confié qu'elle avait fait l'usage, dans son autre vie, de tous les contraceptifs connus et qu'elle était malgré tout tombée enceinte. Elle l'avait depuis l'âge de 15 ans, mais n'avait pas développé de lourds symptômes d'allergie. En astiquant les casseroles en cuivre du couvent, son allergie a comme explosé.

Diagnostic final : allergie au cuivre

Le cuivre est un métal utilisé, seul ou en alliages, pour faire des bijoux, des ustensiles de cuisine, des fils électriques... Il sert également à la fabrication de stérilets. Les allergies apparaissent suite à l'exposition prolongée et répétitive à une substance. Le système immunitaire finit par réagir en produisant des anticorps, responsables des manifestations cutanées (plaques, rougeurs, dermatoses de contact, eczéma...). On reste sensibilisé toute sa vie, même s'il n'y a plus de contact avec la substance allergène. Dans les cas les plus graves, les allergies provoquent un choc anaphylactique qui nécessite l'injection d'adrénaline. Un stérilet au cuivre peut entraîner d'autres affections : infections des trompes, salpingites pouvant provoquer une stérilité, saignements légers pendant les heures qui suivent la pose, crampes, anémie...

Dans cet épisode, on apprend que House...

– n'a aucune foi en Dieu.

« Housisme »

House : *Je reconnais aussi, qu'étant un homme, je suis capable d'erreurs.*

Wilson : *Donc, tu t'es peut-être trompé !*

House : *Non !*

Wilson : *Ta capacité à l'erreur est donc purement théorique !*

House : *Voilà ! Peut-être que j'en fais pas. C'est peut-être ça mon erreur !*

Le moment odieux de House

Sœur Eucharist : *Il faut que je vous parle, Dr House. Sœur Augustine croit en des choses qui n'existent pas.*

House : *Je pensais que c'était une des conditions requises pour faire votre boulot ?*

Les accessoires de House

Un yo-yo.

Sa télé portative.

House musique

« On Saturday Afternoons in 1963 » (Rickie Lee Jones).

Guest star

Elizabeth Mitchell

Connue surtout pour être la Juliet Burke de la série Lost, elle est née le 27 mars 1970 à Los Angeles. Elle est apparue dans de nombreux téléfilms et séries (*Amoureusement vôtre*, *Jag*, *Urgences*, *The Lyon's Den*...).

ÉPISODE 6 (1x06)

VF/Une mère à charge - VO/The Socratic Method

Prise de vicodine :

0

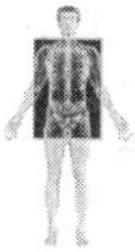

Le patient

Identité : Palmeiro, Lucy.

Âge : 38 ans.

Profession : inconnue. Reconnue en incapacité.

Antécédents médicaux : schizophrénie diagnostiquée depuis un an.

Symptômes : entend des voix, thrombose veineuse profonde.

Intérêt : House s'intéresse à son cas parce que… alors qu'il fuit la Consultation et lit le journal, il entend la conversation entre le fils de la patiente et le médecin des urgences. Il intervient.

Le cas

Une femme atteinte de schizophrénie a fait un arrêt respiratoire et a été conduite à l'hôpital Princeton-Plainsboro. Elle a fait une embolie pulmonaire, c'est-à-dire qu'un caillot de sang dans ses poumons bloquait son oxygène. Son fils Luke, présent avec elle, s'étonne qu'elle ait eu un problème respiratoire alors qu'elle ressentait une douleur à la jambe. Le médecin lui explique qu'il s'agissait d'une thrombose veineuse profonde. Le médecin des urgences constate également que la patiente avait un taux d'alcoolémie élevé à 10 h du matin ! Son fils lui donne deux gorgées de vodka, de temps en temps, pour la calmer.

House trouve que, 38 ans, c'est trop jeune pour faire une thrombose veineuse profonde.

En fait, il semble fasciné par la schizophrénie. Il rend même visite à la patiente. Il demande des examens pour vérifier son temps de coagulation et, pour savoir ce qui n'est que physiologique, qu'on lui retire ses psychotropes.

Foreman tente de lui faire une ponction sanguine, mais la patiente s'agite. Il lui administre de l'Haldol. Luke n'est pas content. L'Haldol « engourdit son âme », selon elle. Alors qu'il lui lit un livre, elle se met à vomir énormément de sang.

House suspecte une carence en vitamine K. Cameron suspecte un empoisonnement à l'ampicilline, un médicament qu'on lui aurait prescrit alors qu'elle avait mal à la gorge. House demande aussi une échographie du foie au cas où elle aurait une cirrhose. Chase et Foreman vont chez elle et découvrent un flacon d'ampicilline jamais ouvert.

La carence en vitamine K suspectée par House est confirmée par un frigo vide et un congélateur rempli de hamburgers. Lucy ne veut rien manger d'autre.

Erreur de diagnostic : carence en vitamine K

L'ordonnance de House :
cure de vitamine K de quelques jours

Chase ne croit pas au diagnostic de House et se fixe sur l'alcoolisme. L'écho révèle la cirrhose ainsi qu'une tumeur cancéreuse. Wilson lui détecte un carcinome hépatocellulaire. La carence en vitamine K n'était qu'un symptôme.

Erreur de diagnostic : cancer

L'ordonnance de House :
opération de la tumeur et chimiothérapie

Il lui faut une greffe, seulement elle n'a aucune chance d'obtenir un foie. Il faut opérer la tumeur, mais elle est trop grosse. Le chirurgien refusera de pratiquer l'intervention. House propose de la réduire en la déshydratant avec de l'éthanol. Bien qu'ayant découvert la supercherie, le chirurgien la retire tout de même. La patiente a appelé les services sociaux pour qu'ils viennent s'occuper de son fils. Ce sens du sacrifice ne correspond pas à la schizophrénie, selon House. Lui retirer les psychotropes l'a rendue lucide.

Élémentaire, mon cher Wilson !

En regardant les notes prises par le fils, il voit qu'elle avait un rendez-vous avec un ophtalmologiste, rendez-vous auquel elle ne s'est jamais rendue. Les médecins examinent les yeux de Lucy et voient un anneau de cuivre autour de sa cornée.

Diagnostic final

Carence en vitamine K : la vitamine K provient en partie des bactéries présentes dans la flore intestinale, qui la synthétisent, et en partie de l'alimentation (légumes verts – tels que chou, épinards, salade – et choucroute). Cette vitamine sert à fabriquer des facteurs de coagulation pour le sang, qui sont synthétisés dans le foie. La carence en vitamine K provoque des hémorragies, des hématomes. Chez l'adulte, la carence alimentaire n'existe pas. Elle peut être la conséquence d'une destruction des bactéries intestinales (traitements antibiotiques) ou d'une mauvaise absorption des graisses (certaines maladies du foie ou du pancréas), car la vitamine K est liposoluble (elle pénètre dans l'organisme avec les graisses).

Carcinome hépatocellulaire : cancer primitif malin touchant le foie. C'est le plus fréquent des cancers primitifs du foie. Souvent en rapport avec une hépatite C aiguë qui s'est transformée en hépatite chronique, elle-même suivie d'une cirrhose.

Il se traduit parfois par une baisse de l'état général, des douleurs abdominales, une ascite, des hémorragies digestives, un ictère compressif des voies biliaires.

Le traitement du cancer du foie peut prendre plusieurs formes. La résection hépatique (exérèse d'un segment ou lobe hépatique) ou la transplantation constituent les moyens de traitement par voie chirurgicale. Les traitements médicaux par alcoolisation (injection d'alcool au cœur de la tumeur) dans les petites tumeurs, ou chimiothérapie par voie générale constituent une alternative quand la chirurgie n'est pas possible.

Maladie de Wilson : affection héréditaire liée à une accumulation de cuivre dans les tissus et les organes, en particulier dans le foie et l'encéphale. Affection rare – due à l'atteinte d'un gène localisé sur le chromosome 13, qui se transmet par les chromosomes non sexuels –, elle se traduit par des manifestations neurologiques et hépatiques. Chez l'adulte, les symptômes ressemblent à ceux de la maladie de Parkinson : rigidité, visage figé (rictus), ralentissement des mouvements, marche à petits pas, élocution difficile et, parfois, tremblement modéré.

Les manifestations hépatiques sont celles d'une cirrhose, sans qu'aucune de ses causes habituelles ne soit présente. Le traitement repose sur un régime pauvre en cuivre (limitation de la consommation de foie, chocolat, poisson, viande, légumes secs, noix, champignons...) et sur l'administration d'un médicament (dont les doses sont progressivement augmentées), la D-pénicillamine, qui se lie au cuivre et permet l'élimination de celui-ci dans les urines. Les manifestations neurologiques et les troubles psychiques régressent le plus souvent grâce au traitement.

Dans cet épisode, on apprend que House...

– ne se rappelle pas le jour de son anniversaire.

« Housisme »

Sans l'existence de Socrate, ce pauvre schizophrène délirant, il n'y aurait pas de méthode socratique, le meilleur moyen pour tout enseigner.

House musique

« Rudolph the Red Nosed Reindeer » (Johnny Marks).

Le moment odieux de House

Luke : *Il n'est pas question que je vous remercie. Vous m'avez dénoncé. Je vous avais dit qu'on se débrouillait très bien. Ça ne vous regardait pas.*

House : *Écoute, que tu t'en sortes ou pas, j'en avais vraiment rien à faire, je ne voulais plus de toi dans mes pattes, point final. C'est pour ça que j'ai dit au Dr Cuddy d'alerter les services sociaux.*

Pas si odieux que ça, en fait, puisqu'il ne dénonce pas Lucy et assume la responsabilité de la venue des services sociaux...

Guest star

Stacy Edwards

Stacy Edwards est née le 4 mars 1965 à Glasgow (Montana). Elle est danseuse et actrice. Elle apparaît, le temps d'un épisode, dans de nombreuses séries à succès : *21 Jump Street*, *Code Quantum*, *Arabesque*, *FBI : portés disparus*, *Cold Case*, *Les Experts*, *NCIS*, *Veronica Mars*, *Esprits criminels*...

ÉPISODE 7 (1x07)

VF/Question de fidélité - VO/Fidelity

Prise de vicodine :

1

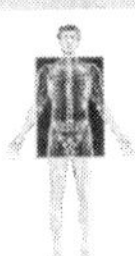

Le patient

Identité : Elise.

Âge : 31 ans.

Profession : rôtisseuse dans un restaurant.

Antécédents familiaux : mère décédée d'un cancer du sein.

Symptômes : dort 18 heures par jour, irritabilité.

Intérêt : House s'intéresse à son cas parce que... Cameron l'a convaincu. En fait, il trouve l'intérêt qu'elle porte à ce dossier... intéressant.

Le cas

Elise n'est pas allée travailler depuis trois jours ; elle dort 18 heures sur 24. En plus d'être extrêmement fatiguée, elle est sur les nerfs. Au point de gifler son mari, Ed !

Erreur de diagnostic : tumeur au cerveau

Pour confirmation, House demande qu'on refasse une IRM et un bilan sanguin. Aucune lésion n'est visible à l'IRM. La patiente convulse.

Erreur de diagnostic : cancer du sein

Cameron lui fait une mammographie, mais on n'y trouve pas de tumeur. Wilson suspecte une tumeur à petites cellules, ce qui ne se traite pas. On ne peut qu'agir sur les symptômes.

Sa nuque la fait souffrir et son bras la gratte. Elle voit des fourmis sortir de sa peau et panique.

Erreur de diagnostic : la fièvre du lièvre (tularémie) ou la maladie du sommeil

Mais comment une femme qui n'est jamais allée en Afrique et n'a jamais eu de transfusion a-t-elle pu attraper la maladie du sommeil ?La tularémie ne semble pas en cause.

Élémentaire, mon cher Wilson !

Il est en consultation avec une jeune femme dont le mari ne semble plus vouloir de relations sexuelles avec elle. House lui conseille alors de chercher une compensation en draguant dans les bars. Lui vient l'idée qu'Ed trompe Elise.

Ce qui expliquerait qu'elle ait contracté la maladie du sommeil sans même voyager. Son mari peut l'avoir attrapée d'une maîtresse.

Seulement, à la fois le mari et la femme jurent avoir été fidèles. Alors, House prescrit qu'on la soigne pour la tularémie.

La patiente réagit mal au traitement. Elle plonge dans le coma. La maladie du sommeil est la seule possibilité. Elle avait bien été infidèle...

Diagnostic final : maladie du sommeil

Couramment appelée maladie du sommeil, la trypanosomiase africaine est une maladie parasitaire provoquée par un trypanosome (protozoaire flagellé), qui est transmis par la piqûre de la mouche tsé-tsé ou glossine et qui affecte les hommes et les animaux. La maladie est endémique dans certaines régions de l'Afrique sub-saharienne.

Les symptômes commencent par de la fièvre, des maux de tête et des douleurs articulaires. Comme les parasites pénètrent dans l'organisme à la fois par le sang et par le système lymphatique, les ganglions lymphatiques gonflent souvent et deviennent énormes. Des adénopathies cervicales postérieures (ganglions derrière le cou) peuvent apparaître.

En l'absence de traitement, la maladie déborde progressivement les défenses de la personne infectée, et de nouveaux symptômes apparaissent, notamment l'anémie, les troubles endocriniens, cardiaques et rénaux.

La maladie entre alors dans sa phase de troubles neurologiques.

Les symptômes de cette seconde phase donnent son nom à la maladie ; outre la confusion mentale et les troubles de la coordination, le cycle du sommeil est perturbé, ce qui entraîne des accès de fatigue, alternant avec des périodes d'agitation maniaque qui apparaissent le jour, avec un assoupissement, et la nuit, avec l'insomnie. Sans traitement, la maladie provoque une détérioration mentale progressive et aboutit au coma et à la mort. Les dommages causés dans la phase neurologique peuvent être irréversibles.

Des rapports sexuels non protégés avec une personne atteinte sont susceptibles de transmettre le mal.

Le moment odieux de House

Cameron : *Je devrais demander à un homme dont la femme est au plus mal s'il a couché avec une autre ?*

House : *Non, restez polie et laissez-la mourir !*

« Housisme »

Je ne me demande pas pourquoi les patients mentent. Je présume qu'ils le font tous.

Guest star

Dominic Purcell

Dominic Haakon Myrtvedt Purcell est né le 17 février 1970 en Angleterre. Il déménage avec ses parents en Australie à l'âge de deux ans. Il suit des cours de comédie à la Western Australian Academy of Performing Arts (même école que le *X-Men* Hugh Jackman), car il s'ennuie trop dans sa carrière d'ouvrier paysagiste. Il décroche un rôle à la télé dans la série *Hartley, cœurs à vif* (1999).

Décidément verni, il gagne à la loterie sa carte verte. Elle lui permet de s'installer à Los Angeles. Il obtient le rôle-titre de la série américaine *John Doe*, laquelle est interrompue au bout d'une saison.

Puis, il devient une star mondiale en incarnant le condamné à mort Lincoln Burrows dans *Prison Break*.

Il a tenu quelques rôles sur grand écran : *Mission : Impossible 2*, *Invincible*, *Equilibrium*…

ÉPISODE 8 (1x08)

VF/Empoisonnement - VO/Poison

Prise de vicodine :

1

Le patient

Identité : Davis, Matt.

Profession : collégien.

Symptômes : nausées, vertiges, bradycardie, convulsions.

Intérêt : House s'intéresse à son cas parce que... Foreman lui présente le cas. House ne comprend pas ce qui touche son collègue et le pousse à s'en occuper. Il en conclut que Foreman se fiche du patient et est juste intrigué par le mystère.

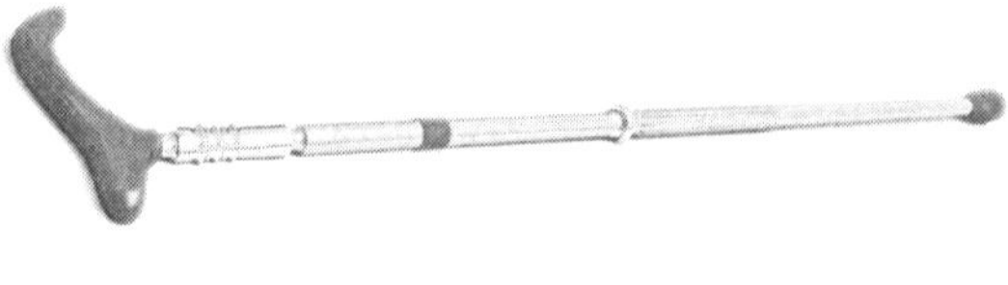

Le cas

Un adolescent fait un malaise en plein contrôle de maths. House présume qu'à cet âge, cela ne peut venir que d'une prise de stupéfiants. Pourtant, son bilan toxicologique est négatif... Le patient se met à convulser. Le diagnostic de House est définitivement enterré lorsqu'un autre jeune garçon, Chee-Ling, arrive à l'hôpital avec exactement les mêmes symptômes. Ils vivent à 15 kilomètres d'écart. Ils ne se connaissent même pas.

Ils fréquentent la même école, mais des classes différentes, et ont des copains différents. Ils sont différents en tout. Ils n'ont même pas cours dans le même bâtiment et ne mangent pas dans le même réfectoire de cantine.

Erreur de diagnostic : Un empoisonnement aux pesticides (organophosphate)

L'ordonnance de House : Pralidoxime

Matt ne réagit pas au traitement et fait de la bradycardie (rythme cardiaque trop bas).

Erreur de diagnostic : un empoisonnement au Disulfoton

Chez le patient, Cameron trouve un bidon de ce pesticide complètement vide. La mère explique que ce n'est pas ce que contenait ce bidon. Il y avait plutôt un engrais bio, entièrement organique, à l'huile de zest d'orange. Elle refuse que Chase donne le traitement à Matt.

Erreur de diagnostic : empoisonnement au Parathion méthyl (autre pesticide)

Le comté s'inquiétait du virus du Nil occidental ; alors on a pulvérisé du Parathion méthyl à côté de la route du car de ramassage scolaire pris chaque matin par les garçons.

La mère refuse le traitement et songe à demander un transfert et exige un second avis au Centre de santé publique. Cameron la convainc, mais Matt se remet à convulser alors que la perfusion lui coule dans la veine !

Les deux garçons convulsent. Leurs cœurs battent à peine, leurs poumons sont cuits et leurs foies ne s'en sortent pas mieux.

Élémentaire, mon cher Wilson !

House en arrive à la conclusion que c'est la lessive, commune aux deux garçons, qui est en cause. Seulement, les vêtements qu'ils portaient sont neufs...

En fait, leurs pantalons étaient de la marchandise volée. Le receleur faisait aussi de l'épandage dans un champ de maïs. Il se servait du même camion pour ses deux activités. Voilà comment les jeans étaient couverts de pesticides.

Diagnostic final : empoisonnement au Phosmet

Le Phosmet est un insecticide organophosphoré, d'origine américaine, qui agit par contact, ingestion et inhalation sur un grand nombre d'insectes. Cousin des gaz de combat (type gaz sarin), il est utilisé pour la protection des cultures contre divers organismes nuisibles.

Les moments odieux de House

House entre dans la chambre de Matt avec des papiers à la main. La mère récalcitrante est là. Il commence à lire.

House : *« Moi, Margot Davis, déclare avoir été informée des risques pouvant découler de mon refus des soins médicaux prescrits. Par conséquent je dégage... »*

La mère : *Qui êtes-vous ?*

House : *Je travaille pour l'hôpital.* (Il reprend) *« Je dégage de toute responsabilité les médecins et le personnel soignant de l'hôpital de Princeton-Plainsboro, lequel ne pourra en aucun cas être mis en cause si jamais mon fils crève. »*

La mère : *S'il crève ?*

House : *Oh, j'ai un peu simplifié le style ! Pour éviter tout malentendu. « Je sais que les médecins considèrent ma décision comme totalement idiote... »*

La mère : *Pourquoi vous faites ça ?*

House : *« ... mais je suis convaincue de savoir mieux qu'eux. J'ai fait option biologie en dernière année de lycée. » Je suppose que c'est... oui ! « De plus, j'adore contrôler la vie de mon fils dans ses moindres détails, et tant pis s'il doit en clamser ! »*

Il dépose les papiers devant elle.

House : *Signez là, s'il vous plaît. Voilà, je vous donne un stylo.*

La mère : *Qui êtes-vous ?*

House : *Le médecin qui tente de sauver votre fils. Et vous, la mère qui le laisse mourir. Histoire d'éviter... tout malentendu.*

À un homme dont il soigne la mère dans le cadre de la Consultation.

House : *Monsieur Adams, pouvez-vous nous laisser ?*

Adams : *Pourquoi ?*

House : *Parce que vous m'horripilez.*

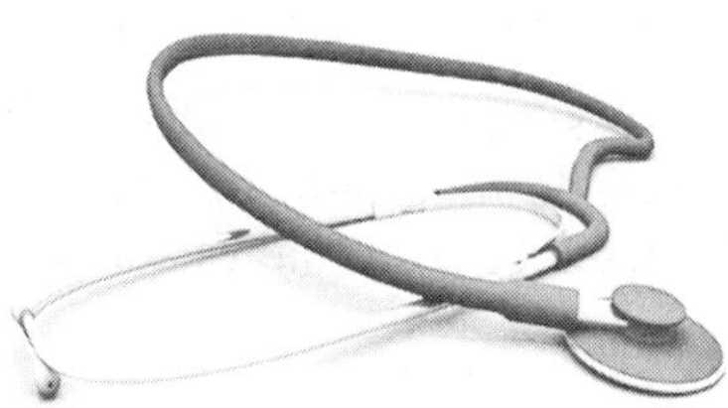

ÉPISODE 9 (1x09)

VF/Vivre ou laisser mourir - VO/DNR

Prise de vicodine :

1

Le patient

Identité : Giles, John Henry.

Âge : inconnu.

Profession : trompettiste.

Antécédents médicaux : paralysé depuis deux ans.

Symptômes : pneumonie, conséquence de la SLA (sclérose latérale amyotrophique ou maladie de Charcot : affection dégénérative de cause inconnue. Elle consiste en une atteinte des neurones moteurs situés dans la corne antérieure de la moelle et les noyaux moteurs des derniers nerfs crâniens).

Intérêt : House s'intéresse à son cas parce que... il semble apprécier le musicien, et cette paralysie que personne n'a pu expliquer titille sa soif d'énigmes.

Le cas

Alors qu'il est en studio d'enregistrement, le célèbre trompettiste John Henry Giles ne peut plus respirer. Il est atteint de pneumonie lobaire.

Son médecin, Marty Hamilton, est l'ancien camarade d'études de Foreman, qui est alors désigné pour s'occuper du cas.

Erreur de diagnostic : SLA

Leur unique intention est de soigner la pneumonie. House, quant à lui, veut percer le mystère de la paralysie. Il voudrait que soit pratiquée une nouvelle IRM, mais Foreman s'y refuse, et le patient signe un refus de réanimation.

Foreman prescrit des stéroïdes et de l'immunoglobuline.

Alors que le musicien s'enfonce, en détresse respiratoire, à cause de l'IV d'immunoglobuline, Foreman respecte son refus d'être réanimé. House ne l'entend pas de la sorte et intube John Henry. House est poursuivi pour agression par Henry Giles. Il demande une injonction interdisant House de l'approcher à moins de 15 mètres.

Erreur de diagnostic : maladie de Wegener

C'est un syndrome caractérisé par une suppuration nécrosante du rhino-pharynx.

L'ordonnance de House

Pour confirmer le diagnostic, il demande une biopsie des poumons et une recherche des c-ANCA dans le sang (anticorps antineutrophiles cytoplasmatiques). La biopsie ne révèle aucune inflammation. House commande qu'on le mette sous cyclophosphamide.

Le Dr Hamilton arrive de Los Angeles dans le but d'extuber son patient. Il respire ! Le Wegner est exclu. Son état est stabilisé, mais un de ses bras est paralysé à présent. House ne pense pas que cette paralysie soit liée à la première.

Diagnostic : Embolie cérébrale ; le problème au bras vient d'un caillot dans le cerveau

L'ordonnance de House :
Héparine (anticoagulant)

Le patient refuse le traitement, mais accepte la proposition de Foreman de lui faire subir une embolectomie (intervention chirurgicale consistant à retirer un embol, caillot de sang ayant provoqué une embolie).

Alors qu'il se remet de l'opération, que son bras n'est plus paralysé, il a aussi retrouvé des sensations dans toute sa jambe jusqu'au mollet. Un des produits que les médecins lui administrent a un effet positif.

Encore faudrait-il savoir lequel. Selon House, il suffit de tout lui retirer, puis de les réintroduire un par un.

Rapidement, John Henry est à nouveau paralysé.

Une autre IRM révèle une malformation artérioveineuse. Elle comprimait sa moelle épinière et entraînait la paralysie. L'inflammation la masquait. En la soignant avec des stéroïdes, elle a laissé apparaître la MAV. Une fois opéré, le patient retrouve l'usage de ses jambes.

Diagnostic final : Malformation artérioveineuse

Lien anormal entre les artères et les veines, c'est une pathologie essentiellement congénitale, mais qui peut se manifester pour la première fois assez tardivement.

De telles malformations peuvent se trouver partout où des artères et des veines se rencontrent, perturbant le système nerveux local et les organes concernés (le cerveau, la rate, les poumons, les reins, la moelle épinière, le foie, les espaces intercostaux, l'iris et le cordon spermatique).

On observe divers symptômes : difficultés des mouvements ou de la coordination avec faiblesse musculaire et paralysie, vertiges, difficultés à parler et à communiquer, à accomplir les tâches quotidiennes, sensations anormales (douleurs spontanées), problèmes de mémoire et autres symptômes neurologiques (démence, hallucinations et confusion) ainsi que maux de tête et épilepsie. Le traitement est chirurgical.

Dans cet épisode, on apprend que House...

– aime le jazz. Il possède toute une collection de vinyles du patient John Henry Giles, qu'il écoute allongé par terre dans son bureau, casque vissé sur les oreilles.

Les accessoires de House

Sa télé portative.

John Henry lui offre sa trompette pour le remercier de l'avoir guéri.

Le moment odieux de House

L'avocat de House : *La validité du document signé est contestable. Le patient souffrait d'une dépression suite à un déséquilibre thyroïdien patent.*

Le juge : *La signature dudit document a pourtant eu lieu en présence d'un collaborateur du Dr House, un certain... Dr Foreman.*

House se lève.

House : *Mes collaborateurs sont idiots ! Je suis sûr que vous savez ce que c'est !*

House musique

« What a Wonderful World » de Louis Armstrong.

Guest stars

Harry J Lennix

Joseph Harry Lennix est né à Chicago en 1964. On a pu le voir dans de nombreuses séries télé telles que : *Urgences*, *Jag*, *Ally McBeal*, *24 Heures chrono*. Ainsi qu'au cinéma dans *Matrix Reloaded* et *Matrix Revolution* (le commandant Lock).

Brandy

Brandy Rayana Norwood est née le 11 février 1979 à McComb, dans l'État du Mississippi. Surnommée simplement Brandy, elle est une chanteuse de R & B révélée par la chanson « The Boy Is Mine ». Également actrice, elle a joué dans la série *Moesha* et le film *Souviens-toi... l'été dernier 2*.

ÉPISODE 10 (1x10)

VF/L'Histoire d'une vie - VO/Histories

Prise de vicodine :

1

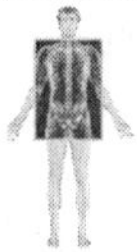

Le patient

Identité : Matsen, Victoria.

Âge : la trentaine.

Profession : SDF, dessine des BD à ses heures. Ses dessins racontent l'histoire d'un certain M. Fury et de James.

Antécédents médicaux : accident de voiture qui a entraîné la pose d'un clou chirurgical dans le bras, dépression, douleurs abdominales.

Allergies : au fer.

Symptômes : lésions (non cancéreuses) sur un bras, spasmes musculaires au poignet (clonie), hallucinations, convulsions, hypoglycémie.

Intérêt : House s'intéresse à son cas parce que... Wilson s'est vu confier ce dossier suite à une suspicion de cancer par les urgentistes. Il présente la patiente à Foreman, qui ne semble pas se passionner pour le dossier, faisant même preuve d'un certain mépris à l'égard de cette femme SDF. Il pense qu'elle simule, histoire d'être au chaud un moment. Wilson s'en remet alors à House, arguant que Foreman se trompe. Pensant que Wilson en fait une histoire personnelle, intrigué de l'intérêt dont fait preuve son ami, House accepte de se pencher sur le cas.

Le cas

Une femme sans domicile fixe fait un malaise lors d'une *rave party*. On suspecte une overdose. La recherche de toxiques est négative, pourtant elle est toujours délirante. Alors que Foreman l'ausculte, elle convulse. Il pense qu'elle a provoqué une crise d'hypoglycémie en s'injectant de l'insuline. House demande qu'on commence à la traiter pour un trouble ionique, qui cause les crampes. Prise d'une crise de violence, elle mord Foreman. Il l'envoie faire une IRM sur-le-champ, mais on ne décèle rien au cerveau.

Pour soigner son anémie, Foreman lui a injecté du fer en intraveineuse avant d'avoir son dossier médical et de constater qu'elle était allergique au fer. La patiente fait une réaction allergique violente. Ses constantes chutent. Les médecins lui administrent de l'épinéphrine en urgence.

Erreur de diagnostic : cancer de l'ovaire

Elle est atteinte d'un cancer à l'ovaire gauche, nécrosé au centre. Son espérance de vie est de trois mois. House n'étant pas d'accord avec ce diagnostic, il ordonne de la soigner pour un tuberculome (lésion tuberculeuse à l'aspect de tumeur).

En cours de traitement, elle est prise d'une autre crise accompagnée d'une fièvre de 40,5° et une photophobie prononcée. Les analyses ont beau confirmer le tuberculome, House se demande pourquoi le traitement la tue malgré tout. Les antidépresseurs sont-ils en cause ? Il prescrit une analyse de sang et une radio du thorax, fait remplacer le Prozac par de la Bromocriptine pour le syndrome sérotoninergique (excès de sérotonine au niveau cérébral qui survient à la suite d'un traitement antidépresseur) et demande qu'on lui fasse prendre un bain de glace. Elle manifeste une hydrophobie farouche.

Erreur de diagnostic : méningite bactérienne

L'ordonnance de House : l'isoler et la mettre sous Ceftriaxone

La patiente s'est échappée.

On la retrouve dans un parc, évanouie dans l'herbe, et son rythme cardiaque est accéléré (tachycardie). Ce n'est pas un symptôme de plus, mais plutôt le fait qu'elle a reçu un coup de Taser de la police ! House découvre alors qu'elle a une perte de sensibilité à la cuisse : elle a la rage. C'est trop tard pour qu'elle s'en sorte vivante. Foreman, lui, doit se faire injecter un antirabique puisque la patiente, en crise, l'avait mordu.

Diagnostic final : rage

Maladie virale grave touchant les mammifères (le renard, le loup, le blaireau, le chevreuil, mais également le chien, le chat, la vache, la chauve-souris – en Amérique, la rage est également transmise par le raton laveur ou le coyote.), dont l'homme. La rage se contracte le plus souvent par morsure, mais aussi par simple léchage. Elle est causée par un virus de la famille des *Rhabdoviridæ* et du genre *Lyssavirus*, qui provoque une encéphalite. Chez l'homme, on observe une fièvre supérieure à 41°, des troubles des fonctions cérébrales supérieures, anxiété, confusion, agitation avec troubles du comportement, hallucinations, insomnies et éventuel delirium. La production de grande quantité de salive et de larmes avec difficulté de déglutition sont typiques des phases avancées. La mort, quasi inéluctable, survient dans les 2 à 10 jours après l'apparition des premiers symptômes.

Dans cet épisode, on apprend que House...

– regarde la série télévisée *Newport Beach*.

– ne craint pas de soudoyer un gardien de la paix.

House musique

« On Fire Like This » (The Mutaytor) ; « Trip Like I Do » (The Crystal Method).

Le moment odieux de House

House est à son bureau en train de lire une BD. Les deux étudiantes qu'il chaperonne sont debout en face de lui.

Étudiante 1 : *Une jeune fille de 17 ans qui présente une blessure superficielle au niveau du poignet.*

House continue sa lecture sans lever les yeux.

Étudiante 2 : *Dr House ?*

House : *Continuez.*

Étudiante 2 : *Vous lisez une BD !*

House : *Et vous, vous attirez l'attention sur votre poitrine avec un décolleté profond... (Il lève les yeux) Oh ! Pardon ! Je croyais qu'on jouait au jeu « Si on pointait les évidences » ! Je suis balèze à ce petit jeu-là !*

Guest star

Leslie Hope

Leslie Hope est canadienne. Elle naît le 6 mai 1965 à Halifax (Nouvelle-Écosse, Canada). Alors que son école sert de lieu de tournage à John Cassavetes, un membre de l'équipe lui fait rencontrer le réalisateur. Elle obtient un petit rôle dans ce *Love Streams*. Elle décide de devenir comédienne, fonde sa propre compagnie de théâtre, et la dirige pendant 10 ans tout en continuant à jouer. Elle est apparue dans de nombreuses séries télé (*Chicago Hope*, *Star Trek : Deep Space Nine*, *Demain à la une*, *La Vie à 5*...) et incarnait la femme de Jack Bauer dans *24 Heures chrono*.

Épisode 11 (1x11)

VF/À bout de nerfs - VO/Detox

Prise de vicodine :

1

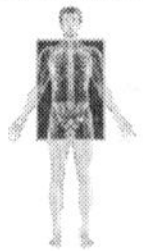

Le patient

Identité : Keith.

Âge : 16 ans.

Profession : lycéen.

Antécédents familiaux : mère décédée d'un cancer du pancréas.

Symptômes : hémorragie interne, anémie hémolytique, sérum haptoglobine insuffisant, bilirubine indirecte élevée.

Intérêt : House s'intéresse à son cas parce que... Cameron le lui présente. Elle imagine que ce cas d'un garçon qui souffre d'une hémorragie interne d'origine inconnue piquera sa curiosité. C'est en effet ce qui se passe, d'autant que toutes ses premières suppositions (méningite, valve cardiaque artificielle) sont infirmées par examens pratiqués sur le patient.

Le cas

Un jeune homme de 16 ans est hospitalisé après un accident de la route. La conductrice a en effet embouti la voiture après avoir été distraite par son petit ami qui s'était mis à tousser et cracher du sang, sans raison. Trois semaines plus tard, le garçon souffre toujours de cette hémorragie d'origine inconnue.

Il n'a pas de lupus, pas de lymphome, pas d'infection, pas d'inflammation, et ses toxiques sont négatives...

Tout à coup, il devient aveugle d'un œil (gauche) : caillot rétinien. Si les médecins ne stoppent pas l'hémorragie, il perdra l'usage de son œil, mais ils ne peuvent pas utiliser de coagulant en raison de son hémorragie interne.

Il s'agit peut-être d'un problème cardiaque. Un caillot naît dans le cœur et voyage jusqu'à l'œil. Toutefois, l'échocardiogramme ne révèle rien. Chase propose d'enlever de l'œil de Keith, à l'aide d'une aiguille, un peu du corps vitré (ou humeur vitrée ou corps hyalin : substance transparente, gélatineuse, qui remplit la cavité oculaire en arrière du cristallin). Le garçon retrouve la vue.

Un nouveau symptôme se manifeste : il se met à vomir. Son foie est endommagé ; le garçon va mourir.

Erreur de diagnostic : lupus ou hépatite E

L'ordonnance de House

Le traiter pour l'hépatite E, même s'il y a plus de chance que cela soit un lupus... (maladie auto-immune chronique. Le système immunitaire s'attaque aux tissus conjonctifs du corps).

Mais il n'y a pas de traitement contre le virus de l'hépatite E. House prescrit un médicament avec l'intention de voir s'il fait empirer l'état de Keith. Si ce n'est pas le cas, ce sera la preuve qu'il doit être soigné pour le lupus.

Le patient commence à avoir des hallucinations. Il se croit dévoré par un dénommé « Jules ». Le traitement n'a même pas commencé à être administré. En plus, il fait une hémorragie par voie rectale. Cameron insiste toujours sur le fait que c'est un lupus, alors que House est toujours convaincu du contraire. Le garçon doit en urgence être mis sur la liste des demandeurs de greffe de foie.

Élémentaire, mon cher Wilson !

House est intrigué par ce Jules, non mentionné au dossier et pourtant au centre des hallucinations de Keith. Le père répond que Jules est un chat, mort de vieillesse depuis un mois. House envoie Chase et Foreman déterrer le chat et pratique une autopsie sur l'animal.

Pendant ce temps, Keith est au bloc pour recevoir un nouveau foie... Le chirurgien s'apprête à inciser lorsque House débarque, sans blouse ni masque, et ordonne de tout arrêter.

Diagnostic final : empoisonnement au naphtalène

Le naphtalène, ou naphtaline, est un hydrocarbure aromatique. Son odeur caractéristique est perçue par l'odorat humain. Il a été couramment utilisé comme antimites.

Une espèce de termite américain *Coptotermes formosanus* sécrète de petites quantités de naphtalène pour lutter contre des parasites et son principal prédateur, la fourmi.

Le gaz, soluble dans la graisse, peut être stocké dans les adipocytes (cellules contenant des lipides) de l'être humain. Lorsque l'organisme brûle ces graisses, le poison se répand dans le corps. Les symptômes sont l'anémie, des hémorragies, un coagulum, voire des hallucinations. Le naphtalène est majoritairement éliminé peu à peu en métabolites via les urines.

Toutefois, l'équipe de House ne comprend pas comment une allergie environnementale a pu continuer alors que le gamin était à l'hôpital, loin de l'agent allergène. Il leur explique que le naphtalène était stocké dans ses cellules grasses. Arrivé à l'hôpital, il n'a plus rien mangé. Sa graisse a fondu et le produit toxique s'est répandu dans son organisme. Le chat est mort de la même cause ! Il suffit de prescrire un régime ultra-calorique au jeune homme et tout s'arrangera.

Le pari de House

Une semaine sans prendre de Vicodin contre un mois sans devoir faire de consultations à la Clinique : c'est le pari que House fait avec Cuddy. Pour supporter la douleur de sa jambe et penser à autre chose, il s'écrase les doigts de la main gauche avec un presse-papier. Au point de se casser un os...

Il remporte finalement son pari, au prix d'une douloureuse prise de conscience : il est complètement accro à ses analgésiques.

« Housisme »

Cuddy : *Prenez la semaine de vacances.*

House : *Parce que j'ai menti à un patient ? Je prends des risques. Parfois, des patients meurent. Mais ne pas prendre de risques entraîne la mort de plus de patients. Alors je crois que mon plus gros problème, c'est de savoir faire ce petit calcul de base !*

House musique

« Feelin' Alright » (Joe Cocker).

Guest star

Amanda Seyfried

Elle joue ici la petite amie de Keith. Elle est née le 3 décembre 1985 à Allentown en Pennsylvanie. Elle joue souvent les ados un peu pestes. Sa carrière décolle avec le film *Lolita malgré moi*, aux côtés de Lindsay Lohan. Les fans de la série *Veronica Mars* reconnaîtront en elle la regrettée Lily, ceux d'ABBA se souviendront de ses performances vocales et chorégraphiques dans la comédie musicale (version grand écran) *Mamma Mia*.

Note

Pour sa performance dans cet épisode, Hugh Laurie a été nominé aux Emmy Awards en 2005, dans la catégorie *Meilleur Acteur de série dramatique*.

Épisode 12 (1x12)

VF/Rencontre sportive - VO/Sports Medicine

Prise de vicodine :

1

Le patient

Identité : Wiggen, Hank.

Âge : 28 ans (né le 21 septembre 1977).

Profession : joueur de base-ball.

Antécédents médicaux : ancien accro à la cocaïne.

Symptômes : s'est brisé l'humérus en faisant un lancer (ostéopénie : fragilisation progressive du tissu osseux due à une diminution de sa densité) ; insuffisance rénale et hépatique, hypogonadisme (sécrétion anormalement faible d'hormones par les gonades – glandes génitales, c'est-à-dire les testicules chez l'homme). House pense que Hank prend des stéroïdes et qu'ils lui « ratatinent les testicules ».

Intérêt : House s'intéresse à son cas parce que... Wilson le lui présente après avoir écarté le cancer. Quand House voit qu'il s'agit du célèbre joueur de base-ball, il accepte avec enthousiasme.

Le cas

Hank Wiggen est un célèbre joueur de base-ball en pleine traversée du désert. Sa ligue a découvert qu'il prenait de la cocaïne. Alors qu'il tournait un spot de publicité pour la prévention contre la drogue, il se brise un os. Cela laisse à penser qu'il est atteint d'ostéoporose. Étrange pour un homme qui n'a pas encore trente ans...

Erreur de diagnostic : prise de stéroïdes

Le patient plonge en détresse respiratoire, preuve que le traitement contre les effets des stéroïdes n'était pas le bon. Hank ne prenait pas d'anabolisants.

Toutefois, House continue de penser que son patient a pris des stéroïdes. L'athlète avoue qu'il y a cinq ans son entraîneur lui a donné une substance dont il ignorait tout. Il avait pris six kilos de muscles en quatre semaines.

Erreur de diagnostic : maladie d'Addison (insuffisance surrénale lente)

L'ordonnance de House :

House demande qu'il soit mis sur la liste des demandeurs de greffe de rein. Cuddy refuse, puisque, l'analyse pour l'Addison n'étant pas concluante, il n'est pas prouvé qu'il en ait besoin.

La femme de Hank décide de lui offrir le sien. Les analyses confirment qu'ils sont compatibles. Et révèlent aussi que Lola est enceinte. Elle ne peut donc pas donner son rein. Elle décide d'avorter. Hank s'y oppose farouchement.

Le cœur de Hank commence à battre beaucoup trop vite. Puis, rapidement son pouls se met à descendre beaucoup trop bas. Son rythme cardiaque semble impossible à stabiliser.

Alors que son patient s'est mis à avoir des hallucinations, Wilson suggère qu'une prise de digitaline (stimulant cardiaque) est sûrement en cause.

House se rend auprès du manager de Hank qui lui confirme qu'il prend des comprimés de digitaline pour soigner ses problèmes de cœur. Le médecin suspecte Hank de les lui avoir volés et d'avoir voulu mourir pour sauver la vie de son enfant à naître.

Élémentaire, mon cher Wilson !

Hank a uriné sur le pantalon de House. L'odeur est nauséabonde, pourtant, Lola ne semble pas s'en rendre compte alors qu'elle étreint House et pleure dans ses bras sur le décès appréhendé de son époux. House est étonné que Lola ne sente rien.

Il pense à un empoisonnement au cadmium. La perte d'odorat de la femme depuis six mois – et sa difficulté à tomber enceinte – est un nouveau symptôme à ajouter à ceux du mari. Il faut donc considérer le couple comme un seul patient.

Le cadmium venait de la terre où poussait la marijuana que consommaient les deux époux. Lola avait arrêté, mais Hank continuait à en fumer de temps en temps pour se relaxer.

Diagnostic final :
empoisonnement au cadmium

Le cadmium est un métal blanc, mou et malléable. Il ternit au contact de l'air.

Très toxique sous toutes ses formes (métal, vapeur, sels, composés organiques), il est l'un des rares éléments à n'avoir aucune fonction connue dans le corps humain ou chez l'animal. Il faut éviter son contact avec des aliments.

Les engrais phosphorés de synthèse (ou parfois naturels) en contiennent de grandes quantités et polluent les sols et les nappes phréatiques. Les effluents et boues d'épuration urbaine et/ou industrielles épandues sur les champs ou en forêt sont des sources parfois importantes de cadmium.

L'exposition chronique au cadmium, par inhalation ou ingestion, entraîne des atteintes rénales qui peuvent continuer de s'aggraver même après la cessation de l'exposition.

Dans cet épisode, on apprend que House...

– est fan des Monster Trucks. Un Monster Truck est un 4 x 4 aux énormes roues et aux suspensions géantes. Aux États-Unis, ils sont les stars de spectacles où sont écrasées d'autres voitures. House veut se rendre à une manifestation avec Wilson qui, lui, ne semble pas bien motivé.

Les moments odieux de House

L'épouse du patient ne veut pas admettre que son mari a pris des stéroïdes.

La femme de Hank : *Trouvez une autre explication !*

House : *Oh, bien sûr ! Je crois que j'en ai une dans mon autre pantalon !*

Autre passe d'armes avec la jeune femme :

La femme de Hank : *Vous vivez seul ?*

House : *Vous écrivez un bouquin ?*

La femme de Hank : *Je connais la réponse. Je posais juste la question par politesse. Vous avez une pancarte « Défense d'entrer » collée sur le front.*

House : *Tout s'explique ! Je leur avais pourtant dit de la mettre sur la porte !*

La femme de Hank : *Même si la vraie complicité et l'échange vous sont totalement étrangers,* *que vous n'en voulez pas ni n'en avez pas besoin, vous devriez au moins les reconnaître quand vous les voyez.*

House : *Oui, bien sûr... Le grand amour... C'est essentiel pour la compatibilité des organes. Y a un couple en France, ils se sont connus au lycée, ils échangent leurs cerveaux !*

House musique

« You Better Stop » (Robert L. Wyckoff) ; « I Never Saw It Comin' » (Windie Wagner).

Guest stars

Scott Foley

Il est né le 15 juillet 1972 à Kansas City. Surtout connu pour être l'ex-mari de Jennifer Garner (*Alias*), il commence sa carrière d'acteur en décrochant un petit rôle dans *Dawson*, puis incarne le gentil Noel, dans la série *Felicity*. Il a beaucoup déménagé dans son enfance, à cause du travail de son père, financier international. Au cours de l'été 1997, il trouve un agent et sa carrière décolle. Il commence par un petit rôle dans *Dawson*, où il se fait remarquer. De 1998 à 2002, il incarne son rôle le plus marquant, Noel, dans la série *Felicity*. Depuis 2006, il joue un militaire dans *The Unit : Commando d'élite*.

Meredith Monroe

Meredith Leigh Monroe a vu le jour le 30 décembre 1968. Elle a obtenu de petits rôles dans beaucoup de séries. Si son visage n'est pas inconnu, c'est qu'elle a interprété Andie McPhee dans *Dawson* et qu'elle joue la femme délaissée de Hotchner dans *Esprits criminels*.

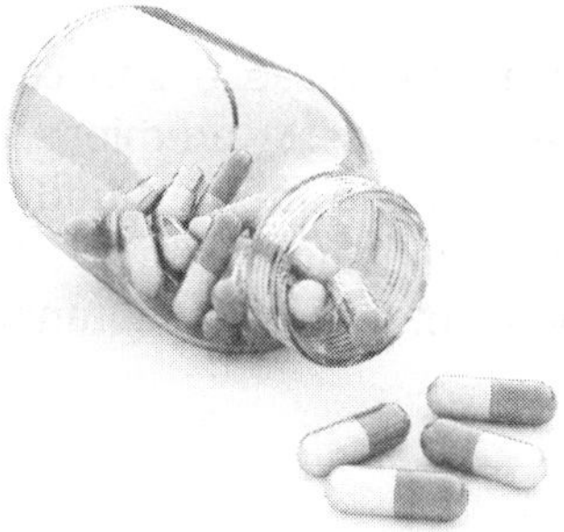

Épisode 13 (1x13)

VF/Le Mauvais Œil - VO/Cursed

Prises de vicodine :

3

Le patient

Identité : Gabe.

Âge : 12 ans.

Profession : collégien.

Symptômes : fièvre, thorax congestionné, toux productive, problèmes respiratoires (dyspnée), râles ronflants bilatéraux, hypertrophie des ganglions lymphatiques, lésion cutanée au bras (papule).

Intérêt : House s'intéresse à son cas parce que... Cuddy lui présente le cas. À première vue, il n'y voit aucun intérêt. Il taquine même Cuddy de se démener autant pour un mécène de l'hôpital, avant de voir qu'une pneumonie et une lésion cutanée réunies sont intéressantes.

Le cas

Alors qu'il fait une séance de spiritisme dans le grenier d'une maison abandonnée, un jeune garçon tombe et se fait mal au bras. Il se voit ensuite répondre par les esprits qu'il sera mort dans l'année.

Une semaine plus tard, il est conduit à l'hôpital avec une forte fièvre et des symptômes de pneumonie. Néanmoins, ses examens infirment ce diagnostic. Il a également une lésion cutanée suspecte.

On détecte de l'anthrax sur le prélèvement fait dans la maison où Gabe traînait. Alors qu'il est traité contre cette fameuse maladie du charbon, son état ne s'améliore pas. Il s'étouffe, sa trachée se bloque et il a des nodules dans la gorge. Foreman réussit difficilement à l'intuber. Ses collègues étaient sur le point de pratiquer une trachéotomie.

Erreur de diagnostic : sarcoïdose

C'est le diagnostic établi par le Dr Rowan Chase, père de Robert, en visite au Princeton-Plainsboro.

Avant de lui injecter le traitement, Robert constate que la plaie de Gabe est nécrosée.

Rowan suggère que le garçon est à la fois atteint d'anthrax et de sarcoïdose. House décide qu'on continue à le soigner pour ces deux maladies.

Rien n'y fait. Les lésions cutanées se sont étendues sur tout son corps. Elles sont purulentes et suintent. Il ne faudra pas attendre longtemps avant qu'il soit septique et... mort par dermatite.

Erreur de diagnostic : maladie auto-immune

L'ordonnance de House : corticoïdes contre l'œdème et cyclophosphamide

Deux médicaments qui traitent la plupart des maladies auto-immunes).

Les examens ne confirment pas le diagnostic d'une éventuelle maladie auto-immune.

Nouveau symptôme : le bras droit de Gabe est paralysé. Sa fièvre est remontée à près de 41°. Son affection est-elle neurologique ?

House demande un scanner cérébral. Aucune masse n'apparaît. Ce n'est pas une neurofibromatose.

Élémentaire, mon cher Wilson !

House se souvient que le père de Gabe avait fait des recherches sur Internet et avait suggéré, avec arrogance, aux médecins que son fils pouvait aussi bien être atteint de leishmaniose ou de filariose.

House remarque qu'il s'agit de deux maladies qui viennent quasi exclusivement du Sud-Est asiatique. Il va trouver le père, lui tord le bras et constate que son mal au bras est toujours vif. L'opération du canal carpien – dont il avait parlé à House (voir ci-dessous) – qu'il a subie n'a eu aucun effet. House demande au père de dire la vérité, alors que l'homme se défend toujours d'avoir passé du temps en Asie.

Puis, enfin, il se résout à avouer avoir passé deux ans en Inde.

House annonce à son équipe que le garçon est atteint de la lèpre.

Diagnostic final :
maladie du charbon (anthrax) et lèpre

Maladie du charbon (anthrax) : le mot anthrax vient du grec et signifie charbon. Le charbon est une maladie infectieuse aiguë, qui touche aussi bien l'animal que l'homme, et est causée par une bactérie, *Bacillus anthracis*.

Il existe trois formes de contamination : le charbon cutané, gastro-intestinal, ou par inhalation.

La forme cutanée est provoquée par contact entre des spores et une blessure.

Une macule se forme à l'endroit de l'inoculation, qui engendre d'abord des démangeaisons, puis, un jour après, forme des ulcérations entourées de vésicules. Le bouton est indolore et enfoncé, il se dessèche et se couvre ensuite d'une croûte noire (d'où le nom de la maladie).

Dans 80 % des cas, la blessure guérit sans complications. Dans certains cas, l'œdème s'intensifie et augmente de volume, provoquant une déformation du visage ou du membre atteint.

Dans un premier temps, une forte fièvre apparaît. En l'absence de traitement, elle entraîne de fortes complications, qui évoluent vers la mort dans 5 % à 20 % des cas.

Les antibiotiques adaptés administrés tôt, en doses adéquates et suffisamment longtemps, ont une efficacité avérée.

Lèpre : maladie infectieuse chronique due à *Mycobacterium leprae* (une bactérie proche de l'agent responsable de la tuberculose), touchant les nerfs périphériques, la peau et les muqueuses, et provoquant des infirmités sévères et irréversibles.

Elle est endémique dans certains pays tropicaux (en particulier d'Asie). La lèpre a longtemps été incurable et très mutilante.
Aujourd'hui, on la traite par administration d'antibiotiques.

L'accessoire de House

Sa console portable.

Le moment odieux de House

Gabe a avoué à Chase qu'il faisait partie d'un club qui se réunit clandestinement dans des maisons vides à vendre. Chase en réfère à House.

House : *Un club secret ? C'est quoi le secret ? Ce sont tous des débiles ?*

« Housisme »

Chase : *Vous aimeriez que je fouille votre vie privée ?*

House : *Non. Je détesterais. C'est pour ça que je n'ai pas de vie privée.*

Prises de Vicodin : 3

House fouille partout dans son bureau. Il trouve enfin ce qu'il cherchait : *Ah ! Te voilà !* (Il ramasse un comprimé de Vicodin qui se trouve sur le meuble derrière son bureau.) *Mmm, tu avais peur ? Rassure-toi, tu es à la maison !* Il avale sa pilule.

Guest stars

Patrick Bauchau

Le père de Robert Chase dans la série est un comédien belge né en 1938. Il débute sa carrière de comédien en France dans le cinéma de la « nouvelle vague ». Il s'arrête un temps avant de revenir dans les années 1980, se partageant entre des productions américaines et françaises. À la télévision, son rôle le plus célèbre reste celui de Sydney dans *Le Caméléon*. Il a fait également partie du casting de *La Caravane de l'étrange*.

Tracy Middendorf

Née à Miami le 26 juin 1970, elle quitte le lycée pour prendre des cours de comédie. Elle se retrouve dans le soap *Des jours et des vies* pendant trois ans. Depuis, elle apparaît dans des rôles secondaires entre le cinéma et la télé : *Freddy sort de la nuit, Mission : Impossible 3, Beverly Hills, Ally McBeal, Angel, Six Feet Under, 24 Heures chrono, Lost*...

ÉPISODE 14 (1x14)

VF/Changement de direction - VO/Control

Prise de vicodine :

1

Le patient

Identité : Carly.

Âge : 32 ans.

Profession : directrice générale d'une grande entreprise de cosmétiques (Songa Cosmetics).

Antécédents familiaux : mère décédée d'un cancer du colon.

Symptômes : paralysie de la jambe droite.

Intérêt : House s'intéresse à son cas parce que... selon Cameron, la paralysie de la jambe lui rappelle son propre cas. House prétend simplement que l'entourage de cette femme influente a fait pression pour avoir affaire au meilleur.

Le cas

Alors qu'elle dirige une réunion, une trentenaire, femme d'affaires émérite, est prise d'une crise de tremblements et transpire beaucoup. Elle se rend ensuite compte que sa jambe est paralysée. « Boulomaniaque », elle continue à gérer son business de son lit d'hôpital.

Ses examens ne montrent aucun signe de caillot, de myopathie ou de toxoplasmose.

Pourtant, la douleur de la patiente devient insoutenable. Elle l'évalue à 10.

Erreurs de diagnostic : cancer primitif osseux ou cancer du colon

Peut-être a-t-elle un cancer primitif osseux. Non. Toutefois, Wilson pense à un cancer du colon, étant donné que la mère en est morte.

La patiente refuse la coloscopie. Wilson lui propose une coloscopie virtuelle (comme un scanner du colon) : un examen très cher, mais non invasif. Il ne révèle rien non plus.

House remarque que Chase a fait une angiographie en se trompant de jambe à examiner. Foreman est chargé de refaire une angio. Pendant qu'il la prépare, elle se met à avoir des difficultés à respirer, puis fait un arrêt respiratoire. Ses poumons sont remplis de liquide.

En parallèle, l'angiographie refaite ne révèle aucun caillot.

Élémentaire, mon cher Wilson !

House se met à réfléchir à des symptômes psychologiques : contrôle de la douleur, maîtrise, honte... Il observe sur la peau de la patiente de nombreuses coupures. Il pense qu'elle s'inflige cela à elle-même. Elle s'automutile.

Elle a besoin d'une greffe de cœur.

La ponction pleurale a révélé un transsudat. Carly souffre d'une insuffisance cardiaque congestive grave.

Diagnostic final : insuffisance cardiaque (cardiomyopathie)

Elle est causée par une boulimie et un usage régulier d'émétique (vomitif).

Il y a insuffisance cardiaque quand le cœur ne peut plus effectuer correctement son travail de pompe, c'est-à-dire assurer le débit sanguin nécessaire au bon fonctionnement des tissus.

Il s'ensuit, en aval, une diminution de la vascularisation sanguine et, en amont, un encombrement du sang dans le système veineux de retour : la voie vers le cœur droit et celle vers le cœur gauche sont obstruées.

La dyspnée (gêne respiratoire) est le principal symptôme : le patient éprouve des difficultés à respirer durant les efforts (dyspnée d'effort), couché au lit (dyspnée de décubitus) ou par crises, la nuit.

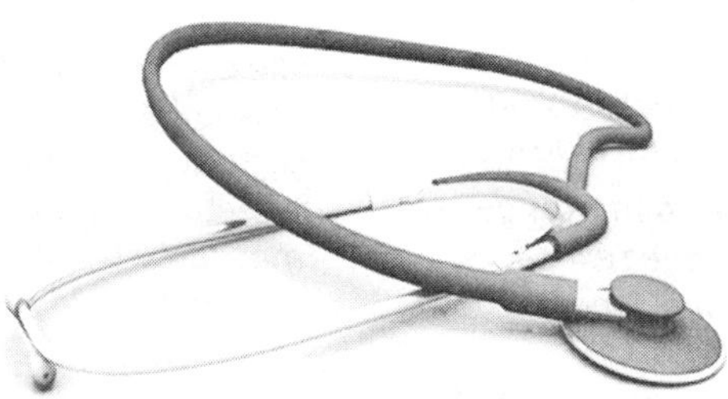

Dans cet épisode, on apprend que House…

– est prêt à risquer sa carrière pour sauver un patient. Il ment au comité de greffe, cache la boulimie de sa patiente (un trouble qui l'excluait de la liste des receveurs) pour qu'elle puisse recevoir un cœur.

Les accessoires de House

Son yo-yo.

Sa grosse balle de base-ball rouge et grise.

House troque sa Game Boy Advance pour une Nintendo DS.

Le moment odieux de House

Cuddy : *J'aimerais vous voir porter une blouse.*

House : *Moi, j'aimerais deux jours de folie sexuelle avec une super-nana plus jeune que vous ! NETTEMENT plus jeune !*

« Housisme »

À Vogler, le nouveau président du conseil de l'hôpital Princeton-Plainsboro, qui lui est très hostile : *Vous ne m'aimez pas. Et je sens que je ne vais pas trop vous aimer non plus. Ne le prenez pas mal, je n'aime personne. Mais ça ne change pas grand-chose.*

House musique

« Baba O'Riley » (The Who). Cette chanson est le générique de la série télévisée *Les Experts : Manhattan*.

Guest star

Sarah Clarke

Elle est née à Saint Louis, dans le Missouri, le 16 février 1972. Elle a surtout joué au théâtre, mais on la reconnaît pour avoir incarné la méchante Nina Myers dans trois saisons de *24 Heures chrono*.

ÉPISODE 15 (1x15)

VF/Un témoin encombrant - VO/Mob Rules

Prise de vicodine :

1

Le patient

Identité : Joey Arnello (dit « Smith »).

Âge : 35 ans.

Profession : mafieux.

Antécédents médicaux : a reçu un coup de cric sur le crâne quelques années auparavant.

Symptômes : coma.

Intérêt : House s'intéresse à son cas parce que... il reçoit une ordonnance du tribunal lui demandant d'examiner ce patient, témoin sous protection.

Le cas

Alors qu'il mange un steak et avale des substituts nicotiniques, un jeune mafieux s'effondre. Il est tombé dans le coma. L'avocat du patient est aussi son frère, Bill. Il demande à House de soigner son frère, mais surtout de le garder le plus longtemps possible afin qu'il ne témoigne pas au procès.

Erreur de diagnostic : hématome sous-dural

L'IRM révèle un hématome sous-dural. House ne pense pas que ce soit la cause du coma. Alors que Foreman suggère de l'opérer, le patient se réveille de lui-même. Il n'y a pas de raison pour que l'hôpital le garde. House veut qu'il reste et qu'on poursuive les examens. C'était sans compter sur Vogler, qui a rendu le témoin à la justice dans le dos de House. Retour rapide de Joey aux urgences ! Deux heures après avoir été relâché. Il a vomi et perdu connaissance.

Erreur de diagnostic : hépatite C

Son bilan revient avec des résultats positifs à l'hépatite C. Pour House, l'hépatite C est une maladie chronique. Pourquoi le patient a-t-il des symptômes si aigus ? Il a aussi un taux d'œstrogènes élevé. House demande une biopsie du foie et le traitement de l'hépatite. Toutefois, la biopsie révèle qu'il ne s'agit pas d'une hépatite, mais d'une affection aiguë. La défaillance hépatique peut-être causée par un empoisonnement. Le « métier » du patient fait de lui une cible privilégiée.

Diagnostic : empoisonnement

Joey a besoin d'un nouveau foie. Malheureusement, deux heures, ce n'est pas suffisant pour en trouver un. Pour gagner du temps,

House a l'idée de passer le sang de Joey dans un cochon et de le faire revenir. House se demande s'il est fumeur, car ses radios montrent des signes précoces d'emphysème. Cameron confirme en lisant dans son dossier qu'il fume depuis 18 ans. Il a cessé depuis 15 jours. House met en cause ses substituts nicotiniques et le « Chai Hu » qu'ils contiennent.

House : *« Chai Hu ». Une herbe chinoise dans son substitut nicotinique. (Lisant l'emballage) Réduit l'envie de fumer et le taux de leucocytes par la même occasion ! Et, ah oui, il en a pris assez pour s'empoisonner. On va le laisser sous perf de cochon encore quelques heures et arrêter les gommes à mâcher, il ira très bien.*

Alors que House s'apprête à faire sortir son patient, il replonge dans le coma. Chase pense toujours qu'il s'agit d'une hépatite C. À présent, à cause de l'empoisonnement au Chai Hu, il est impossible de lui donner le médicament basique pour la soigner. Chase propose de lui administrer un traitement expérimental, encore jamais testé sur un homme : un inhibiteur allostérique non nucléoside.

Élémentaire, mon cher Wilson !

House pense à une intolérance alimentaire. Chase lui répond que tout a été contrôlé : steak et pommes de terre avant le premier coma, poisson pané avant le second.

House va trouver l'agent chargé de la surveillance du patient. Plus tôt, il avait entendu que l'homme avait reçu une somme d'argent suspecte. Son supérieur supposait une corruption. House lui demande d'où provient ce virement et apprend que le frère de Joey lui a donné de l'argent pour qu'il lui apporte de la nourriture correcte. Un steak avait remplacé le poisson pané de l'hôpital.

Diagnostic final :
Carence en ornithine transcarbamylase

Maladie génétique qui provoque des troubles au niveau du cycle de l'urée. Les symptômes apparaissent généralement dans les premiers jours de vie et consistent en une léthargie et un coma. Il existe également des formes rares de la maladie – qui apparaît de manière tardive – liées à certaines mutations du gène avec activité partielle de l'enzyme. Le traitement chronique de cette maladie consiste en un régime hypoprotidique et une prise de médicaments pour limiter la production d'ammoniac et relancer le cycle de l'urée. Lors des crises, une dialyse peut s'avérer nécessaire.

Les accessoires de House

Sa console Nintendo DS avec laquelle il essaye de réveiller le patient dans le coma.

Une Corvette rouge offerte par les frères Arnello.

House porte sa blouse ! Une fois n'est pas coutume.

Son yo-yo.

Le moment odieux de House

Cuddy : *Vogler veut vous mettre dehors. Et fermer tout le service...*

House : *Heureusement que vous vous êtes battue pour moi, hein ?*

Cuddy ne répond rien.

House : *Ah, la jupette était une bonne idée. Mais il fallait aller plus loin ! Week-end de folie à Las Vegas... Quelque chose qui montre toute l'étendue... de vos talents administratifs !*

Cuddy : *Il a menacé de me virer...*

House : *Je suis désolé. Alors j'ai combien de temps ? J'ai pas mal d'affaires personnelles à emballer et vous allez vouloir faire un pot de départ !*

Dans cet épisode, on apprend que House...

– va devoir se séparer de l'un de ses trois assistants sur ordre de Cuddy, qui doit elle-même faire face aux pressions de Vogler.

« Housisme »

Chase : *Vous pouvez me croire.*

House : *Mais si j'ai tort de vous croire, dois-je vous croire quand vous me dites ça ? Mais, merci quand même, vous m'avez bien aidé.*

House musique

« Crazy World » (Daniel Moynahan).

Épisode 16 (1x16)

VF/Symptômes XXL - VO/Heavy

Prises de vicodine :

2

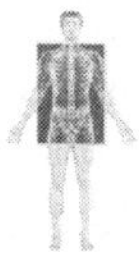

Le patient

Identité : Jessica.

Âge : 10 ans.

Profession : écolière (école primaire).

Symptômes : fatigue, douleurs musculaires, difficultés de concentration, arrêt cardiaque, obésité, psychose passagère.

Intérêt : House s'intéresse à son cas parce que... Cameron lui présente ce dossier envoyé par un confrère. Le fait que ce soit une crise cardiaque lui est indifférent. Jusqu'à ce que son assistante lui apprenne que la patiente n'a que 10 ans.

Le cas

Une enfant de 10 ans en surpoids fait une crise cardiaque alors qu'elle fait de la corde à sauter en cours de gymnastique.

Erreur de diagnostic : syndrome X ou syndrome métabolique

Les patients réagissent anormalement à l'insuline, ce qui fait que leur corps en produit trop, d'où les anomalies métaboliques.

Ce n'est pas une maladie spécifique, mais plutôt une série de problèmes liés à un mauvais métabolisme corporel : un taux de triglycérides supérieur à 150 mg/dl (1,7 mmol/l), un taux de bon cholestérol (HDL) inférieur à 40 mg/dl (1,03 mmol/l) chez les hommes et à 50 mg/dl (1,29 mmol/l) chez les femmes, une tension artérielle supérieure à 130-85 mm Hg, une glycémie supérieure à 100 mg/dl (5,6 mmol/l) ou un diabète de type 2, une obésité abdominale définie par le tour de taille (supérieur à 93 cm pour les hommes européens et à 79 cm pour les femmes européennes, avec des variations en fonction des groupes ethniques). La grande majorité des cas sont liés à un style de vie sédentaire et à une mauvaise alimentation, ainsi que, parfois, à des prédestinations génétiques.

L'ordonnance de House : clamp euglycémique hyperinsulinémique

C'est le maintien d'un niveau constant de glucose dans le sang par perfusion ou infusion de glucose ou d'insuline).

Lorsque Cameron expose le trouble à la mère de la patiente, lui expliquant qu'il se soigne avec une alimentation équilibrée et une activité sportive régulière, elle réagit vivement et rétorque au médecin que le diagnostic n'est pas le bon, car sa fille fait déjà du sport et s'alimente tout à fait correctement. Alors que le traitement est administré à Jessica, elle a un accès de violence, une espèce de crise d'hystérie. C'est une complication fréquente de cette procédure. L'hypoglycémie peut entraîner des psychoses temporaires. Toutefois, l'analyse de sang révèle qu'elle n'était pas en hypoglycémie. Cette rage était donc un nouveau symptôme.

Chase, très hostile sur la question du surpoids de la jeune fille, suggère qu'elle a déjà subi une intervention de chirurgie esthétique. Une liposuccion pourrait avoir été pratiquée par un chirurgien peu scrupuleux. House réfute l'idée, en pensant qu'il peut s'agir d'une conséquence de la prise de coupe-faim : ils peuvent causer infarctus et caillots.

Erreur de diagnostic :
caillots entraînés par la prise de coupe-faim

L'ordonnance de House :
héparine et warfarine pour empêcher la formation d'autres caillots

Une élève de l'école confirme à Foreman que Jessica avale des pilules en cachette. Sa mère maintient pourtant que sa fille ne prend rien. Or Jessica contredit sa mère. Elle en a pris dans son dos. Elle les avait volées dans un magasin. Elle a trop honte de son poids. Elle voudrait juste être comme les autres.

Un nouveau symptôme se déclare. Son torse est couvert de nécroses cutanées. House pense qu'elles sont une réaction à la prise de warfarine, mal administrée par Cameron ou Chase. Il demande une injection supplémentaire d'héparine non fractionnée, en IV, et une sous-cutanée de bas poids moléculaire.

Erreur de diagnostic : nécroses cutanées engendrée par la prise de warfarine

La nécrose empire. Il semble que Jessica ne soit pas soignée pour ce qu'il faut. Wilson ajoute qu'elle sera morte avant la fin de la journée si les nécroses ne sont pas retirées chirurgicalement. Il explique à sa mère que Jessica doit subir une ablation des seins si sa situation ne s'améliore pas dans quelques heures.

Élémentaire, mon cher Wilson !

Lors d'un brainstorming avec Foreman et Chase, ce dernier avance que l'obésité pourrait être un symptôme. Les trois médecins recherchent quelle maladie a l'obésité pour symptôme. Foreman pense que la cause peut être héréditaire. Après tout, sa mère aussi est forte. House la regarde et observe qu'elle n'est pas seulement forte, mais aussi grande. Il s'enquiert de la taille du père : 1,85 mètre. Jessica est petite. House soupçonne un retard de croissance. Ajouté à cela l'accident artériel, le caillot, l'obésité : il se prononce pour un Cushing. Il demande une IRM pour rechercher les raisons d'un hypercorticisme (sécrétion trop importante d'hormones glucocorticoïdes – cortisone naturelle – par les glandes surrénales).

Diagnostic final : maladie de Cushing due à un adénome pituitaire (tumeur sur l'hypophyse)

Également appelée hypercorticisme chronique, c'est une maladie causée par un excès de sécrétion d'une hormone corticosurrénale, le cortisol, par les glandes surrénales et ayant des conséquences pathologiques. La manifestation la plus visible est l'apparition d'une obésité chronique de la partie supérieure du corps et un aspect bouffi du visage.

Le traitement idéal est la chirurgie, l'acte pratiqué est l'ablation d'une tumeur hypophysaire par voie nasale en passant par une narine ou par une incision sous la lèvre supérieure. L'opération, dure environ une heure et ne laisse aucune cicatrice.

Dans cet épisode, on apprend que House...

– aime laisser Wilson payer le déjeuner à la cafétéria.

Vogler dit que House « n'a pas changé en huit ans », ce qui laisse penser qu'il travaille au Princeton-Plainsboro depuis huit ans. Certains indices dispersés dans des épisodes suivants font supposer qu'il en fait partie depuis plus longtemps que ça.

– choisit de se séparer de Chase. Vogler est en désaccord. House doit renvoyer l'un des deux autres ou il menace de mettre tout le monde à la porte.

Les moments odieux de House

Foreman : *Les enfants de 10 ans n'ont pas de crise cardiaque ! Il y a forcément une erreur.*

House : *Oui ! L'explication la plus simple, c'est que c'est une quadragénaire qui ment sur son âge ! Une vieille actrice... qui s'accroche !*

Mme Hernandez (une patiente de la Consultation plutôt enrobée) : *J'aurais une énorme cicatrice. Je ne pourrais plus mettre de bikini !*

House : *Parce que vous portez un bikini ?*

Mme Hernandez : *Ouais ! Ça vous pose un problème ?*

House : *Non. Mais je ne suis jamais allé à la plage avec vous !*

« Housisme »

Les hommes sont des porcs.

House musique

« Got to Be More Careful » (Jon Cleary & The Absolute Monster Gentlemen).

Gare aux gaffes

Vers 12 m 25 s, on voit House écrire sur son tableau de symptômes sans entourer les mots. Vers 12 m 36 s, les mêmes mots sont entourés. Enfin, vers 13 m 30 s, les mots sont revenus au *statu quo ante*. En d'autres termes, ils ne sont plus entourés !

ÉPISODE 17 (1x17)

VF/Double discours - VO/Role Model

Prises de vicodine :

2

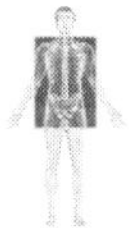

Le patient

Identité : Wright, Gary. Âge : inconnu.

Profession : sénateur, en course pour les présidentielles.

Antécédents médicaux : une cicatrice sur la langue, due à une chute à l'âge de six ans. Il en a conservé un défaut d'élocution. House est convaincu que c'est une histoire inventée par les conseillers en communication du sénateur afin de le rendre plus sympathique.

Antécédents médicaux réels : épilepsie.

Symptômes : vomissements, évanouissement, perte de réflexes (ne réagit pas au test de réflexe fait sur le genou), détresse respiratoire.

Intérêt : House s'intéresse à son cas parce que... il y est contraint par Vogler. Chaque fois que Vogler demande quelque chose à House, il met dans la balance la pérennité des emplois de Foreman et Cameron.

Le cas

En pleine campagne présidentielle, le sénateur Gary Wright fait un discours lors d'une collecte de fonds. Il se met à transpirer, voir tout trouble et à vomir, puis il s'évanouit et dégringole une volée de marches. House pense à une intoxication alimentaire, jusqu'à ce qu'il constate la perte de réflexe. La pathologie du sénateur est d'ordre neurologique. Il demande une IRM et une ponction lombaire.

Tout est normal, si ce n'est une très légère anomalie de l'aire de Broca (une des deux principales zones du cerveau responsables du traitement du langage).

Erreur de diagnostic : tumeur cérébrale

House en conclut que cela ne peut être qu'une tumeur cérébrale ou une infection. Il envisage une intervention pour qu'une biopsie soit pratiquée.

Ce n'est pas anodin, et ses assistants, ainsi que Cuddy, trouvent disproportionné qu'on ouvre le crâne du patient simplement sur la foi d'une ombre détectée à l'IRM. Il risque des lésions neurologiques permanentes et irréversibles. Le patient accepte la biopsie. Ce n'est pas une tumeur cérébrale. Ce n'est pas non plus une infection bactérienne.

Wilson diagnostique une toxoplasmose (maladie infectieuse causée par un parasite que les animaux transmettent aux hommes). Là-dessus, House ajoute que le sénateur est atteint du virus du sida.

Erreur de diagnostic : sida

Le sénateur ne veut pas admettre qu'il est atteint du virus du sida. Il refuse le traitement.

Wright veut qu'on lui recherche un cancer ! Une leucémie.

Les résultats de son test reviennent positifs pour le sida. Alors que House apporte ses anti-rétroviraux au politicien, la conversation qui en découle entre les deux hommes pousse le médecin à refaire l'analyse de sang.

Plus tard, alors qu'il tente de sortir de son lit, le patient constate avec effroi que son pied est paralysé.

House annonce à Wright que si les anti-rétroviraux n'ont aucun effet c'est qu'il n'a pas le sida. Une fois sur 5000 cas, il arrive que le test soit un faux positif.

Quoi qu'il en soit, le patient continue de perdre sa motricité du côté droit.

Erreur de diagnostic :
leucémie à tricoleucocytes

House demande à son équipe un scanner du corps entier, alors même que ce n'est pas sa tasse de thé.

Rien d'inquiétant sur les ganglions lymphatiques et, après biopsie, les kystes repérés au rein et au foie sont bénins.

House pense alors à une leucémie à tricoleucocytes. Il ordonne une biopsie splénique (rate). Ses collègues objectent que le patient est en bien mauvais état pour pratiquer cet examen. House réplique qu'on n'a pas le choix.

Avant que la biopsie ne soit effectuée, le sénateur se retrouve en détresse respiratoire.

Pour éviter de faire cet examen dangereux et maintenant impossible vu l'état de Wright, House suggère qu'on teste le sénateur sur d'autres affections qu'une leucémie à tricoleucocytes pourrait engendrer.

Tout est négatif !

Élémentaire, mon cher Wilson !

En regardant les résultats du patient, House remarque qu'il est positif pour le virus d'Epstein-Barr. Foreman ne comprend pas ce que cela change !

House indique que cela ne signifie rien concernant la leucémie à tricoleucocytes, se rue dans la chambre du sénateur, lui enlève le masque qui lui permet de respirer et lui affirme qu'il n'est pas tombé d'une balançoire à six ans !

Il a eu une crise d'épilepsie. House apprend que le médicament qu'on a prescrit au patient est de la phénytoïne, un remède qui, associé au virus d'Epstein Barr, provoque un déficit immunitaire commun variable.

Diagnostic final : virus d'Epstein-Barr

Virus du groupe *Herpes viridæ*, il est responsable de la mononucléose infectieuse et peut engendrer certaines tumeurs cancéreuses, dont la maladie de Hodgkin (affection cancéreuse touchant les ganglions lymphatiques, la rate et le foie).

La mononucléose infectieuse est une affection virale aiguë qui se manifeste par une fièvre élevée, des maux de tête, une fatigue intense, une angine, une tuméfaction des ganglions lymphatiques.

Des complications méningées et nerveuses peuvent apparaître dans les formes sévères. Le virus est présent dans les sécrétions nasopharyngées et se transmet par la salive. On le met en évidence par un examen clinique et des analyses sanguines.

La guérison intervient spontanément par le repos et des médicaments visant à faire tomber la fièvre, mais l'asthénie peut durer plusieurs mois.

Dans cet épisode, on apprend que House...

– est prêt à subir le chantage de Vogler dans l'espoir de sauver les postes de ses assistants. Il accepte de monter à la tribune d'une convention de cardiologie et vanter les mérites d'un médicament commercialisé par le laboratoire détenu par Vogler. Une fois à la tribune de la conférence, House ne peut finalement pas s'empêcher de dire :

House : *Y a une chose dont je me dois de parler. Ed Vogler est un brillant homme d'affaires. Doublé d'un fin psychologue !* (Tournant la tête vers Vogler) *Cet homme-là n'a jamais perdu de combat. Savez-vous pourquoi il sait que la nouvelle formule est bonne ? Parce que l'ancienne l'était déjà ! La nouvelle est exactement la même. Mais en plus cher ! En BEAUCOUP plus cher. Et ça, c'est l'un des talents de M. Vogler. Dès que l'un de ses médicaments va perdre son brevet, il a sa fine équipe qui le modifie un tout petit peu et dépose un autre brevet. Comme ça, on a une nouvelle pilule qui n'apporte rien. Mais qui va leur rapporter des millions...Et qui s'en plaindrait ? Les patients ? Pffff ! On s'en fiche ! Ils sont tellement malades ! D'ailleurs, Dieu lui-même ne les aime pas. Je demande à tous les gens sains et en bonne santé qui sont ici d'applaudir Ed Vogler !* (En aparté à Vogler) *J'ai un humour de chiottes, hein ?*

– ne vote pas.

– éprouve un certain intérêt pour le Dr Cameron.

L'accessoire de House

Sa console.

Les moments odieux de House

Le sénateur : *Que vont penser mes électeurs ? Qu...quand ils apprendront que j'ai eu une b... biopsie cérébrale ?*

House : *Vous risquez de b...b...b...b...belles lésions irréversibles et c'est la réaction des beaufs qui vous inquiète !*

House : *Un jour, on aura sûrement un président noir. Un jour, on aura un président gay, peut-être. Et pourquoi pas même un président noir et gay. La combinaison que je vois très mal, c'est : gay, noir et... mort.*

House musique

« It's Okay to Think About Ending » (Earlimart).

Épisode 18 (1x18)

VF/Sacrifices - VO/Babies & Bathwater

Prises de vicodine :

2

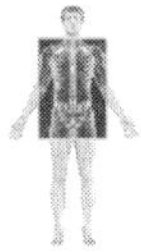

Le patient

Identité : Naomi.

Âge : 39 ans.

Profession : inconnue.

Antécédents médicaux : trois fausses couches, incontinence depuis l'âge de 20 ans.

Symptômes : absences, évanouissements, problèmes de coordination, difficultés à avaler.

Intérêt : House s'intéresse à son cas parce que... Foreman s'est occupé de Naomi en consultation. Il présente le dossier à House, qui tente de se cacher de Vogler. House réagit au fait que la patiente ait déjà fait trois fausses couches.

Le cas

Naomi, 39 ans, est enceinte de 28 semaines, après avoir eu recours à une fécondation in vitro. Alors qu'elle conduit sa voiture, une absence lui fait manquer d'avoir un accident. On parierait qu'elle a consommé de l'alcool, alors que ce n'est absolument pas le cas. Elle sort du véhicule et s'évanouit.

Ses analyses montrent que son foie et ses reins ne fonctionnent pas bien.

House y voit une grossesse induisant une auto-immunité : le corps développe une allergie au bébé. Il demande une échographie, une angiographie numérisée pour la vascularite, un bilan sanguin et qu'on mette la patiente sous magnésium au cas où cela serait une prééclampsie.

L'échographie est bonne ; il n'y a aucun signe de souffrance fœtale.

Tout à coup, Naomi s'étouffe. Elle n'arrivait plus à avaler le petit bout de poire qu'elle avait dans la bouche.

Aucun signe de vascularite à l'angio. Pendant l'examen, la patiente sent des contractions. Son travail a commencé. Chase et Foreman lui donnent des médicaments pour le stopper.

House trouve que la difficulté de la jeune femme à avaler un petit bout de poire cuite est signe d'un état plus grave qu'une simple faiblesse musculaire. Il demande une endoscopie. Et que ses assistants « vérifient ses paupières »...

Elle a en effet une paupière qui tombe. Chase constate qu'il y a de l'œdème au pourtour de l'œsophage.

On fait une radio. Wilson peut alors annoncer aux parents le diagnostic : cancer du poumon à petites cellules. La tumeur commençait à appuyer contre son œsophage.

Les anticorps secrétés pour lutter contre la tumeur s'étaient déplacés et retournés contre le foie, le cerveau et les reins, expliquant ainsi les symptômes. Cela s'appelle le syndrome de Lambert-Eaton.

Diagnostic final : syndrome myasthénique de Lambert-Eaton dû à un cancer des poumons à petites cellules

Le syndrome myasthénique de Lambert-Eaton est une affection neuromusculaire. Il est caractérisé par une faiblesse musculaire et une fatigabilité des muscles des membres, surtout des membres inférieurs et du tronc. L'atteinte oculaire est présente dans 70 % des cas.

L'atteinte des muscles respiratoires, nécessitant une ventilation mécanique, est rare, mais des cas révélés par une insuffisance respiratoire aiguë ont été rapportés. Près de la moitié sont paranéoplasiques, c'est-à-dire associés à un cancer, presque toujours de type pulmonaire anaplasique à petites cellules.

Le carcinome à petites cellules est une tumeur maligne qui se développe sur les tissus épithéliaux (peau, muqueuses digestives, respiratoires, génitales, urinaires), les glandes annexées à ces tissus (sein, foie, pancréas, rein, prostate) et les glandes endocrines (thyroïde, surrénales). La gravité de l'affection dépend du siège de la tumeur.

Les carcinomes indifférenciés, dits « à petites cellules », qui touchent notamment les bronches, sont les plus sévères.

Complication

Wilson explique au couple qu'il faut commencer la radiothérapie et la chimiothérapie tout de suite.

Après avoir sorti le bébé par césarienne. Naomi s'inquiète des chances de survie de son bébé au stade de 28 semaines de grossesse. 80 % selon l'oncologue.

La patiente estime qu'une probabilité sur cinq que son enfant meure, c'est encore trop. À 29 semaines, les chances de survie sont de 90 %. Soit. Naomi refuse le traitement. Elle se sacrifie pour son bébé.

Cette décision n'est pas pour enchanter House qui déteste perdre des patients !

Il veut tenter d'améliorer le pronostic vital de la mère. Il demande à Wilson si des essais cliniques sur le cancer à petites cellules ne sont pas pratiqués quelque part dans l'hôpital. Mais les contraintes de ces essais ne conviennent toujours pas à Noami. Ils imposent la césarienne à deux jours. Pas question pour elle, même si ses propres chances de survie sont plus grandes avec ce traitement expérimental.

House a compris que la patiente a déjà perdu un enfant. Naomi lui raconte qu'à 18 ans, mariée à un autre homme, elle avait accouché d'une fille. Cette petite Grace avait la maladie infantile d'Alexander. Pendant deux ans, ses parents l'ont regardée mourir. Après son décès, Naomi ne pouvait plus voir son époux en face, il lui rappelait trop son bébé disparu. Elle s'est séparée, a changé de vie.

House la trouve simplement égoïste. Elle ignore les sentiments de son nouveau mari, qui ne souhaite rien de plus que voir sa femme vivre.

La patiente tombe en détresse respiratoire et fait une embolie pulmonaire. Il faut lui retirer le caillot (embolectomie), mais, comme elle est inconsciente, son mari, Sean, doit prendre une décision. Pour sauver le bébé, il faudrait pratiquer une césarienne. Seulement, Naomi risque de ne pas survivre à cette intervention. Sean la refuse. Il veut que sa femme vive.

Le caillot est éliminé, mais Naomi fait une hémorragie abdominale. House demande à Sean son accord pour la césarienne, même si la jeune femme n'y survivra pas. Comme elle est condamnée de toute façon, le mari accepte.

Le bébé, un garçon, est extrait, vivant, du ventre de sa mère.

Dans cet épisode, on apprend que House...

– garde son emploi. Cuddy a voté contre son renvoi. Et pour l'éviction de Vogler.

L'accessoire de House

Un petit ballon ovale de football américain.

Le moment odieux de House

House : *Vous savez, il y a une nouvelle biographie de Quisling. Elle va vous plaire, je crois...*

Cuddy : *Si vous le dites. Je ne sais pas du tout qui c'est.*

House : *Euh... c'est... c'était un Norvégien, Deuxième Guerre mondiale, un traître. Mais si je dois vous l'expliquer, mon effet tombe un peu à plat !*

« Housisme »

À des parents qui ont conduit leur bébé à la Consultation.

House : *Elle va mieux.*

La mère : *Oh, grâce à Dieu !*

House : *Non ! Grâce à Alexander Fleming. On lui doit les antibiotiques. La pneumonie est maîtrisée ; dorénavant ce serait bien que vous lui donniez de la nourriture humaine, à votre enfant.*

Le père : *Je le jure devant Dieu !*

House : *Ah oui, cette fois c'est le bon !*

House musique

« Happiness » (Grant Lee Buffalo).

Guest star

Marin Hinkle

Marin Hinkle – Naomi dans l'épisode – est née le 23 mars 1966 en Tanzanie. On a pu la voir notamment dans la série *Once and Again : Deuxième Chance*. Elle joue dans l'une des sitcoms les plus populaires outre-Atlantique, *Mon oncle Charlie*. Elle apparaît également dans *Brothers and Sisters*.

Épisode 19 (1x19)

VF/En plein chaos - VO/Kids

Prises de vicodine :

2

Le patient

Identité : Mary Carroll. Âge : 12 ans.

Profession : écolière, plongeuse (deux fois championne nationale, catégorie « Juniors »).

Symptômes : rougeurs, irruptions, fièvre, douleurs cervicales, saignement dans la bouche, hémorragie intracrânienne, absences.

Intérêt : House s'intéresse à son cas parce que... pendant des championnats nationaux de natation et plongeons, un des juges perd connaissance. On suspecte une méningite. Toutes les personnes présentes à cette compétition (2500 !) sont dispatchées dans les hôpitaux. Au Princeton-Plainsboro, c'est la panique. House ne réussit pas à se soustraire aux ordres de Cuddy d'examiner des patients. Il s'attarde sur le cas de Mary, une jeune plongeuse de 12 ans, dont les symptômes lui semblent dignes d'intérêt.

Le cas

Mary, 12 ans, montre des éruptions cutanées. Elle les a depuis une semaine et pense qu'elles sont dues à son nouveau maillot de bain. Sinon, elle met sa raideur de cou sur le compte d'un faux mouvement en plongeant. Bien que ses symptômes correspondent à la méningite, House est convaincu que ce n'est pas ce qui l'atteint. Elle n'a mal à la nuque qu'en faisant une rotation latérale. Si elle avait la méningite, le pus présent dans le canal vertébral la ferait souffrir également en bougeant la tête de bas en haut.

La ponction lombaire révèle qu'elle n'a pas de méningite. À bout de forces, elle se met à pleurer et constate que ses yeux saignent. Foreman la rassure : ce n'est pas du sang, simplement les antibiotiques, donnés par prévention, qui colorent ses larmes. Toutefois, le médecin observe des saignements dans la bouche de la fillette. L'endoscopie ne révèle aucune lésion, aucune hémorragie dans l'estomac. House remarque une ulcération sur l'intestin.

Erreur de diagnostic : cancer des os

Chase propose le diagnostic et reçoit le soutien de Wilson. House demande une ponction de moelle osseuse, mais les résultats sont négatifs pour le cancer.

Soudain, Mary fait un malaise, une absence. Leurs fréquences augmentent d'heure en heure, et elle devient aréactive de plus en plus souvent. Foreman lui fait un doppler transcrânien pour comprendre. L'examen indique que la patiente a une hémorragie massive dans le lobe temporal et doit subir une intervention chirurgicale. Après l'intervention, l'œdème s'est résorbé et la pression intracrânienne a diminué.

Élémentaire, mon cher Wilson !

Alors qu'il est persuadé qu'il leur manque une information sur la patiente, House l'observe à travers les vitres de sa chambre.

Il remarque tous les cadeaux qui s'amoncellent autour d'elle et demande qui les a apportés. Foreman lui répond qu'ils viennent des filles de son équipe, nombreuses à défiler pour avoir des nouvelles de leur amie. House s'étonne qu'aucun garçon, en revanche, ne soit venu. Les garçons l'éviteraient-elle ?

Les rougeurs sur son ventre ne sont pas une éruption cutanée. Elle saigne dans sa peau. Il s'agit d'un purpura thrombotique thrombocytopénique.

House comprend ce qui en est la cause : Mary est enceinte.

Diagnostic final : purpura thrombotique thrombocytopénique dû à une grossesse

Forme grave de microangiopathie thrombotique caractérisée par une anémie hémolytique par microangiopathie, une thrombopénie périphérique, des signes neurologiques centraux, une fièvre et éventuellement une atteinte rénale, le purpura thrombotique thrombocytopénique peut notamment être provoqué par une grossesse.

Les symptômes sont neurologiques (fluctuants : confusion, céphalées, troubles visuels, paresthésies, crises d'épilepsie, voire accident vasculaire cérébral ou un coma) ; défaillance rénale, fièvre, thrombocytopénie (une numération plaquettaire basse) provoquent des ecchymoses, voire un purpura, c'est-à-dire une anémie hémolytique microangiopathique (anémie et frottis sanguin caractéristiques).

Le traitement (plasmaphérèse) consiste en une transfusion sanguine impliquant le prélèvement du plasma sanguin du patient et son remplacement par celui du donneur.

House va lui faire subir une plasmaphérèse pour éliminer les anticorps qu'elle a dans le sang. Il prévoit également une IVG (interruption volontaire de grossesse).

House ne trahit pas le secret de sa patiente et tait sa grossesse à ses parents. Mary finit par leur avouer elle-même.

Dans cet épisode, on apprend que House…

– va devoir accepter un dîner aux chandelles avec Cameron s'il tient à ce qu'elle revienne travailler pour lui.

L'accessoire de House

Une nouvelle canne, en noyer avec une poignée Derby.

Les moments odieux de House

Chase : *Quand je faisais médecine, j'avais un vieux professeur…*

House : *Qui vous touchait là où il ne fallait pas ?*

Wilson, House et une employée potentielle sont en entretien d'embauche.

House : *Vous êtes juive ?*

Dr Guilmar : *Oui.*

House : *C'est vrai c'qu'on m'a dit sur les Juifs et les préliminaires ?*

Wilson : *Euh… hmm…*

Dr Guilmar : *Deux heures à gémir ?*

House : *Quatre, on m'a dit !*

Dr Guilmar : *Sauf que je suis qu'à moitié juive !*

House et Wilson restent sans voix.

Dr Guilmar : *Écoutez, je sais que vous aimez chambrer tout le monde, balancer des grossièretés pour voir la réaction des gens. Moi, ça ne me gêne pas, j'ai grandi avec quatre frères. Ne changez rien pour moi. Avant de me choquer, il m'en faudrait beaucoup !*

« Housisme »

Les yeux peuvent tromper, un sourire peut mentir, mais les chaussures disent toujours la vérité.

Épisode 20 (1x20)

VF/Des maux d'amour - VO/Love Hurts

Prises de vicodine :

2

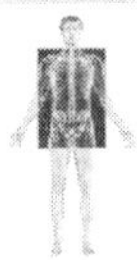

Le patient

Identité : Park, Harvey. Âge : 21 ans.

Profession : inconnue. Adepte du sadomasochisme.

Antécédents médicaux : a vu une acuponctrice pour ses problèmes de dents.

Symptômes : grincements de dents, AVC.

Intérêt : House s'intéresse à son cas parce que... alors qu'il sort d'une salle de consultation, il se fait bousculer par un jeune Asiatique qui renverse sur le médecin ce qu'il prend pour de l'urine. Il hurle sur le garçon. En fait, il s'agit de jus de pomme. Wilson conseille à son ami de s'excuser. Il ne faudrait pas qu'un patient de plus se plaigne de lui. House se dirige vers l'homme, qui montre des difficultés à s'exprimer. House examine ses yeux et demande qu'on le conduise aux urgences au plus vite : il est en train d'avoir un accident vasculaire cérébral.

Le cas

Un jeune homme de type asiatique venu consulter pour des grincements de dents se retrouve à faire un accident vasculaire cérébral au milieu de la salle d'attente.

Alors que Foreman interroge le patient sur ses antécédents médicaux, une certaine Annette, présente à son chevet et se présentant comme une amie, répond à la majeure partie des questions. Harvey a vu toutes sortes de praticiens de médecines « parallèles ».

Aucun examen pratiqué par l'équipe ne s'avère concluant. L'échographie, simplement, montre un prolapsus mitral (la valve mitrale qui contrôle le flux sanguin ne fonctionne pas correctement). Foreman pense qu'un caillot s'est formé sur la valve et a migré au cerveau. House le suit et prescrit des anticoagulants et des antibiotiques.

Alors que Cameron, Foreman et Chase se dirigent vers la chambre du patient, ils surprennent Annette en train de l'étrangler. Après avoir dégagé le patient de l'étreinte, Chase explique qu'Annette est une dominatrice, et Harvey un adepte du sadomasochisme. Il est asphyxiophile (il aime être étranglé).

Erreur de diagnostic : anévrisme dû à un trauma (considérant sa tendance masochiste et son goût pour la strangulation)

Malgré les anticoagulants, Harvey continue à faire des accidents vasculaires. Chase constate une asthénie dans tout le bras droit. House demande qu'on arrête les anticoagulants et que le patient soit envoyé en chirurgie vasculaire afin de trouver un anévrisme dans la carotide et le réparer.

Devant le refus du malade de signer l'accord de pratiquer l'intervention, House fait revenir « maîtresse Annette » pour qu'elle le lui ordonne. Contre toute attente, Harvey n'obéit plus à sa dominatrice. Il la rejette, ce qui est anormal. D'autant qu'il le fait dans un fort accès de violence.

Consécutivement, il fait un autre AVC et tombe dans le coma. Il n'a pas signé le formulaire et il faudrait l'accord d'un membre de la famille. Ses parents l'ont renié en ayant connaissance de ses tendances sexuelles, mais House réussit néanmoins à obtenir leur accord.

L'opération a lieu, et le chirurgien leur apprend que le patient ne présentait ni anévrisme ni tumeur.

Harvey refait deux AVC postopératoires.

Élémentaire, mon cher Wilson !

Chase a récupéré des boîtes de Tic-Tac chez Harvey. Il en stockait un tiroir plein. Pendant une réunion de diagnostic, House lui en pique une. Un peu plus tard, il la ressort de la poche de sa veste. Cela interpelle Chase qui admet les avoir subtilisées chez le jeune masochiste. House, s'étonnant qu'une telle quantité de bonbons n'ait pas alerté le médecin, se précipite dans la chambre d'Harvey, lui ouvre la bouche et demande à Chase de venir voir. Et même mettre son nez dans la bouche. L'odeur est nauséabonde. Sa mâchoire est en cause. Elle n'a sans doute pas cicatrisé correctement. Les tissus infectés se sont détachés et ont bloqué l'afflux de sang au cerveau.

Avec une seringue, House pique directement dans la mâchoire de Harvey et en retire du pus. Il faut lui retirer la mâchoire.

Diagnostic final : ostéomyélite aiguë

Infection osseuse grave, aiguë ou chronique, due à un germe (le staphylocoque doré) qui atteint l'os par voie sanguine, à partir d'une infection locale (plaie, infectée, abcès, fracture ouverte).

Elle touche principalement les os longs (tibia, fémur, humérus), et atteint surtout enfants et adolescents.

Les symptômes sont une forte fièvre, des douleurs au niveau de l'os affecté, une inflammation et un gonflement, ainsi qu'une dégradation de l'état général.

Le diagnostic est posé par une mise en culture du sang et une scintigraphie.

Le traitement par antibiotiques doit être entrepris d'urgence et durer plusieurs mois. L'os atteint est immobilisé par un plâtre. La chirurgie peut être envisagée pour enlever un fragment osseux infecté.

Dans cet épisode, on apprend que House...

– est mal à l'aise d'avoir accepté de sortir avec Cameron en échange de son retour dans l'équipe.

– est célibataire depuis cinq ans.

– est un gentleman. Il offre une fleur en boutonnière à Cameron le soir de leur rendez-vous.

– a une opinion précise de l'intérêt dont fait preuve Cameron à son endroit.

Cameron : *Je veux savoir ce que vous ressentez pour moi.*

House : *Vous vivez dans l'illusion que vous pouvez réparer ce qui n'est pas parfait. Vous avez donc épousé un homme qui mourrait du cancer. Vous n'aimez pas. Vous avez besoin. Et, maintenant que votre mari est mort, vous cherchez une nouvelle œuvre de charité. C'est pour ça que vous êtes là ce soir. J'ai deux fois votre âge. Je ne suis ni un Apollon, ni un prince charmant, je ne suis même pas gentil. Je suis ce dont vous avez besoin : un homme blessé.*

Les accessoires de House

Sa télé portative.

Une grosse boule de billard noire (numéro 8) qui donne des réponses – soi-disant ! –

lorsqu'on lui pose des questions à haute voix. On l'appelle « Boule magique numéro 8 ».
Jouet produit par Mattel, créé en 1946, cette boule est censée prédire l'avenir et répondre à n'importe quelle question posée. On tient la boule dans ses mains, on pose une question, on retourne la boule (ou on la secoue) et un triangle avec une réponse apparaît. Il y a les réponses évasives : *Essaye plus tard* ; *Essaye encore* ; *Pas d'avis* ; *C'est ton destin* ; *Le sort en est jeté* ; *Une chance sur deux* ; *Repose ta question*.
Et les réponses affirmatives : *D'après moi, oui* ; *C'est certain* ; *Oui, absolument* ; *Tu peux compter dessus* ; *Sans aucun doute* ; *Très probable* ; *Oui* ; *C'est bien parti*. Enfin, les réponses négatives : *C'est non* ; *Peu probable* ; *Faut pas rêver* ; *N'y compte pas* ; *Impossible*.

Le moment odieux de House

Dans le bureau de Cuddy, House et M. et Mme Park sont en présence de l'avocat de l'hôpital :

Cuddy : *Vous leur avez menti !*

Mme Park : *Il nous a dit que notre fils était mort !*

House : *Ça ne va pas tarder… Je les ai juste appelés un peu trop tôt. Croyez-moi, il va pas tenir longtemps. Je vous ai évité l'heure de pointe en fait.*

House musique

« Some Devil » (Dave Matthews).

Guest star

Peter Graves

Il joue un patient de la Clinique, amant insatiable depuis qu'il a découvert les petites pilules bleues.
Il était Jim Phelps, le héros de la série télévisée *Mission : Impossible* de 1967 à 1973, puis de 1988 à 1990. Il était aussi le commandant de bord zinzin du film *Y a-t-il un pilote dans l'avion ?*

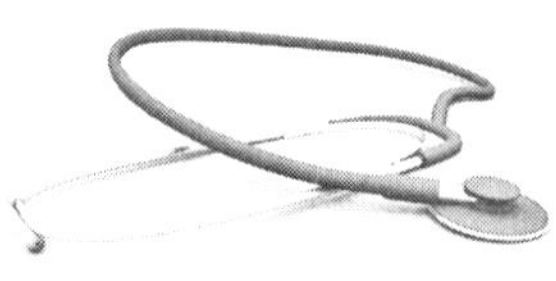

ÉPISODE 21 (1x21)

VF/Cours magistral - VO/Three Stories

Prise de vicodine :

1

Dans cet épisode, House est contraint par Cuddy de donner un cours magistral de diagnostic à la place d'un professeur absent. Elle lui offre de l'exempter de deux heures de Consultation en échange. Pendant la conférence, House présente aux étudiants trois cas. Le point commun de ces trois cas est le symptôme : douleur à la jambe. En moins de trois heures, l'un d'eux sera viré de l'hôpital, car on pensera qu'il voulait simplement des antidouleurs, et un autre sera à deux doigts de mourir.

Patient 1

C'est un fermier, en train de réparer sa barrière. Une douleur l'a saisi à la cheville et est remontée dans la jambe. Cela a entraîné une chute.

Erreur de diagnostic :
morsure de serpent (un crotale des bois)

On lui injecte le sérum antivenin, mais il fait une allergie.On lui injecte d'autres sérums, mais en vain. Alors que la mort semble la seule issue, le patient demande ce que deviendra son chien après son trépas. C'est son chien qui l'a mordu, lui transmettant ainsi un streptocoque ! On va peut-être devoir l'amputer.

Diagnostic final : streptocoque

Famille de bactéries de forme arrondie, disposées en chaînette, à Gram positif. Certains streptocoques font partie de la flore normale d'un individu, c'est-à-dire de l'ensemble des bactéries qui vivent habituellement dans ou sur le corps humain (poumons, tube digestif, appareil urinaire et génital). Ils sont notamment responsables des maladies nosocomiales (contractées lors d'une hospitalisation).

Patient 2

C'est une joueuse de volley-ball de 16 ans. Pendant son entraînement, elle tombe. On pense à un claquage.

Erreurs de diagnostic : tendinite puis problèmes de thyroïde

Elle présente un état dépressif et un tout petit nodule. Elle répond bien aux anti-inflammatoires, ce qui est normal dans un cas de tendinite. Il n'empêche qu'elle a aussi un problème à la thyroïde. On lui donne un comprimé. Elle ne répond pas au traitement, et son état empire. Elle montre une hyperesthésie cutanée (extrême sensibilité de la peau).

Erreur de diagnostic : un adénome

Une tumeur bénigne pouvant affecter une glande ou bien une muqueuse). Une IRM décèle un ostéosarcome (tumeur cancéreuse au fémur). On va peut-être devoir l'amputer.

Diagnostic final : ostéosarcome

Tumeur maligne osseuse primitive (qui n'est pas formée par métastase d'autres cancers), touchant surtout enfants et adolescents.

Apparaît le plus souvent sur les os longs à proximité de l'articulation du genou (fémur, tibia) ou de l'épaule (humérus), et se propage aux parties saines des os voisins ou à la moelle osseuse. Se traduit par une tuméfaction locale, inflammatoire et douloureuse. Se manifeste parfois par une fracture spontanée ou suite à un traumatisme minime.

On le diagnostique par radiographie et examen de la tumeur par biopsie. Il convient également de rechercher d'éventuelles métastases aux poumons, car il peut se disséminer par voie sanguine.

Patient 3

C'est Carmen Electra, jouant au minigolf. Elle a une abolition du réflexe rotulien.

Elle se transforme alors en un homme d'une quarantaine d'années, hurlant de douleur. Les médecins se font avoir : ils lui donnent une dose d'antidouleurs en concluant qu'il simulait.

Mais il revient plus tard à l'hôpital.

On lui fait une analyse d'urine en lui introduisant une sonde dans l'urètre, sans l'anesthésier. Ses urines, qui ont la couleur du thé (présence de sang), montrent une insuffisance rénale. Une nécrose musculaire en est responsable : elle libère de la myoglobine (protéine, transporteur intracellulaire principal de l'oxygène dans les tissus musculaires) qui est toxique pour les reins. L'IRM révèle qu'un anévrisme s'est thrombosé et a créé un infarctus.

On va peut-être devoir l'amputer.

Celui qui s'avère être le Dr House, cinq ans plus tôt, refuse l'amputation et préconise un pontage afin de restaurer la circulation. Le Dr Cuddy, son médecin, le prévient de la douleur que cela engendrera.

Après l'opération, House souffre le martyre. Le Dr Cuddy explique à sa compagne, Stacy, qu'il souffrira peut-être comme ça toute sa vie, mais qu'il existe une troisième solution. Un compromis entre l'amputation et ce qu'on vient de lui faire.

Il fait un arrêt cardiaque. Pendant une minute, il est cliniquement mort.

De retour au royaume des vivants, il a toujours aussi mal. Cependant, il s'obstine à refuser l'amputation. Il demande à être plongé dans un coma médicamenteux le temps que la phase de douleur soit passée. S'il est dans le coma, Stacy est seule juge des interventions qu'on est en droit de pratiquer sur lui. Elle décide d'user de ce droit et opte pour qu'il subisse la troisième option : qu'on lui retire le muscle mort. Elle lui a probablement sauvé la vie.

Diagnostic final :
infarctus d'un muscle de la cuisse

Connue sous le nom d'artériopathie oblitérante des membres inférieurs (AOMI) ou artérite, c'est une maladie des artères caractérisée par la présence de sténoses (rétrécissements localisés du diamètre de l'artère) ou d'occlusions (formation d'un bouchon ou caillot dans le canal intérieur appelé lumière de l'artère) au niveau des artères qui assurent la vascularisation des membres inférieurs.

L'infarctus musculaire peut également être dû à un caillot de sang qui se forme dans un anévrisme présent dans la cuisse. Il en résulte une mauvaise irrigation ou ischémie des tissus et muscles irrigués par les artères atteintes.

L'aggravation entraîne des complications (diminution de la distance de marche, douleur au repos, possibilité de gangrène, nécrose avec des risques d'amputation) et d'autres complications de l'athérothrombose avec risque d'accidents ischémiques au niveau cardiaque (infarctus du myocarde) et/ou cérébral (accident vasculaire cérébral ischémique).

Dans cet épisode, on apprend que House...

– dans une autre vie, était engagé avec une femme du nom de Stacy. Elle vient lui demander de l'aide, car son mari est souffrant, et les médecins ne trouvent pas ce qu'il a.

– donne 10 dollars à Wilson chaque fois qu'un patient le remercie alors qu'il vient de lui annoncer qu'il a un cancer et qu'il a de fortes chances de mourir.

– se drogue aux antidouleurs et marche en boitant suite à une erreur de diagnostic de médecins. Ils n'avaient pas trouvé qu'il souffrait d'infarctus de la cuisse causé par un caillot de sang, résultat d'un anévrisme. S'en est suivie la nécrose de son quadriceps, retiré chirurgicalement à la demande de sa compagne, alors qu'il est dans le coma. On suppose que la décision de cette dernière, qui l'a conduit à être définitivement infirme, leur a coûté leur amour.

Le moment odieux de House

Stacy : *Tu ne pensais pas que je me serais mariée...*

House : *Pas avec un type aussi mal foutu. Il est pitoyable, son pancréas !*

« Housisme »

Il est avéré que tout le monde ment. La seule variable est le sujet du mensonge. Le point positif, quand on annonce à des gens qu'ils vont mourir, c'est que leurs priorités sont remises en question. On découvre ce qui a de l'importance à leurs yeux. Ce pour quoi ils sont prêts à mourir. Ce pour quoi ils sont prêts à mentir.

Guest star

Carmen Electra

L'ex-star bimbo de la série *Alerte à Malibu* joue ici son propre rôle.

Note

Cet épisode a reçu l'Emmy Award du Meilleur Scénario d'une série dramatique, en 2005.

ÉPISODE 22 (1x22)

VF/Le Choix de l'autre - VO/Honeymoon

Prises de vicodine :

2

Le patient

Identité : Warner, Mark. Âge : inconnu.

Profession : conseiller d'orientation dans un lycée.

Antécédents familiaux : pas d'antécédents de démence.

Symptômes : troubles de l'humeur, régression infantile, douleurs abdominales, malaises à répétition, épilepsie abdominale, dégénérescence des fibres nerveuses, paranoïa, paralysie, délire, sensibilité à la lumière.

Intérêt : House s'intéresse à son cas parce que… il s'agit du mari de Stacy, l'ancien amour de House. Elle lui demande d'examiner son mari qui ne semble pas dans son assiette ces derniers temps. Tiraillé, House finit par accepter. Seulement, Mark ne se présente pas aux rendez-vous. Le médecin décide de le droguer à son insu pour le conduire à l'hôpital.

Le cas

Mark Warner, un homme d'une quarantaine d'années, présentant des symptômes divers. Tous les médecins qu'il a consultés sont restés sans diagnostic. Sa femme, Stacy, est convaincue qu'il est malade. Elle compte sur le meilleur diagnosticien du pays pour trouver ce qui cloche chez son époux.

Toute la batterie d'analyses pratiquées sur le patient ne montre absolument aucune affection.

House décide une chirurgie exploratrice de l'abdomen. Bien qu'elle ne révèle rien de concluant et que Mark semble simplement en bonne santé, House demande à voir la vidéo. Il y constate une épilepsie abdominale. Mark doit avoir un sérieux problème neurologique.

Foreman observe une toute petite anomalie dans les ombres cérébrales : les neurones du patient sont en train de mourir, expliquant ainsi le problème vasculaire.

Erreur de diagnostic :
maladie d'Alzheimer

House a envoyé Chase et Foreman chez Mark. Ils remarquent que le patient est passé de la pratique du VTT à celle du yoga. C'est simplement qu'il vieillit. Ils trouvent aussi une boîte d'amphétamines, bien cachée. Ils ont dû être confisqués à un élève.

Étant donné que tous les examens se sont révélés négatifs pour l'Alzheimer, House demande un Pet-Scan (scanner par images de rayons gamma permettant de déceler des tumeurs cancéreuses) et un test de mémoire.

Il ne trouve vraiment pas ce qui atteint Mark. Il est en bonne santé, sauf pour ce qui est de la dégénérescence cérébrale. House propose d'attendre, de voir ce qui se passe.

Justement, Mark présente un nouveau symptôme : il est désormais paralysé. Il ne sent plus ses mains ou ses pieds.

Erreur de diagnostic : syndrome de Guillain-Barré

C'est une maladie auto-immune inflammatoire. Elle est rare et affecte les nerfs périphériques de l'organisme.

L'ordonnance de House : immunoglobuline, plasmaphérèse

Contrairement à ses assistants, House veut le soigner pour un syndrome de Guillain-Barré.

Malheureusement, selon Cameron, Mark fait une réaction allergique à l'immunoglobuline. Il s'étouffe, ne peut plus respirer. En fait, House devine qu'il s'agit simplement d'une petite crise de panique.

Mais, rien à faire, Mark ne réagit pas au traitement.

Élémentaire, mon cher Wilson !

Pendant le test de mémoire, Mark a déclaré à House que Stacy et lui avaient passé leur voyage de noces à Paris.

Au cours d'un échange entre Stacy et House, il évoque ce périple à Paris. Elle lui dit qu'ils ne sont jamais allés à Paris.

Alors, House demande quand Mark est passé du vélo tout-terrain au yoga. Il y a un mois environ, lui répond Stacy. Elle fait d'ailleurs le lien entre ce changement d'activité physique et ses troubles pathologiques.

House déclare que deux symptômes sont à ajouter à la liste : délire et sensibilité à la lumière.

Mark pense vraiment qu'il est allé à Paris et a troqué un sport en plein air contre un en salle.

Diagnostic final : porphyrie aiguë intermittente

C'est une forme sévère de porphyrie hépatique, nom donné à des affections héréditaires résultant d'une anomalie dans le métabolisme des porphyrines (pigment coloré entrant dans la synthèse de l'hémoglobine).

Elle affecte principalement les viscères et le système nerveux central. Les manifestations de cette maladie sont intermittentes et menacent quelquefois la vie du patient.

Les douleurs abdominales en sont la manifestation la plus fréquente. Les autres signes digestifs d'accompagnement sont les nausées, vomissements, constipation ou diarrhée, iléus paralytique, rétention urinaire ou incontinence d'urine.

L'atteinte du système nerveux se manifeste par une faiblesse musculaire des jambes et des bras. Les nerfs crâniens sont aussi atteints. Une quadriplégie permanente peut persister après plusieurs attaques. Les signes psychiatriques sont fréquents, comprenant hystérie, dépression, phobie, psychose, délire ou coma. La porphyrie aiguë intermittente est souvent déclenchée par la prise d'alcool, de barbituriques, de stéroïdes.

Complication

La porphyrie aiguë intermittente ne peut être confirmée que si les analyses d'urine sont effectuées au moment d'une crise. House préconise d'en provoquer une, mais Mark s'y oppose, à l'instar de Foreman, Chase et Cameron. Stacy, quant à elle, fait confiance à son ex. Elle demande à House qu'il déclenche la crise en dépit du refus de Mark. Il s'y oppose d'abord, puis les arguments de Stacy lui donnent à réfléchir. Il pique Mark, qui enchaîne directement une crise. Mais la sonde urinaire saute : plus moyen de prélever de l'urine. Qu'à cela ne tienne, House pique à l'aide d'une seringue directement dans la vessie de Mark et en retire un échantillon. Il avait raison. L'analyse qu'il pratique sur l'urine confirme le diagnostic de PAI. Mark se remet.

Dans cet épisode, on apprend que House...

– est toujours amoureux de Stacy. C'est en tout cas l'analyse de Wilson. Celle de Cameron aussi, qui comprend alors que House n'est pas amoureux d'elle, pas parce qu'il ne peut avoir de sentiments pour qui que ce soit, mais simplement parce qu'il n'éprouve rien pour elle.

– a emménagé avec Stacy une semaine après leur premier rendez-vous (rendez-vous qui ne s'était pas bien passé, soit dit en passant !).

– était à peu près le même homme avant son accident de santé. C'est Stacy qui l'explique à Cameron.

– n'a jamais pardonné à Stacy d'avoir pris la décision concernant l'opération de sa jambe (voir épisode précédent).

– est d'accord pour que Stacy vienne travailler en tant que conseillère juridique au Princeton-Plainsboro.

Stacy : *Ce qu'il y a de formidable chez toi, c'est que tu crois toujours avoir raison, ce qu'il y a d'horripilant, c'est qu'effectivement tu te trompes assez rarement. Tu es brillant, drôle, surprenant, sexy, mais avec toi j'étais seule, et avec Mark il y a de la place pour moi.*

L'accessoire de House

Il boit beaucoup de whisky au cours de cet épisode !

Les moments odieux de House

House : *Je viens d'avoir les derniers résultats d'analyse de Mark ; il ne réagit pas au traitement.*

Wilson : *Je suis désolé.*

House : *Ce n'est pas mon cas. C'est mon patient. Je suis sûr que c'est un type bien, voire un type formidable. Apparemment, il est beaucoup mieux que moi. Quelque part, pourtant, j'ai envie qu'il meure. Je ne sais pas très bien si c'est parce que je veux la récupérer ou si c'est parce que je veux qu'elle souffre.*

Cuddy : *J'ai quelque chose à vous demander.*

House (en hurlant dans le hall) *: Non, je ne coucherai pas avec vous. Une fois, ça suffit. C'était trop triste la dernière fois. Tous ces besoins administratifs inassouvis.*

House musique

« Delia » (Blind Willie McTell) ; « You Can't Always Get What You Want » (Rolling Stones).

Saison 2

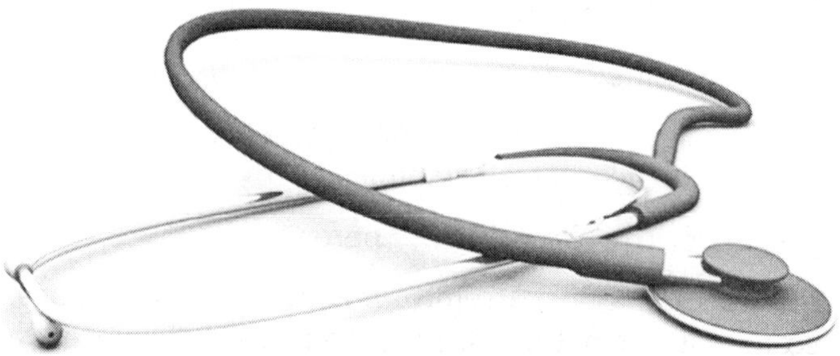

ÉPISODE 23 (2x01)

VF/Peine de vie - VO/Acceptance

Prise de vicodine :

1

Le patient

Identité : Clarence.

Âge : inconnu.

Profession : inconnue. Condamné à la peine de mort pour avoir tué quatre personnes.

Antécédents familiaux : père violent.

Symptômes : extrême violence, hallucinations, cœur battant à tout rompre (tachycardie), perte de connaissance, hypoxie (manque d'oxygène), liquide dans les poumons (œdème pulmonaire), déshydratation, acidose avec trou anionique, tentative de suicide, saignement anal.

Intérêt : House s'intéresse à son cas parce que… cela l'intrigue que le cœur du prisonnier se soit mis à battre tellement vite qu'il ne pompait plus de sang, mais de l'air.

Le cas

Clarence, dans le couloir de la mort, se met à avoir des hallucinations. Il voit les victimes de ses crimes, puis d'écroule à terre. House se rend au pénitencier.

En moins d'un mois, le détenu a étranglé un détenu, brisé le cou d'un autre et presque décapité l'un de ses gardiens.

Étant donné que Clarence est hypoxique et qu'il a du liquide dans les poumons, House demande au directeur de la prison qu'il soit intubé. Cela est impossible, car on ne dispose pas dans l'établissement de ce genre de matériel. De toute façon, l'exécution est déjà programmée.

Au grand désespoir de Cuddy, House, qui a obtenu une ordonnance du juge, fait transférer le malade au Princeton-Plainsboro.

Foreman pense que la drogue est en cause. House demande qu'on le teste.

Aucune trace de substances opiacées.

Ses gaz du sang montrent une acidose avec trou anionique (le trou anionique plasmatique est égal à la différence entre la concentration plasmatique du cation principal, le sodium, et la somme des principaux anions mesurés : le chlore et le bicarbonate).

Les médecins pensent à une intoxication à l'INH (isoniazide), un médicament contre la tuberculose. En prison, il peut servir à couper la drogue.

La fréquence cardiaque du patient se met à tomber très bas. House le sauve en lui faisant une injection d'atropine.

Élémentaire, mon cher Wilson !

House a envoyé Chase à la prison pour qu'il cherche d'éventuelles drogues dans la cellule de Clarence. Alors qu'ils sont au téléphone, Chase énumère tout ce qui se trouve dans la seconde pièce où il était retenu, une espèce de débarras où s'entassaient, pêle-mêle, enveloppes, classeurs, bidons d'encre de photocopieuse…

Clarence, en buvant de l'encre de photocopieuse, aurait donc voulu se suicider alors qu'il était dans le couloir de la mort ?

Mais, pour House, le mystère n'est pas entièrement résolu et il ajoute même la tentative de suicide à la liste des symptômes. Soupçonnant que quelque chose ne tourne peut-être pas rond dans la tête du patient, il demande une recherche de lésions intracrâniennes, ainsi qu'une ponction lombaire.
Le scanner ne révèle rien.

Nouveau symptôme : une extrême douleur à l'abdomen, qui s'accompagne de saignement anal.

Trente centimètres d'intestin nécrosé lui sont enlevés.

House se demande pourquoi cet homme a tué le deuxième détenu. Ne trouvant pas d'explication, il interroge Clarence qui met cela sur le compte d'une incontrôlable bouffée de rage. Il s'est mis à transpirer, entendait des bourdonnements, son cœur battait très fort…

Cette montée d'adrénaline indique à House que son patient souffre d'un phéochromocytome (petite tumeur au cerveau qui sécrète trop d'adrénaline).

Il faut confirmer par IRM, un examen qui sera douloureux pour le condamné étant donné que ses nombreux tatouages faits en prison contiennent sans doute une bonne dose de fer. Il aura l'impression qu'on essaye de lui arracher de la peau.

Son phéochromocytome est confirmé. On l'opère, et il peut retourner dans le couloir de la mort…

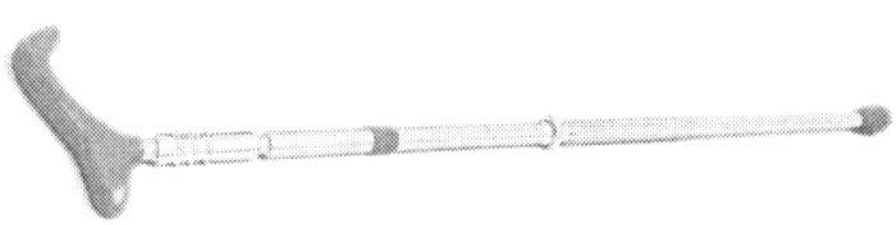

Diagnostic final :
empoisonnement au méthanol et phéochromocytome

Le méthanol est un composé chimique de formule CH_3OH. Il se présente sous la forme d'un liquide léger, volatil, incolore, inflammable, toxique, et est utilisé comme antigel pour liquide de refroidissement, solvant, carburant (aéromodélisme) et dénaturant de l'alcool éthylique.

On l'utilise également pour la production de biodiesel.

Le méthanol est toxique. S'il pénètre dans l'organisme par ingestion, inhalation ou absorption cutanée, il peut provoquer la mort. Il devient toxique après avoir été métabolisé dans le foie sous l'action d'un enzyme le transformant en acide formique et en formaldéhyde, qui peuvent provoquer la cécité.

Les premiers symptômes de l'intoxication sont les signes de dépression du système nerveux central : maux de tête, étourdissements, nausées, troubles de coordination, confusion, somnolence et, aux doses élevées, le coma et la mort.

Un phéochromocytome est une affection tumorale, souvent génétique, parfois maligne, des glandes surrénales. Elle est exceptionnelle et touche des patients relativement jeunes (20-50 ans). Son caractère malin, avec métastases hépatiques et osseuses, est encore plus rare.

Les signes cliniques sont induits par la sécrétion excessive des catécholamines (épinéphrine et norépinéphrine) : hypertension artérielle et perte de poids ; céphalées pulsatiles ; palpitations cardiaques et tachycardie ; sueurs profuses.

Le diagnostic repose sur l'imagerie médicale (scanner, IRM, scintigraphie), et le traitement est chirurgical (ablation de la surrénale).

Dans cet épisode, on apprend que House…

– on n'apprend surtout pas s'il est pour ou contre la peine de mort.

L'accessoire de House

Sa balle de base-ball.

Le moment odieux de House

House tente d'entrer dans le bureau de Cuddy. Un homme l'arrête.

L'homme : *Euh… vous ne pouvez pas entrer.*

House : *Qui êtes-vous ? C'est quoi cette cravate ?*

L'homme : *Je suis l'assistant du Dr Cuddy. Il y a un message à lui transmettre ?*

House : *Oui. J'aimerais savoir pourquoi je n'ai pas de secrétaire, c'est scandaleux !*

L'homme : *Je suis son assistant. Pas son secrétaire. Je suis diplômé de Rutgers.*

House : *Il y a un cursus secrétariat à Rutgers ?*

L'homme ne répond rien et perd patience.

House : *Enfin j'espère que le harcèlement sexuel n'a pas de secret pour vous ! Et que vous êtes un as de la négociation. C'est bon, je rentre !*

« Housisme »

On dit qu'on ne peut pas vivre sans amour. Mais l'oxygène, c'est encore plus important.

House musique

« Hallelujah » (Jeff Buckley).

Guest star

LL Cool J

Le condamné à mort, Clarence, est interprété par ce célèbre rappeur américain reconverti en comédien.

ÉPISODE 24 (2x02)

VF/Leçon d'espoir - VO/Autopsy

Prise de vicodine :

1

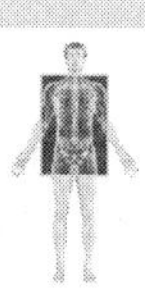

Le patient

Identité : Andie. Âge : 9 ans.

Profession : écolière.

Antécédents médicaux : cancer (rhabdomyosarcome alvéolaire ; tumeur maligne rare, touchant les muscles des extrémités – muscles permettant les mouvements. Il atteint plutôt l'enfant et l'adolescent). Elle a subi cinq grosses interventions, une greffe de moelle osseuse et 14 séries de séances de chimio et de rayons.

Symptômes : hallucinations, saturation en oxygène trop basse, hémorragie oculaire.

Intérêt : House s'intéresse à son cas parce que... Wilson le lui demande. Andie est l'une de ses patientes. Les hallucinations n'ont rien à voir avec son cancer ; son cerveau n'est pas du tout atteint.

Le cas

Une fillette atteinte d'un cancer se met à avoir des hallucinations inexpliquées. Malgré les examens prescrits par House, le mystère reste entier. Andie ne montre ni infection ni neurotoxines. House demande qu'on vérifie son cœur : elle ne semble pas avoir assez d'oxygène dans le sang. Encore une fois, tous les tests effectués par l'équipe reviennent normaux.

Malgré le jeune âge de la patiente, Foreman soupçonne une neurosyphilis. Cameron l'ausculte, mais ne trouve rien qui pourrait indiquer que l'enfant a été violée.

Erreur de diagnostic : tumeur cancéreuse sur le cœur

À l'écoute des battements du cœur d'Andie, House décèle une anomalie sur la valve mitrale (valve cardiaque qui sépare l'oreillette gauche du ventricule gauche).

Le chirurgien confirme la présence de cette tumeur sur le poumon, qui se prolonge dans le cœur. Comme elle pousse le long de la paroi cardiaque, elle n'était pas visible à l'IRM. En raison de cet emplacement, le chirurgien doit pratiquer un explant, lequel consiste à retirer le cœur de son emplacement. Ensuite, la tumeur est excisée et les parties de la paroi endommagées sont remplacées par des patches.

Pendant l'opération, Andie montre une hémorragie dans l'œil droit. La tumeur, bénigne, n'explique pas les symptômes, au bout du compte. Suspectant alors un caillot, envoyé par la tumeur avant qu'elle ne soit retirée, House demande une angiographie du cerveau.

Erreur de diagnostic : caillot cérébral

Bien que l'angiographie ne mette pas en évidence ce caillot, House maintient son diagnostic : l'enfant est condamnée.

Il se méfie du stoïcisme de la jeune fille face à ses déboires médicaux et soupçonne cette force de caractère, ce courage, d'être un autre symptôme. Le caillot fausserait ses émotions et agirait sur son cerveau au niveau du centre de la peur. Foreman explique que cette partie de l'amygdale, proche de l'hippocampe, ne peut être atteinte pour vérifier l'hypothèse. Seule l'autopsie de l'enfant finira par montrer le caillot, s'il s'y trouve.

House retient l'idée et se met en tête de littéralement autopsier la gamine alors qu'elle n'est pas encore morte.

C'est ainsi qu'il obtient l'accord d'Andie, puis celui de la mère pour pratiquer un arrêt cardiaque hypothermique. Une répétition générale est orchestrée par House et, lorsque cette intervention non conventionnelle est enfin pratiquée, Foreman voit le caillot à quatre millimètres de l'hippocampe.

Les neurochirurgiens se chargent de le lui retirer. Le caillot n'étant pas sur le centre de la peur, le courage de la fillette, contrairement à ce que pensait House, n'était pas un symptôme.

Diagnostic final : thrombose

Un thrombus (caillot sanguin) est le produit final de la coagulation sanguine. La thrombose consiste en la formation d'un thrombus obturant un vaisseau sanguin.

Le caillot peut se développer dans la circulation veineuse ou dans la circulation artérielle et entraîner une occlusion artérielle avec ischémie, voire infarctus. Son détachement et sa migration sont appelés embolie et entraînent fréquemment une embolie pulmonaire ou un accident vasculaire cérébral. Un cancer, entre autres pathologies et facteurs favorisants, peut provoquer des thromboses. Le traitement se fait par anticoagulants ou thrombolytiques.

Les accessoires de House

Des mouchoirs en papier. House lutte contre un rhume carabiné !

Une carte à jouer, qu'il manipule d'une main, comme un magicien (un as de cœur).

Son iPod sur lequel il écoute un enregistrement des

battements du cœur
de sa patiente.

Sa grosse balle
rouge et grise.

Dans cet épisode, on apprend que House…

– se définit comme « pathétique ».

– est un fou de moto. Il essaye une Aprilia RSV 1000.

Les moments odieux de House

House (lisant les résultats des examens d'Andie) : *La saturation en oxygène est à 94 %. Vérifiez le cœur.*

Foreman : *La saturation en oxygène est normale !*

House : *La normale, c'est 95 %.*

Foreman : *1 % de différence, c'est pareil.*

House : *Si y avait une différence de 1 % dans son ADN ça serait un dauphin !*

House : *Ces enfants cancéreux, on peut pas tous les mettre sur un piédestal. Forcément, dans le lot, il doit y avoir quelques petits morveux pleurnichards !*

Prise de Vicodin : 1

Il dit en avoir pris déjà deux ou trois.

Pour soigner son rhume des foins, il sniffe des antihistaminiques réduits en poudre, comme s'il s'agissait de cocaïne.

La métaphore de House

Un patient de la Consultation s'est circoncis avec un cutter. House lui dit qu'il va chercher un chirurgien plastique, *pour remettre le bonbon dans son emballage*.

House musique

« Beautiful » (Christina Aguilera) ; « Nessun Dorma », tiré de l'opéra Turandot (Puccini) ; « In the Deep » (Bird York) ; « Beautiful » (Elvis Costello, enregistré spécialement pour la série).

Épisode 25 (2x03)

VF/Culpabilité - VO/Humpty Dumpty

Prise de vicodine :

1

Le patient

Identité : Alfredo.

Âge : 20 ans.

Profession : divers petits boulots : chantiers, couvreur (pour Cuddy notamment), gardien dans un fast-food.

Antécédents médicaux : asthme.

Symptômes : doigts cyanosés, infiltrats, fièvre, gangrène, pneumonie.

Intérêt : House s’intéresse à son cas parce que… Cuddy a peur qu’il perde une main. Elle en discute avec Wilson et House, lequel jette un œil sur le dossier.

Le cas

En train de faire des travaux sur le toit du Dr Cuddy, Alfredo s'apprête à partir prétextant une difficulté à respirer, car son asthme le reprend. Comme Cuddy insiste pour qu'il finisse, il remonte, mais se casse la figure. Dans l'ambulance, elle diagnostique une côte cassée et observe que deux de ses doigts sont cyanosés (ils sont plus sombres que les autres). Alfredo dit ressentir une douleur comme si on le piquait avec des aiguilles.

Erreur de diagnostic : CIVD (coagulation intravasculaire disséminée

C'est le trouble de la coagulation du sang. Formation excessive de microcaillots en tous points de la circulation, qui induit une réaction anticoagulante exagérée).

L'ordonnance de House : héparine

Cuddy veut qu'on lui donne quelque chose de plus fort : elle préconise de la protéine C activée.

La protéine C a un effet néfaste. Alfredo fait une hémorragie au cerveau, qui entraîne une hémiplégie.

Un neurochirurgien l'opère et, à la sortie du bloc opératoire, le patient a récupéré sa mobilité, mais éprouve des difficultés à respirer. La radiographie de ses poumons montre des infiltrats (opacités pulmonaires radiologiques, tuberculeuses ou non).

Erreur de diagnostic : pneumonie

Cuddy se rappelle alors qu'Alfredo s'était plaint de problèmes respiratoires avant de tomber du toit. House demande que Cuddy et Cameron aillent inspecter chez Alfredo, pendant que Foreman, Chase et lui se rendront chez Cuddy. Étant donné qu'il travaille chez elle depuis trois semaines, il a très bien pu y attraper quelque chose. Chez Alfredo, les filles trouvent des rats morts dans des pièges. Chez Cuddy, les garçons trouvent des aspergillus (champignons) sous le lavabo de la salle de bains. La pneumonie peut être mycosique. Le traitement (amphotéricine B) ne fonctionne pas. Ses doigts sont toujours aussi noirs, et Alfredo avoue ne pas avoir uriné depuis plus d'un jour. Les reins sont détruits par le médicament.

Et sa main est vraiment en train de se nécroser. On doit la lui amputer, mais voilà que le petit doigt de l'autre main se met à montrer la même cyanose. Les poumons montrant des signes inquiétants, on va devoir mettre le patient sous respirateur, ainsi que sous dialyse. Et si tout cela était causé par une endocardite ? Son cœur est attaqué par de petits amas de bactéries (« en forme de brocoli ») qui se fixent sur les valvules.

Parfois, ils se détachent et sont emportés dans la circulation sanguine. L'un d'entre eux a pu se déposer dans la main, un autre dans les reins, un autre dans l'autre main...

Élémentaire, mon cher Wilson !

Alors que House pense à une endocardite, Cuddy objecte qu'il a été testé négativement pour cette affection. En ce cas, quelle infection peut causer une pneumonie et un test négatif pour l'endocardite ? Une psittacose. Or cette maladie est transmise par des volatiles, et le patient ne semble pas être en contact avec ce genre d'animaux. Et si Alfredo cachait certaines de ses activités professionnelles ? House a compris qu'il participait à des combats de coqs clandestins.

Diagnostic final :
endocardite due à une psittacose

Les psittacoses sont des zoonoses pulmonaires à *Chlamydia* qui se transmettent par contact avec des oiseaux sauvages et domestiques. Cette maladie infectieuse virulente est provoquée par le *Chlamydophila psittaci*. Elle se contracte par inhalation de poussières contaminées par les déjections d'oiseaux infectés.

Chez l'homme, elle se traduit par une inflammation pulmonaire qui provoque une difficulté à respirer et une fatigue postinfectieuse qui peut durer des semaines. Elle se guérit avec des antibiotiques tels que la tétracycline.

Dans cet épisode, on apprend que House...

– a été viré de quatre hôpitaux avant que Cuddy l'engage au Princeton-Plainsboro.

– Cuddy et House se sont rencontrés dans le Michigan.

– parle espagnol.

– sait jongler.

Le moment odieux de House

House est dans une salle de Consultation avec un patient noir.

House : *Vous êtes venu hier et, je lis votre dossier, le Dr Foreman vous a prescrit un médicament. Pas un miracle. Faut être patient quelques jours encore !*

Le patient : *Je n'aime pas les conseils de ce masque blanc.*

House : *Si j'en déduis que vous ne lui faites pas confiance parce qu'il est noir... je vais, moi, vous prescrire le même médoc ! Peut-être que vous aimerez !*

Le patient : *Me dites pas qu'il n'y a pas de médecine raciste, j'y crois pas !*

House : *Je vois, c'est raciste parce que c'est fait pour les Noirs et pas pour les Blancs ? Au nom de mon peuple, je vous remercie. Je vous remercie de mourir pour notre cause !*

Les accessoires de House

Des sucettes (de couleur rouge).

Sa télé portative.

House musique

« Delicate » (Damien Rice).

ÉPISODE 26 (2x04)

VF/être ou paraître - VO/TB or Not TB

Prise de vicodine :

0

Le patient

Identité : Charles, Sebastian.

Âge : inconnu.

Profession : médecin (sans frontières). Immunologiste et expert en tuberculose qu'il soigne en Afrique.

Symptômes : vertiges, perte de connaissance, accélération du rythme cardiaque, migraine, vomissements, trouble de la vue, confusion, baisse de glucose dans le liquide céphalorachidien, engourdissements, suées nocturnes.

Intérêt : House s'intéresse à son cas parce que… Cuddy lui montre la une de *Newsweek*. On y voit une photo du patient, qui est un médecin célèbre.

Le cas

Le Dr Sebastian Charles est une vraie vedette : il soigne la tuberculose (TB) en Afrique. Alors qu'il essaye de convaincre des pontes d'un laboratoire pharmaceutique d'envoyer gratuitement plus de médicaments aux pauvres Africains, il perd connaissance. Il a beau avoir la certitude d'être atteint de tuberculose, ses mécènes exigent une seconde opinion.

House montre une extrême hostilité à son égard. Il est en plus convaincu, contrairement à tout le monde, que le Dr Charles souffre d'une autre maladie.

Erreur de diagnostic : maladie du nœud sinusal (déficience du rythme cardiaque)

En plus de le tester pour ce trouble, House fait aussi celui de la tuberculose. Sur son ECG, on constate que l'espace PR du patient est anormal (délais entre la dépolarisation des oreillettes et celle des ventricules). On se prépare à lui poser un pacemaker, puis on y renonce, car le patient s'est mis à avoir des céphalées, à vomir et s'effondre dans l'escalier.

House demande une IRM, mais on ne trouve rien au cerveau. Cameron observe que le test de la tuberculose est positif, ce qui n'est pas étonnant aux yeux de House, puisque l'homme soigne la tuberculose dans la jungle depuis vingt ans ! Mais, tout en maintenant qu'il est atteint, de surcroît, d'une autre maladie, il ordonne qu'on lui administre le traitement contre la TB.

Pour faire connaître son combat et les centaines de villages africains à l'agonie, Sebastian Charles décide de ne pas se soigner et organise une conférence de presse pour le faire savoir aux médias et au monde. Son intention est de faire pression sur les laboratoires pharmaceutiques. Comme il ne veut pas non plus qu'on lui fasse d'autres examens, cela n'est pas pour plaire à House qui monte le chauffage de la chambre de Sebastian au maximum pour qu'il se sente un peu plus comme un Africain.

Élémentaire, mon cher Wilson !

Alors qu'il regarde le patient donner sa conférence de presse à la télé, House s'étonne qu'il transpire alors que son système de thermorégulation ne devrait plus fonctionner.

Il retourne voir Sebastian qui se met à délirer et faire un collapsus (chute de la pression sanguine), suivi d'un arrêt cardiaque.

Lorsqu'il reprend conscience, le Dr Charles accepte qu'on fasse des analyses. House veut d'abord le traiter pour la TB, et le e patient finit par accepter. Alors que les médicaments contre la tuberculose font leur effet, l'équipe de House peut rayer des symptômes. Le glucose diminué reste en course, alors qu'il aurait dû être un symptôme de la tuberculose.

House pense à un nésidioblastome, une petite tumeur, un développement anormal des cellules qui sécrètent l'insuline dans son pancréas. Mais il y a un problème : ce type de tumeur est presque invisible. Comment prouver qu'elle est présente ?

Les médecins injectent du calcium dans le pancréas. Les cellules bêta (un des types cellulaires du pancréas ; elles produisent et libèrent de manière endocrine l'insuline) doivent réagir en sécrétant de l'insuline. Si, à cause de la tumeur, les cellules bêta sont trop nombreuses, la glycémie du patient chutera à toute vitesse. Et c'est exactement ce qui arrive.

Diagnostic final :
tuberculose et nésidioblastome

La tuberculose est une maladie infectieuse transmissible et non immunisante, avec des signes cliniques variables. Elle est provoquée par une bactérie, principalement *Mycobacterium tuberculosis* (ou bacille de Koch ; BK). La tuberculose pulmonaire (phtisie) est de loin la plus fréquente, mais il en existe d'autres formes. Elle est encore très répandue en Afrique.

Les symptômes sont une fièvre peu élevée (38-38,5°) mais persistante, une toux quelquefois accompagnée d'hémoptysie (le malade crache du sang provenant de l'appareil respiratoire), un amaigrissement de 5 à 10 kilos survenant en quelques mois et des sueurs nocturnes. Les facteurs de risque sont la malnutrition, l'immunodépression, la toxicomanie intraveineuse, l'absence de domicile fixe, le contact direct avec des personnes infectées et certaines professions de santé.

On la diagnostique par intradermoréaction (IDR) positive à la tuberculine et radiographie du thorax.

Après identification du germe, le traitement repose sur l'administration d'antibiotiques sur une longue période.

L'insulinome (ou nésidioblastome) est une tumeur pancréatique langerhansienne (les îlots de Langerhans sont les cellules du pancréas qui sécrètent l'insuline). Il peut être bénin ou malin et doit son nom au fait qu'il entraîne une production excessive d'insuline qui se déverse dans le sang et donc entraîne une hypoglycémie. La tumeur est dite endocrine, car elle sécrète une hormone (l'insuline) dans le sang. La maladie apparaît le plus souvent vers la cinquantaine. Une intervention chirurgicale est nécessaire pour retirer la tumeur.

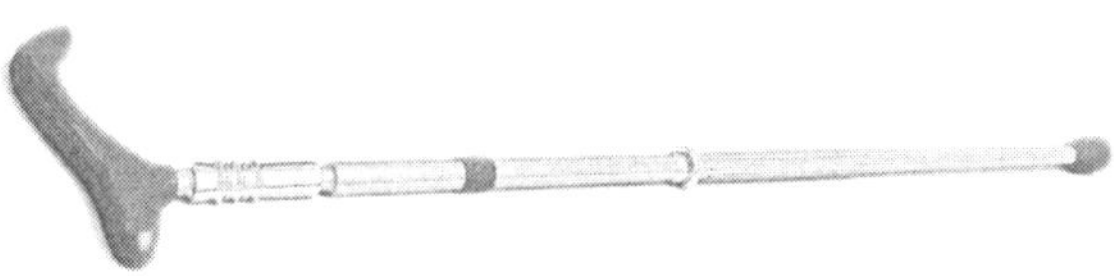

Le pari de House

Il parie avec Foreman une semaine de Consultation que le test de la bascule donne une indication sur la condition cardiaque du patient.

Il s'agit de faire basculer le corps du patient pour voir comment le cœur réagit à ce mouvement continu.

House gagne.

Les accessoires de House

Son yo-yo.

Il porte une paire
de Converse marron.

Il mange une granny
smith à pleines dents.

Les moments odieux de House

House : *À chaque seconde où nous refusons de nous aimer les uns les autres, un pauvre petit bébé chien verse une nouvelle larme.*

Wilson : *Tu ne l'aimes pas parce qu'il est plus proche du prix Nobel que toi.*

House : *Pourtant je me suis envoyé plus de Suédoises ! On vit dans un drôle de monde !*

Wilson : *Il sauve des milliers de gens par an. T'en sauves combien toi ? Trente ?*

House : *Mais les fast-foods font de meilleurs hamburgers que ta mère parce qu'ils en font plus ?*

Wilson : *Ah, d'accord ! Donc tu le détestes parce que les vies qu'il sauve ne valent pas celles que toi tu sauves !*

House : *Voilà ! T'as trouvé ! Et Nobel a inventé la dynamite. Son sale fric, j'en veux pas !*

Un journaliste du magazine *Newsweek* au téléphone.

House : *À mon avis le Dr Sebastian Charles est un crétin ! Oui, vous pouvez me citer. Dr Cuddy. C-U-D-D-Y...*

« Housismes »

Si on aimait tout le monde sans discrimination, on ne pourrait pas fonctionner.

Bizarre, c'est bien ! L'ordinaire a des centaines d'explications. Le bizarre n'en a quasiment aucune.

House musique

« Stranger in a Strange Land » (Leon Russell).

Guest star

Ron Livingston

Sebastian Charles est joué par Ron Livingston. Il tenait un rôle récurrent dans la série *Sex and the City* (Jack Berger). Il a été vu aussi dans *JAG*, *Frères d'armes* (*Band of Brothers*), *The Practice*, *Standoff : Les Négociateurs*... Il est né le 5 juin 1967 dans l'Iowa.

ÉPISODE 27 (2x05)

VF/Devine qui vient dîner - VO/Daddy's Boy

(même si on ne le voit pas mourir dans l'épisode, son destin est scellé)

Prise de vicodine :

1

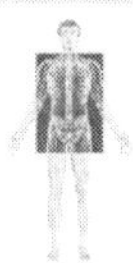

Le patient

Identité : Hall, Carnell.

Âge : inconnu.

Profession : étudiant, fraîchement diplômé de Princeton.

Symptômes : décharges électriques, maux de tête, nausées, somnolences, paralysie des sphincters, fièvre.

Intérêt : House s'intéresse à son cas parce que... Wilson lui a prêté 5000 dollars, et House affirme qu'il ferait *tout pour du fric*.

Le cas

Alors qu'il fête l'obtention de son diplôme, en l'arrosant généreusement d'alcool, le jeune Carnell se plaint de ressentir des décharges électriques dans le corps. Il s'effondre dans le bar.

Erreur de diagnostic : NF2

House pense que c'est peut-être génétique. La mère du garçon est décédée dans un accident de voiture : et si la cause était ces mêmes décharges ? Il demande une analyse ADN sur le chromosome 22 pour chercher une neurofibromatose de type 2. Mais le résultat est négatif.

Le patient montre un autre symptôme : une paralysie des sphincters. On pense alors à une infection et on lui fait une ponction lombaire.

Erreur de diagnostic : empoisonnement aux pesticides

L'ordonnance de House : Pralidoxime en IV

Carnell avoue à Foreman et Chase qu'il est allé en Jamaïque avec des copains. Bien entendu, House met son état sur le compte du cannabis, bien que le patient prétende ne pas avoir fumé. Il y a des risques que l'herbe ait été contaminée par des pesticides. Rapidement, Carnell manifeste un appétit d'ogre. Néanmoins, les décharges n'ont pas disparu et les globules blancs sont toujours aussi bas. Puis sa température monte à 41°.

House demande toute une batterie de tests, met le patient sous antibiotiques à large spectre, et envoie également Cameron interroger les autres garçons ayant participé au périple jamaïcain. Taddy, l'un d'eux, lui raconte qu'ils ont tous eu mal à la tête et vomi... Le résultat de soirées trop arrosées, selon lui. Il confesse aussi avoir une plaque rouge à l'aine, qui ressemble à un érythème fessier.

Pendant ce temps, Carnell fait une hémorragie abdominale et est envoyé en salle d'opération.

Taddy, quant à lui, arrive en urgence à l'hôpital : il s'est mis à vomir du sang.

Élémentaire, mon cher Wilson !

Taddy arrive aux Urgences. House sous-entend que les deux garçons pourraient avoir des relations sexuelles.

En réalité, les deux garçons sont de la même promo. House apprend que le père de Carnell a une entreprise de récupération de métaux où le jeune homme travaille pendant les vacances.

Lorsque House l'apprend, il se précipite dans la chambre et demande au père si Carnell n'a pas récupéré un vieux bout de ferraille dans la casse. M. Hall se souvient lui avoir offert un vieux plomb qu'il a monté en porte-clés.

Il se trouve qu'il était radioactif.

Carnell a été exposé autant que s'il avait passé 70 000 radios pulmonaires. Sa capacité à produire des globules blancs a été complètement détruite.

Taddy a été affecté, dans une moindre mesure, pour avoir tenu le sac de Carnell sur ses genoux pendant le voyage en avion. Sac qui contenait le fameux porte-clés porte-bonheur.

On découvre une tumeur dans la moelle épinière de Carnell, et une greffe est inévitable.

Lors de l'opération, le jeune patient, en raison d'une autre perforation intestinale, fait une hémorragie, et ses leucocytes continuent de chuter.

Il a beau ne plus avoir de tumeur, son organisme ne pourra jamais plus le protéger contre aucune infection. Carnell est condamné.

Diagnostic final : angiome caverneux et mal des rayons. Syndrome d'irradiation aiguë

Il désigne un ensemble de symptômes potentiellement mortels qui résultent d'une exposition ponctuelle des tissus biologiques d'une partie importante du corps à une forte dose de rayonnements ionisants, en particulier à une radioactivité intense.

Ce syndrome apparaît généralement dans les minutes ou heures qui suivent l'irradiation, dure quelques heures à quelques jours et se manifeste le plus souvent par les symptômes suivants : diarrhée, nausée, vomissements, anorexie (manque d'appétit), érythème (rougeurs de peau).

S'ensuit une période de latence, d'apparente guérison.

Enfin survient la phase aiguë, potentiellement mortelle, qui se caractérise par un vaste spectre de symptômes possibles, dont les plus fréquents sont liés à des troubles hématopoïétiques (production des cellules sanguines), cutanés, saignements incontrôlés de la bouche, hémorragies internes, diarrhée et déshydratation, douleurs thoraciques, insuffisance respiratoire...

La mesure de la radioactivité chez les victimes d'une irradiation se fait à l'aide d'un compteur Geiger.

Le patient est placé en chambre stérile et reçoit des transfusions sanguines et de plaquettes. Une greffe de moelle osseuse peut être envisagée..

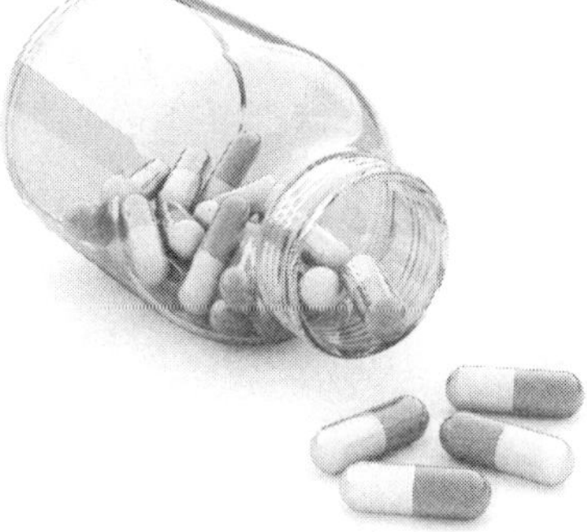

Dans cet épisode, on apprend que House...

– est frère unique. Ses parents s'appellent John et Blythe. Il était pilote dans la marine, elle était femme au foyer. Ils sont mariés depuis 47 ans.

– demande de l'argent à Wilson pour savoir combien il est prêt à lui prêter et, autrement dit, à quel prix il évalue leur amitié...

– a des rapports difficiles avec son père.

– craint de décevoir ses parents (analyse de Wilson).

Les accessoires de House

Il vient de s'acheter une moto : la Honda CBR 1000RR.

Il porte une veste de motard, en cuir : le « Model B » de la marque Vanson Leathers, avec des bandes blanches et rouges facultatives sur les manches.

Une console PSP.

Les moments odieux de House

House : *Donnez-moi un alibi pour y échapper, et moi je vous dis qui a lancé la rumeur disant que vous êtes transsexuelle.*

Cuddy : *Mais il n'y a pas ce genre de rumeur !*

House : *Ça pourrait venir si vous m'évitez pas ce dîner !*

House : *C'est vous Taddy ?*

Taddy : *Pourquoi ?*

House : *Sympa comme nom ! Si un jour j'ai un chien...*

House musique

« Word Up » (Korn).

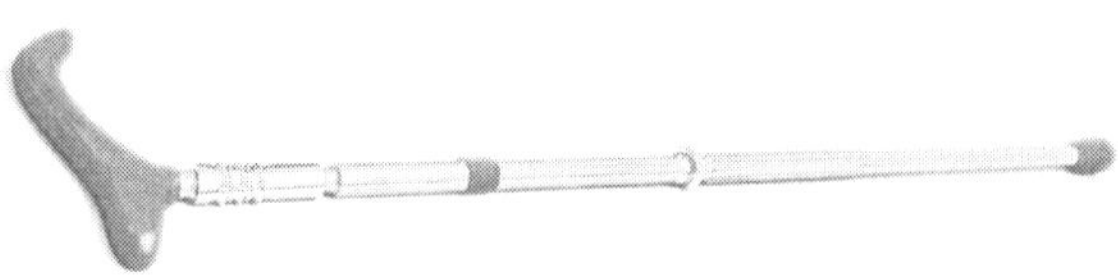

ÉPISODE 28 (2x06)

VF/La Course au mensonge - VO/Spin

Prise de vicodine :

1

Le patient

Identité : Forster, Jeff (Hastert dans la version originale).

Âge : inconnu.

Profession : cycliste professionnel.

Antécédents médicaux : aucun.

Allergies : aucune.

Symptômes : perte de conscience, détresse respiratoire.

Intérêt : House s'intéresse à son cas parce que... cela lui permet d'échapper à une conversation administrative avec Stacy. De plus, il est intrigué que le sportif ne démente pas être dopé.

Le cas

Jeff Forster, un coureur cycliste reconnu, chute de son vélo pendant une course caritative. Il a fait un arrêt respiratoire à 45 km/h. En salle de Diagnostic, House suppose qu'en se faisant une piqûre, Forster s'est injecté de l'air : une bulle s'est retrouvée dans le poumon et a causé de la détresse respiratoire. Et, en effet, le scanner pulmonaire le confirme. Chase pratique un cathétérisme avec une sonde de Swan-Ganz pour retirer la bulle. Après l'intervention, le patient se met à baver, n'arrive plus à avaler. La faiblesse musculaire touche son cou et sa mâchoire.

House, qui insinue que Chase a mal effectué l'embolectomie, demande qu'on le teste pour une possible sclérose latérale amyotrophique, une polymyosite ou un lupus. Tout est négatif.

C'est le moment de suspecter une infection. Ponction lombaire et antibiotique à large spectre sont requis. Jeff a peut-être une encéphalite. Pendant que Foreman lui fait la PL, le patient fait un arrêt respiratoire.

Ses globules rouges ont baissé de 29 %. House revient sur l'idée que Chase a mal fait l'embolectomie. Sinon, on est en présence d'un cancer.

Wilson lui fait une biopsie : le syndrome paranéoplasique expliquerait ses symptômes d'atrophie musculaire. Or, si l'analyse revient négative, la biopsie révèle une érytroblastopénie aiguë, forme d'anémie probablement causée par de l'EPO. Pourtant, Jeff a bien précisé qu'il n'en prenait pas.

Erreur de diagnostic : injection d'EPO à l'insu du cycliste

House accuse la manager de droguer son client à son insu. Elle a appelé la presse pour laisser filtrer l'information selon laquelle il aurait un cancer. C'est très vendeur en termes de publicité s'il en réchappe et remonte en selle... En revanche, même si elle nie toujours lui avoir injecté de l'EPO, Jeff la renvoie.

Dans la nuit, il perd à nouveau connaissance. Son anémie est de plus en plus sévère, et ses jambes sont toujours pratiquement paralysées.

Foreman lui fait une transfusion pour faire remonter ses globules rouges et House prescrit qu'on pratique un scanner cervical. Les médecins y trouvent un thymome, une tumeur que l'on observe d'habitude plutôt dans le thorax. Forster doit souffrir de la forme chronique et non aiguë de l'érytroblastopénie. Elle ne l'avait jamais terrassé puisqu'il se faisait des transfusions régulières en guise de dopage. En fait, Jeff soignait sa maladie sans même le savoir. Presque tous les patients atteints d'érytroblastopénie ont un thymome. Pour le confirmer, House lui fait une injection.

☒ Diagnostic final : myasthénie et érythroblastopénie, causés par un thymome

Le thymome est une tumeur (maligne ou bénigne) du thymus (glande située dans le thorax, devant la trachée, dont la fonction est d'assurer la maturation de certains globules blancs appelés lymphocytes). Ne provoquant aucun symptôme, elle est le plus souvent découverte fortuitement, révélée par une myasthénie. La radiographie du thorax et le scanner confirment le diagnostic. La tumeur est retirée chirurgicalement.

La myasthénie grave est une maladie neuromusculaire auto-immune de la musculature striée squelettique par atteinte de la transmission neuromusculaire ; elle entraîne une faiblesse musculaire fluctuante et une fatigabilité excessive des muscles à l'effort.

L'érythroblastopénie est une maladie auto-immune qui se déclenche quand le taux d'érytroblastes (cellules qui donnent naissance aux globules rouges) dans la moelle osseuse est inférieur à la normale. La forme chronique touche les individus de tous âges. Chez l'adulte, elle est notamment associée au thymome, à la myasthénie grave.

Dans cet épisode, on apprend que House...

– a du mal à supporter de travailler près de Stacy.

– a toujours refusé de suivre une psychothérapie.

– fouille dans le bureau de la psy de Stacy pour y récupérer son dossier confidentiel. Il a désespérément besoin de savoir ce qu'elle peut dire de lui en thérapie.

L'accessoire de House

Avec des objets de son bureau, il a construit un circuit qui rappelle le jeu qui consiste à faire chuter des dominos.

Le moment odieux de House

À Chase :

Oh, j'adore ça quand vous faites la conversation tout seul ; c'est comme la musique d'ascenseur, c'est extrêmement reposant !

« Housisme »

Chase : *Vous aviez raison.*

House : *Voilà trois mots gâchés.*

House musique

« None of Us Are Free » (Solomon Burke).

Guest stars

Kristoffer Polaha

Vu dans *True Calling* et *North Shore*. Il joue dans cet épisode le coureur cycliste de renommée internationale, Jeff Forster.

Tom Lenk

Il est l'ex-fumeur qui abuse des chewing-gums et que House voit en Consultation. Né le 16 juin 1976 , il est surtout connu pour avoir incarné Andrew dans les saisons 5, 6 et 7 de *Buffy contre les vampires*.

Épisode 29 (2x07)

VF/Partie de chasse - VO/Hunting

Prise de vicodine :

1

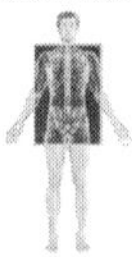

Le patient

Identité : Ryan, Kalvin. Âge : inconnu.

Profession : photographe.

Antécédents médicaux : patient atteint du sida.

Antécédents familiaux : mère décédée d'une insuffisance rénale ; père atteint d'une cirrhose.

Allergies : aucune.

Symptômes : crache du sang (rupture de vaisseau dans les poumons).

Intérêt : House s'intéresse à son cas parce que... l'homme insiste auprès de House pour qu'il s'occupe de lui. Au point qu'il fait le pied de grue devant sa demeure. Après une petite altercation, Kalvin affirme qu'il poursuivra House pour agression s'il ne prend pas son dossier.

Le cas

Kalvin Ryan a le sida, mais ses résultats sont bons, étant donné les circonstances. Rien n'explique qu'il soit malade.

Erreur de diagnostic : syndrome de reconstitution immune

Un traitement anti-HIV peut induire une réponse immunitaire de type inflammatoire très forte, qui se traduit par un ensemble de symptômes identiques à certaines infections opportunistes connues pour marquer l'entrée au stade sida.

L'ordonnance de House : stéroïdes

Le patient se met à tousser beaucoup. À présent, il crache du sang, ce qui provoque une rupture de vaisseau dans les poumons.

Cameron suggère qu'il a peut-être pris de la drogue coupée avec des substances dangereuses.

House demande à Cameron et Chase de se rendre chez Kalvin et de faire un inventaire de ce qui s'y trouve. Ils mettent la main sur des photos, prises par le jeune homme, représentant des débris de néons des années 1930.

À cette époque, les tubes contenaient du béryllium, connu pour sa poussière qui enflamme et paralyse les poumons.

Erreur de diagnostic : bérylliose aiguë

Pour vérifier, Cameron fait une biopsie des poumons et une analyse spectrographique.

Kalvin se plaint de douleurs à la poitrine, a beaucoup de difficultés à respirer et s'est mis à saigner dans la région cardiaque. Comme le sang comprime son cœur, on doit l'aspirer, mais, ans la seringue de ponction, il n'y a aucune trace de sang. Foreman penche alors pour une tumeur cardiaque.

Erreur de diagnostic : sarcoïdose (maladie inflammatoire qui atteint les poumons de préférence)

Le scanner décèle une masse au niveau de son cœur et plusieurs nodules sur les poumons. Cameron pense à une sarcoïdose, et souhaite pratiquer un test de Kveim, que House approuve.

Alors que Kalvin pensait y rester lors de sa dernière crise, il demande à Cameron de dire à son père qu'il s'excusait, une requête qui intrigue le curieux House.

Le père pense que son fils est responsable de la mort de sa femme. En effet, alors que le patient avait dit aux médecins que sa mère était morte du diabète, il s'avère qu'elle souffrait d'une insuffisance rénale et que Kalvin a refusé de lui offrir l'un de ses reins.

Le test de Kveim est négatif pour la sarcoïdose, laissant à supposer que Kalvin a un cancer : un lymphome non hodgkinien. Pour le confirmer, on lui faire subir une biopsie de la tumeur qui se trouve près de l'aorte, une intervention qui n'est pas sans danger.

Élémentaire, mon cher Wilson !

Dans le couloir, Wilson et House ont une conversation à propos du rat que ce dernier a capturé chez Stacy et qu'il essaye de soigner. House s'étonne alors de la présence du père de Kalvin dans le couloir, cependant que le fils doit subir la biopsie. Il demande à Wilson d'où sont originaires les Ryan. Du Montana…

En urgence, House annule la biopsie, qui pourrait tuer le patient, car il pense que Kalvin a un parasite, tout comme le père, attrapé lors d'une chasse au renard dans le Montana. Il demande au père de se prêter à une prise de sang, ce que l'homme, amer, refuse étant donné que son fils n'a jamais exprimé le moindre remords pour la mort de sa femme.

House commence à insulter la mémoire de la mère, et le père finit par lui donner un coup de poing dans la figure, ce qui permet à House de répliquer avec un coup de canne en plein sur le foie de son opposant. Le père se plie de douleur, et House lui injecte de l'épinéphrine. Si House a vu juste, une tumeur aura percé et provoqué un choc anaphylactique à M. Ryan. Le même qu'avait eu Kalvin devant l'appartement de House.

House sauve Ryan père et fils.

Diagnostic final : échinococcose

C'est une zoonose provoquée par un ver échinocoque.

L'homme peut être contaminé accidentellement en ingérant les œufs microscopiques du parasite par contact à la bouche par des mains souillées ; contact direct avec des animaux parasités (chien et chat principalement, et éventuellement campagnol, renard ou autres canidés) ; en manipulant de la terre, elle-même souillée (jardinage) ; par la consommation de plantes et fruits souillés.

Les œufs ingérés se transforment en larves qui vont coloniser le foie et former une pseudo-tumeur au bout de plusieurs années. Exceptionnellement, les larves peuvent également atteindre d'autres organes comme les poumons ou le cerveau.

L'échinococcose alvéolaire est une maladie grave qui se développe lentement et de manière asymptomatique. Elle était autrefois souvent confondue avec une cirrhose ou un cancer du foie : douleurs abdominales, jaunisse, fièvre, avec augmentation du volume du foie. Le seul traitement curatif existant peut être une intervention chirurgicale avec une éventuelle greffe du foie, mais la maladie reste gravissime.

Dans cet épisode, on apprend que House...

– habite l'appartement numéro 221B (le même numéro que dans l'adresse de Sherlock Holmes).

Les accessoires de House

House fait ami-ami avec un rat squattant le grenier de Stacy. Pensant qu'il est malade, il passe tout l'épisode à diagnostiquer celui qu'il a surnommé Steve McQueen.

Une petite balle rebondissante bleue (qu'il lance contre le mur de son bureau).

« Housisme »

Les agonisants mentent aussi.

Le moment odieux de House

House (à Chase) : *Ouf ! Pendant un instant, j'ai cru que vous étiez devenu malin.*

House musique

« Crystalline Green » (Goldfrapp) ; « Colors » (Amos Lee).

Guest star

Matthew John Armstrong

Matthew John Armstrong est né le 28 août 1973 à Chicago. Après avoir tenu un rôle récurrent dans la série *Mes plus belles années*, il continue d'apparaître dans plusieurs épisodes de séries telles que *The Shield*, *Numb3rs*, *Preuves à l'appui*... On le voit dans plusieurs épisodes de la saison 1 de *Heroes*.

ÉPISODE 30 (2x08)

VF/The Mistake - VO/L'Erreur

Prise de vicodine :

1

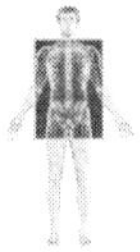

Le patient

Identité : McGinley, Kayla.

Âge : 35 ans.

Profession : mère au foyer (mère de deux filles).

Antécédents familiaux : mère atteinte d'alcoolisme chronique.

Symptômes : douleurs abdominales, douleurs articulaires, inflammation de l'iris.

Intérêt : House s'intéresse à son cas parce que... l'épisode revient sur un cas traité six mois auparavant. Chase et House doivent répondre devant la commission disciplinaire d'une éventuelle erreur médicale.

Le cas

Lors d'un spectacle auquel participent ses deux filles, Kayla est prise de violentes douleurs abdominales et s'évanouit.

Elle se présente à la Consultation avec également des douleurs articulaires. Foreman fait un examen neurologique : la partie colorée de l'œil (iris) étant enflammée, la patiente risque la cécité.

House, intéressé par ce faisceau de symptômes, demande à son équipe de pratiquer quelques examens : VS, sérologies. Chase suggérant un syndrome de Behçet, House lui commande de vérifier si la patiente n'a pas d'aphtes sur les organes génitaux.

L'examen confirme le Behçet, et Chase donne un traitement à Kayla, puis la renvoie chez elle. Alors qu'elle se plaint toujours de maux de ventre, il lui prescrit un autre antiacide sans l'ausculter davantage et sans lui demander par exemple si elle avait du sang dans les selles. Elle revient à l'hôpital sur un brancard, inconsciente après avoir vomi du sang, et présente un ulcère. Chase le cautérise, mais un second se perfore, et Kayla est conduite au bloc opératoire.

Il est cependant un peu tard, car elle souffre désormais de septicémie, l'infection cause une grave hypotension, et ses reins et son foie sont endommagés.

Kayla doit retourner au bloc opératoire pour une embolectomie. Elle a un caillot dans le foie, conséquence de la septicémie et de son hypotension retenant les caillots, qui bloquaient l'artère hépatique et, par conséquent, toute la circulation.

Il lui faut un autre foie. Le frère de Kayla, Sam, propose de donner une partie du sien à sa sœur. Seul problème, dans un délai aussi court, on ne peut greffer le foie d'un patient vivant. Qu'à cela ne tienne, House convainc un chirurgien, non sans faire pression sur lui, de pratiquer l'intervention. S'il n'opère pas Kayla, House ira dire à madame Ayersman que son mari la trompe.
La transplantation est un succès.

Deux mois plus tard, Kayla revient pour une visite de contrôle. Elle a un peu de température, Mais une heure après, elle en a beaucoup plus : le thermomètre affiche 39°.

Chase pense que ce n'est qu'une infection et non un rejet du foie greffé. Sam entre comme une furie dans la salle de Diagnostic. Il avoue avoir une hépatite C contractée chez un tatoueur et a payé l'employé du labo pour taire ce fait qui lui aurait interdit de donner un morceau de foie à sa sœur.

House réclame une IRM pour la sœur et le frère. Ce n'est pas seulement une hépatite, mais un cancer ! Un hépatome, non diagnostiqué, refilé directement à Kayla. Il s'est développé plus vite, car elle était sous immunodépresseurs.

Sam est opéré sur-le-champ et avant que son cancer du foie ne produise des métastases. Kayla, quant à elle, est condamnée : son corps rejette le foie et, une autre greffe étant impossible en raison de son cancer, elle meurt chez elle huit jours plus tard.

Cette chaîne de catastrophes aurait pu être évitée : Kayla s'était plainte à Chase d'une douleur abdominale, mais il avait été négligent, car son esprit était ailleurs puisqu' au même moment il apprenait au téléphone le décès de son père.

Diagnostic final

Maladie de Behçet, septicémie et hypotension dues à un ulcère, carcinome hépatocellulaire consécutif à une greffe de foie (Kayla, décès de la patiente), hépatite C et carcinome hépatocellulaire (Sam).

La maladie de Behçet, (affection chronique inflammatoire d'origine auto-immune et infectieuse, provoquée par un virus) se traduit par des aphtes buccaux, génitaux, des signes oculaires (uvéite), cutanés, vasculaires, neurologiques, digestifs, respiratoires, rénaux. Des traitements à base de colchicine et de cortisone font régresser les symptômes.

L'hépatite C est une maladie infectieuse transmissible par le sang et due au virus de l'hépatite C (VHC), qui s'attaque au foie. L'infection se caractérise par une inflammation du foie (l'hépatite) qui est souvent asymptomatique.

Le virus peut rester plusieurs années à l'état latent. Le patient est alors ce qu'on appelle un « porteur sain », c'est-à-dire qu'il n'a aucun symptôme, mais peut transmettre la maladie. Le danger est que de nombreux patients sont infectés par le virus sans le savoir et peuvent donc contaminer leurs proches. D'où l'importance du dépistage en cas de risque encouru. Quand la maladie se déclare, elle peut avoir plusieurs conséquences telles qu'une cirrhose (affection chronique du foie). Le virus favorise également le cancer du foie (10 % des cas).

Il peut être contracté à la suite de transfusions sanguines, soins médicaux, chirurgicaux ou dentaires, piercings et tatouages, rapports sexuels, usage de drogue...

Le traitement comporte l'administration d'antiviraux, mais peut également nécessiter une greffe de foie.

L'hépatome est un cancer primitif du foie. Également connu sous le nom de carcinome hépatocellulaire, il survient le plus souvent sur un terrain de cirrhose d'étiologie diverse : alcool, hépatite B, hépatite C, hémochromatose.

Le moment odieux de House

House (au Dr Ayersman) : *Oh, et, pour info, vous êtes le plus mauvais chirurgien-greffeur de l'hôpital. Malheureusement, en ce moment, vous êtes aussi le seul qui trompe sa femme.*

« Housisme »

Les erreurs sont aussi sérieuses que les résultats qu'elles entraînent.

Dans cet épisode, on apprend que House...

– aime plaisanter sur sa possible homosexualité.

Stacy : *Si Chase s'est planté, pourquoi tu ne l'as pas viré ?*

House : *J'adore ses cheveux !*

– va être supervisé par Foreman pendant un mois.

ÉPISODE 31 (2x09)

VF/Faux semblants - VO/Deception

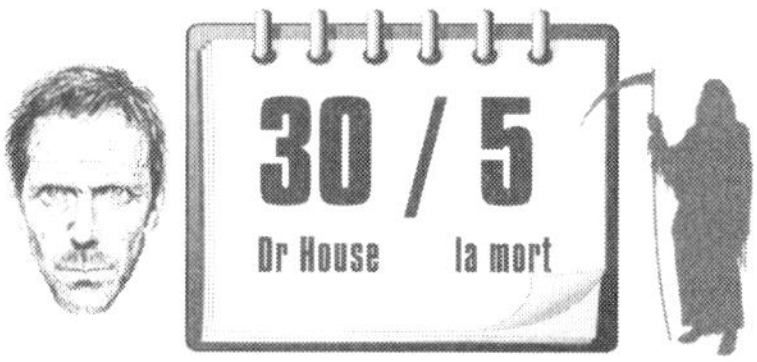

Prise de vicodine :
2

Le patient

Identité : Jovanovich, Anica. Âge : inconnu.

Profession : entre deux métiers.

Antécédents médicaux : adénome sur l'hypophyse.

Antécédents familiaux : mère atteinte de sclérose en plaques. L'attention générale portée à la mère a provoqué chez la fille le développement d'un syndrome de Münchhausen.

Symptômes : convulsions, crise d'épilepsie, ecchymoses, anémie.

Intérêt : House s'intéresse à son cas parce que... la patiente est prise de convulsions devant lui, alors qu'il est, dans un bar PMU, en train de parier sur des courses de chevaux.

Le cas

Alors qu'elle parie sur des courses de chevaux, une femme est prise de convulsions. House, présent au moment de cette crise d'épilepsie, remarque qu'elle porte des traces de contusions à la poitrine.

Erreur de diagnostic : alcoolisme

Foreman supervise l'équipe (pendant quelques semaines). Alors que House veut que les médecins enquêtent sur un syndrome de Cushing (hypersécrétion par les glandes surrénales de cortisol, une hormone), Eric leur ordonne de se consacrer sur un possible abus d'alcool de la patiente.

Au scanner, aucune tumeur ne confirme le syndrome de Cushing. Foreman exige une ponction lombaire, mais House la sabote volontairement pour causer de l'hypertension à Anica en faisant augmenter son stress de l'examen. Par là, il entend prouver le Cushing. Foreman reste sur sa position ; Chase propose une tumeur sur le pancréas et House est d'avis qu'elle repasse au scanner.

Il y a bien une masse sur le pancréas, mais la patiente ne montre aucune réaction en apprenant la nouvelle de son cancer.

La biopsie, négative, indique que la masse est bénigne.

Foreman maintient son hypothèse sur l'alcoolisme, House sur le Cushing. Cameron, quant à elle, suppose un syndrome de Münchhausen (patients qui simulent des maladies pour gagner l'attention des médecins).

Erreur de diagnostic : syndrome de Münchhausen

House et Cameron fouillent l'appartement d'Anica et découvrent qu'elle avait rendez-vous chez l'ophtalmologiste et le gynécologue dans la semaine.

Pour prendre Anica en flagrant délit, Cameron laisse traîner une boîte de médicaments signalés toxiques, et la patiente, en effet, se laisse piéger.

Cameron explique alors à la fautive que c'est un hôpital psychiatrique qui va désormais traiter son cas. Or Anica continue de clamer être vraiment malade. House pense aussi qu'elle est malade : son anémie est bien réelle.

☒ Erreur de diagnostic : anémie aplasique

House ne pouvant pas analyser le sang d'Anica, il présente à Foreman le bilan sanguin de quelqu'un d'autre pour qu'il accepte la biopsie. Mais le médecin ne se laisse pas berner et commande à toutes les infirmières d'empêcher House de s'approcher de la patiente.

House convainc Chase de faire la biopsie à sa place, mais il est arrêté par Cuddy et Foreman, et la patiente est renvoyée chez elle.

Sur le parking du Princeton-Plainsboro, House la rejoint et lui explique qu'il va lui injecter un cocktail, mélange d'insuline et de colchicine, qui va simuler les symptômes de la maladie qu'elle a réellement. Mais cela peut être dangereux s'il s'avérait qu'elle n'est pas vraiment atteinte.

Comme prévu, Anica fait une crise après l'injection et retourne dans le service de House.

Forcément, cette fois, les analyses confirment l'anémie aplasique (la moelle osseuse ne fonctionne plus : l'organisme ne peut plus fabriquer de sang). Il faut une greffe de moelle osseuse ou des injections de sang hebdomadaires. Anica accepte la greffe.

Élémentaire, mon cher Wilson !

Alors que House est allongé dans le lit de la patiente pendant qu'elle commence son traitement d'irradiation de la moelle, son attention est attirée par l'odeur dégagée par l'oreiller. Il se met aussi à sentir les sous-vêtements d'Anica.

House arrête la procédure et explique que ce n'est pas une anémie aplasique, mais plutôt une infection.

Elle n'a pas de fièvre cependant, car son Cushing a détruit son système immunitaire.

Ses plaies sentent le raisin fermenté, signe d'une infection par *Clostridium perfringens*. En raison du déclenchement des symptômes d'un Cushing, la femme avait inhibé son système immunitaire, masquant ainsi la présence de la bactérie tout en favorisant son développement.

Diagnostic final : Clostridium perfringens

Clostridium perfringens est un bacille à Gram positif. La bactérie est immobile, sporulée et anaérobie.

Cette bactérie va produire des nécrotoxines, provoquant ainsi l'entérite nécrosante.

Ces bactéries peuvent être présentes dans des aliments contaminés.

Elles envahissent le tube digestif et entraînent des septicémies graves et des risques de gangrène.

Le traitement commande la désinfection des plaies et l'administration d'antibiotiques (pénicilline).

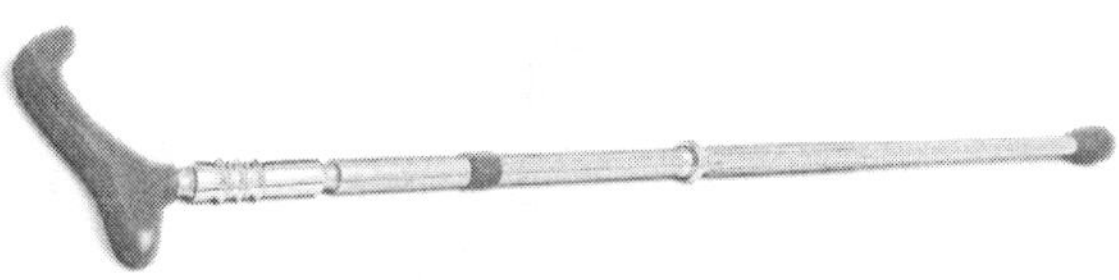

Dans cet épisode, on apprend que House…

– parie sur les courses de chevaux.

L'accessoire de House

Une boîte de Tic-Tac.

Les moments odieux de House

House (à Chase) *: Mais pourquoi c'est pas vous qu'on a nommé chef ? Ah oui, c'est vrai ! Vous avez tué une patiente !*

House *: Bon. Je vais vous donner des antibiotiques, et vous feriez mieux d'éviter les rapports.*

La patiente de la Consultation *: Combien de temps ?*

House *: Eh bien, pour le bien de notre espèce, je vous dirais bien « à vie ».*

House musique

« Christmas Time Is Here » (The Vince Guaraldi Trio). Tiré de « A Charlie Brown Christmas ».

Guest star

Cynthia Nixon

Cynthia Ellen Nixon est née le 9 avril 1966 à New York. Après être apparue dans des films comme *Les Valeurs de la Famille Adams*, *Amadeus*, *L'Affaire Pélican*… elle est surtout connue pour avoir incarné Miranda Hobbes dans la série *Sex & the City*.

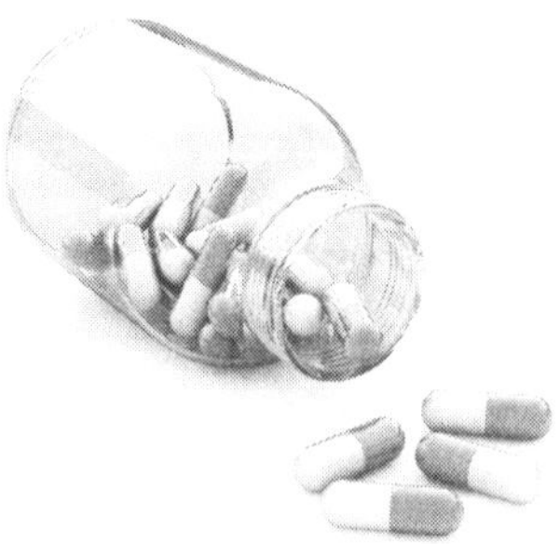

ÉPISODE 32 (2x10)

VF/Problèmes de communication - VO/Failure to Communicate

Prise de vicodine :

1

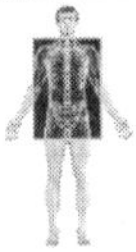

Le patient

Identité : Stone, Fletcher. Âge : inconnu.

Profession : journaliste.

Antécédents médicaux : s'est drogué. A bu (mais n'a pas touché un verre depuis un an).

Symptômes : aphasie, agraphie, arrêt respiratoire (œdème pulmonaire), goût métallique sur la langue.

Intérêt : House s'intéresse à son cas parce que... en fait, House étant absent, Foreman tient la permanence. Vexé du sous-entendu de Cuddy selon lequel il ne sera pas capable de diagnostiquer sans House, il s'empare du dossier pour prouver le contraire. House est mis au courant par Cuddy au téléphone. Dans la salle d'attente de l'aéroport, par le biais de son portable, il prend des nouvelles du patient auprès de Wilson.

Le cas

Lors d'une fête en l'honneur d'une rédactrice en chef, Greta, Fletcher fait un discours. Tout à coup, il s'effondre et se cogne la tête dans sa chute. Alors qu'il se relève, il montre un sérieux trouble du langage, remplaçant les mots par d'autres sans s'en rendre compte, et souffre aussi d'agraphie (perte de l'écriture).

Alors que les médecins lui font des examens, Fletcher tombe en arrêt respiratoire, et on l'intube.

Pendant ce temps, House et Stacy sont à Baltimore pour défendre des prescriptions de House devant un employé de l'Assurance maladie. À cause du mauvais temps, ils restent bloqués au sol, ne pouvant rentrer dans le New Jersey.

Erreur de diagnostic : prise d'amphétamines

Ses résultats sont positifs aux amphétamines, alors qu'il avait écrit dans un bouquin qu'il avait arrêté la drogue et l'alcool... et que cela avait changé sa vie.

House appelle son équipe par téléphone. Il reproche à Foreman de ne pas avoir tenté de le contacter, s'enquiert de la température corporelle du patient et ordonne qu'il soit mis sous antibiotiques à large spectre en cas de méningite bactérienne.

Sa rédactrice en chef explique à Foreman que Fletcher, ayant des difficultés à dormir, prenait des somnifères qui l'assommaient aussi dans la journée, ce qui le poussait à prendre quotidiennement des stimulants.

L'IRM révèle une petite cicatrice dans le cerveau.

Fletcher souffre d'un œdème pulmonaire et cérébral, sans que les médecins puissent l'expliquer.

Foreman et Chase fouillent son bureau et, alors que Stone avait affirmé qu'il s'agissait de sa première attaque, retrouvent un flacon d'anticonvulsivants. Ils se rendent aussi à son appartement. Le patient se plaint d'un goût métallique dans la bouche, montre une insuffisance rénale et est mis sous dialyse.

Alors que Cameron se prépare à faire une ponction lombaire, l'air épouvanté, le patient répète la mystérieuse phrase : *L'ours a rattrapé, ils ont changé ma quête*. Les résultats de la ponction révèlent une infection. House recommande à ses collègues de déchiffrer la phrase de Fletcher en prenant en compte les transformations que suppose l'aphasie.

« Quête » correspond à « tête ». « Ours » pour « polaire ». Le patient est atteint de troubles bipolaires. À l'étranger, dans un pays tropical, il a subi une intervention chirurgicale expérimentale censée guérir les troubles de l'humeur.

L'analyse de son sang révèle une malaria cérébrale...

Diagnostic final : paludisme

Le paludisme (du latin *paludis*, marais), appelé aussi malaria (de l'italien *mal'aria*, mauvais air) est une parasitose due à un protozoaire de l'espèce *Plasmodium* transmis par la piqûre de la femelle d'un moustique, l'anophèle, provoquant des fièvres intermittentes.

Le paludisme est endémique dans les zones intertropicales de l'Amérique centrale et du Sud, notamment.

Les symptômes sont divers : vertiges, céphalées, perte d'appétit, troubles digestifs (nausées, vomissements, douleurs abdominales, diarrhée), myalgies, tremblements, convulsions, ictère, atteinte rénale...

Une ischémie cérébrale (liée à l'augmentation de la pression intracrânienne) peut entraîner des troubles du langage et une aphasie.

Le diagnostic est confirmé par des examens sanguins, et le traitement nécessite l'administration de médicaments spécifiques.

Dans cet épisode…

Stacy et House s'embrassent.

Les accessoires de House

Une casquette en flanelle grise.

Une balle rebondissante rose.

Il lit un bouquin intitulé *Histoires de lesbiennes en prison*.

Le moment sarcastique de House

Wilson : *Ton téléphone est HS. Ça t'arrive de recharger les batteries ?*

House : *Pourquoi ? Ça se recharge ? Moi, je le jette puis j'en rachète un neuf !*

Gare aux gaffes

Dans une scène à l'aéroport, Stacy travaille sur son ordinateur portable, posé sur ses genoux. D'abord, on la voit avec un stylo dans la bouche et, dans le plan suivant, elle l'a derrière les oreilles. Le stylo change de place à deux reprises avant de disparaître complètement.

Guest star

Erica Gimpel

La petite amie de Fletcher dans l'épisode est incarnée par cette comédienne ayant joué dans de nombreuses séries : *Fame*, *Profiler*, *Urgences*, *Roswell*, *Veronica Mars*…

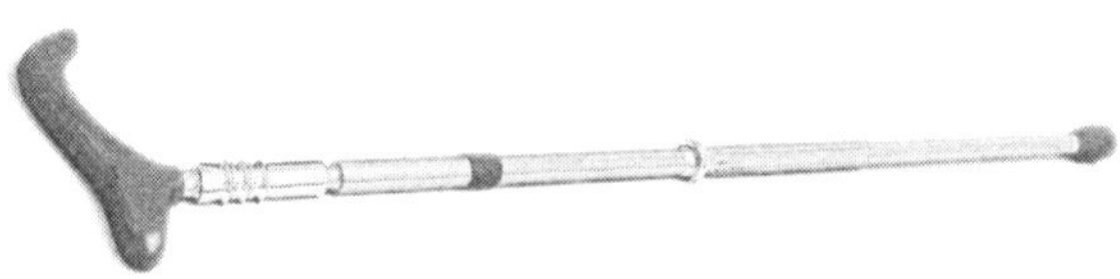

Épisode 33 (2x11)

VF/Désirs illusoires - VO/Need to Know

Prise de vicodine :

1

Le patient

Identité : Dalton, Margot.

Âge : 34 ans.

Profession : chef d'entreprise.

Antécédents médicaux : elle est sous traitement pour la stérilité depuis 13 mois.

Symptômes : spasmes musculaires, irritabilité, infarctus, hémorragie.

Intérêt : House s'intéresse à son cas parce que... Cameron le lui présente.

Le cas

Margot est prise de spasmes musculaires qui lui font avoir un accident de voiture.

Erreur de diagnostic : grossesse

Comme elle prend un traitement pour la fertilité et que les spasmes peuvent être un symptôme de grossesse, House demande un test.

Pour contrôler s'il ne s'agit pas de problèmes neurologiques, il ordonne aussi une IRM, avec conseil de paralyser la patiente, vu sa tendance à effectuer des mouvements brusques.
Elle n'est pas enceinte, et l'IRM est normale.

Erreur de diagnostic : maladie de Huntington ou chorée de Huntington

Il faut lui faire un test génétique pour s'en assurer. Cette maladie provoque une dégénérescence neuronale qui affecte les fonctions motrices et cognitives. Le patient atteint multiplie les gestes incohérents contre sa volonté.

En parallèle, les médecins lui donnent un traitement pour inhiber celui de fertilité, qui pourrait être cause de ses symptômes.

La patiente fait preuve alors d'une irritabilité, d'une hypervigilance anormales, est prise d'un accès psychotique, et les médecins la mettent sous tranquillisants après qu'elle eut brisé une vitre.
Le test de la chorée de Huntington se révèle négatif.

Erreur de diagnostic : prise de drogues

House trouve que Margot fait beaucoup de choses à la fois : diriger une boîte, faire du bénévolat, être une mère modèle, membre de l'association des parents d'élèves... Peut-être est-elle sous cocaïne ?

Foreman et Cameron vont fouiller chez la patiente et découvrent dans sa voiture des médicaments prescrits à sa fille, du méthylphénidate, contre les troubles déficitaires de l'attention.

Il se trouve que c'est la mère, plutôt que l'enfant, qui les prenait. Alors que Margot s'apprête à rentrer, elle fait un infarctus.

Le méthylphénidate n'était pas la cause de ses symptômes.

Erreur de diagnostic : cancer de l'utérus

House demande une échographie de l'utérus pour vérifier qu'il n'y a pas de tumeur causée par le traitement contre la stérilité.

Il n'y a pas de cancer, mais il prescrit tout de même une biopsie. Pendant l'examen, Margot fait une hémorragie. Comme elle vient de son foie, c'est donc là que se cacherait la tumeur.

Erreur de diagnostic : tumeur hépatique

House, très dubitatif, estime que ce diagnostic ne correspond pas aux symptômes et qu'il y a sans doute encore un élément inconnu.

Élémentaire, mon cher Wilson !

Pourquoi cette mère, qui semble déjà très occupée, voire débordée, veut-elle faire un deuxième enfant ?

Margot prend la pilule contraceptive !

Diagnostic final : adénome hépatocellulaire bénin

Tumeur bénigne du foie, il s'observe essentiellement chez la femme.

Une relation a été établie entre la survenue et les complications de l'adénome et la prise de contraceptifs oraux ou de traitements hormonaux visant à lutter contre la stérilité.

La taille de l'adénome hépatocellulaire peut varier de 1 à 20 centimètres.

La tumeur, souvent volumineuse, est arrondie et bien limitée. L'adénome est découvert de façon fortuite à l'occasion d'une échographie du foie.

Le plus souvent, il se révèle par des douleurs ou une hémorragie intrapéritonéale. Les douleurs sont généralement intenses, d'installation brutale, et liées à des phénomènes de nécrose et d'hémorragie intratumorales.

L'imagerie médicale pose le diagnostic sans recours systématique à la biopsie, et le traitement est chirurgical (résection de la tumeur).

Complication

La patiente nie prendre la pilule et veut être opérée de la tumeur. House maintient (auprès de Cuddy) qu'un simple arrêt de la pilule contraceptive fera disparaître la tumeur, alors que Margot risque d'y rester si on l'opère pour la lui retirer.

L'opération pratiquée révèle que la tumeur était bien bénigne. La patiente a risqué sa vie pour ne pas avouer à son mari que, pendant qu'ils tentaient d'avoir un enfant, elle prenait la pilule sans le lui dire.

Le pari de House

House parie 100 dollars avec Foreman que Cameron est trop peureuse pour faire le test du sida.
En effet, Cameron n'a pas fait le test, alors que le jour J est arrivé (voir épisode 29 – 2x07).

Dans cet épisode, on apprend que House...

– aimerait bien fumer un petit joint.

– sait faire des chiens avec des ballons (enfin, si on veut...).

– ne veut pas que Stacy s'en aille.

– et Stacy ont fait l'amour.

– veut que Stacy fasse un choix entre Mark et lui.

– finalement, sous prétexte qu'il ne peut pas la rendre heureuse, ne veut pas que Stacy quitte Mark pour lui.

L'accessoire de House

Il mange des crackers au fromage.

Le moment sarcastique de House

Maman fait tout pour sa famille ces derniers temps. Elle avale même leurs pilules !

« Housisme »

House : *Margot largue la moitié de son foie pour sauver son couple.*

Wilson : *Non, elle fait disparaître ses empreintes chirurgicalement pour couvrir un mensonge ridicule.*

House : *C'est tordu et manipulateur, c'est exact, mais c'est assez romantique.*

Moi, c'est à peine si je pense à relever la lunette avant de pisser.

House musique

« Serenade » (tiré de l'opérette The Student Prince – Le Prince étudiant).

ÉPISODE 34 (2x12)

VF/Casse-tête - VO/Distractions

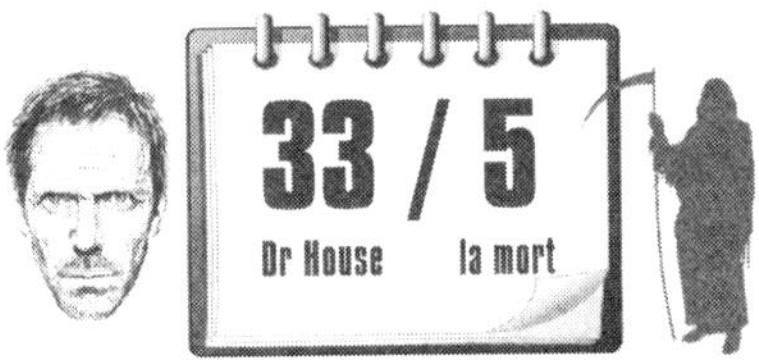

Prise de vicodine :

0

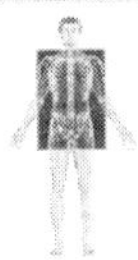

Le patient

Identité : Adam.

Âge : 16 ans.

Profession : lycéen.

Symptômes : énurésie (urine inconsciemment et involontairement), perte de mémoire, attaque, anomalie du rythme cardiaque, potassium trop bas, hémorragie, éjaculation dans le caisson hyperbare.

Intérêt : House s'intéresse à son cas parce que... le service des grands brûlés requiert son attention.

Le cas

Un garçon fait du quad avec son père dans la forêt. Pendant qu'il conduit la machine, il en perd le contrôle et a un accident. Son corps est gravement brûlé parce que le moteur a explosé. Il est conduit dans le service des grands brûlés. Il l'est à 40 %.

Il est très difficile de pratiquer sur lui des examens étant donné l'état de sa peau. L'idée de House est d'utiliser un galvanomètre (appareil de mesures électriques analogique permettant de mesurer de très faibles intensités en utilisant l'effet magnétique du courant) pour prendre son pouls au poignet et à la cheville.

Erreur de diagnostic : sclérose en plaques ou infection

Adam convulse, puis fait une hémorragie et a un orgasme dans le caisson hyperbare (caisson d'acier à l'intérieur duquel la pression peut être augmentée à un niveau jusqu'à plusieurs fois la pression atmosphérique).

House propose qu'on mette des asticots sur les brûlures d'Adam afin qu'ils se nourrissent des chairs mortes, nettoient les brûlures et débarrassent les tissus des bactéries.

Mais les troubles du garçon n'étant pas le résultat d'une infection, ses problèmes cérébraux demeurent. Il faudrait vraiment pouvoir lui faire passer une IRM, mais c'est impossible à cause de ses brûlures.

Pour analyser le liquide céphalorachidien, la ponction lombaire est aussi inenvisageable. House demande alors qu'elle soit faite dans les cervicales, ce qui risque de paralyser le patient à vie, ou de le tuer. Les parents donnent leur accord pour cette procédure.

Les analyses révèlent qu'il ne s'agit ni d'une infection ni d'une sclérose en plaques. Souhaitant lui parler, lui demander ce qu'il a ressenti avant l'accident, House veut que le patient soit sorti du sommeil dans lequel il a été plongé pour éviter la douleur. Adam a-t-il eu des picotements dans les doigts ? Le garçon se souvient simplement d'avoir uriné dans son pantalon.

Erreur de diagnostic : dépression

House pense que le patient est dépressif et qu'il prenait des antidépresseurs, mais ses parents lui assurent le contraire.

Élémentaire, mon cher Wilson !

Alors que House est sur le point de le réveiller une seconde fois, il constate une brûlure de cigarette sur le poignet d'Adam et admet que l'adolescent n'est pas déprimé, et essaye simplement d'arrêter de fumer.

Les antidépresseurs contenus dans le traitement qu'il s'est procuré sur Internet ont déclenché un syndrome sérotoninergique.

Diagnostic final : syndrome sérotoninergique

Il est dû à un excès de sérotonine au niveau cérébral et survient à la suite d'un traitement antidépresseur. Les symptômes associent rigidité musculaire, agitation, myoclonies, hyper-réflexie, troubles du comportement, hyperthermie.

Les complications peuvent être sévères, avec convulsion, coma, choc et coagulation intravasculaire disséminée. Le diagnostic est difficile à établir, car aucun symptôme n'est spécifique.

Dans cet épisode, on apprend que House...

– a travaillé à l'université Johns-Hopkins, une des meilleures universités privées de recherche américaine, située à Baltimore, dans le Maryland. Il en a été viré, après avoir été mouchardé par un condisciple pour tricherie. Dans cet épisode, House est bien décidé à se venger de ce Phillip Weber qui a causé son renvoi 20 ans plus tôt.

– est capable de s'infliger une migraine épouvantable pour prouver qu'il a raison et que Weber est un imposteur, que son médicament ne marche pas.

– ne voit aucun problème à soigner une migraine en prenant du LSD.

– fait appel aux services d'une prostituée (du nom de Paula) – brune – pour bénéficier d'une petite distraction.

L'accessoire de House

Sa balle de base-ball rouge et grise.

« Housisme »

House : *Œil pour œil, LSD pour antidépresseur. Tout s'équilibre. Les hindouistes appellent ça le karma, les chrétiens appellent ça la règle d'or et les juifs... je sais pas, mais ça m'étonnerait pas qu'ils aient trouvé quelque chose. L'univers égalise toujours le score.*

Cuddy : *Vous croyez ?*

House : *Non. Mais il devrait.*

House musique

« Get Miles » (Gomez).

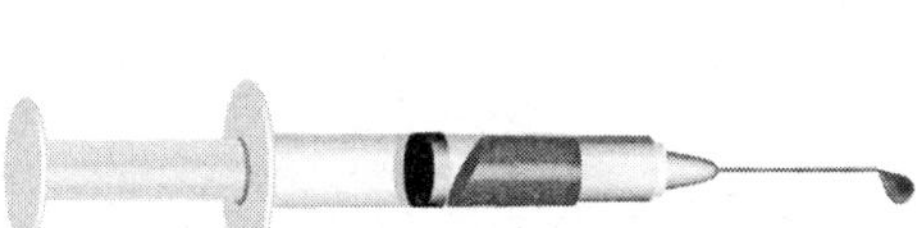

ÉPISODE 35 (2x13)

VF/Confusion des genres - VO/Skin Deep

Prises de vicodine :

5

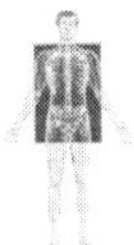

Le patient

Identité : Alex.

Âge : 15 ans.

Profession : mannequin.

Symptômes : nausées, troubles de la vision, agressivité, cataplexie (perte brusque du tonus musculaire sans altération de la conscience – le sujet est conscient mais ne peut plus bouger), suées, problèmes gastriques, amnésie, spasmes.

Intérêt : House s'intéresse à son cas parce que… la patiente est un top model !

Le cas

Une jeune top model s'apprête à défiler, mais elle est anxieuse, se sent nauséeuse, et son père lui refile des calmants.
Alors qu'elle est sur le podium, elle ressent des troubles de la vision, puis frappe une de ses collègues qui s'enquiert de son état. Enfin, elle s'effondre.

Comme les examens révèlent de l'héroïne dans les urines, House demande qu'on la désintoxique en une nuit en la plongeant dans le coma et la bourrant de naltrexone (inhibiteur des opiacés).

Toutefois, pendant son coma, elle fait une attaque cardiaque et à son réveil elle montre une perte de mémoire à court terme (amnésie antérograde).

Erreur de diagnostic : abus sexuel

House pense qu'elle souffre d'une névrose post-traumatique due à un abus sexuel.

Le père reconnaît avoir abusé d'elle une seule fois.

Mais les examens (PL) révèlent une hausse des protéines dans le liquide céphalorachidien. Ce n'est ni un stress post-traumatique ni une lésion hypoxique (oxygénation insuffisante des tissus).

House demande une biopsie cérébrale (trépano-ponction), qui ne révèle aucune anomalie. S'il n'y a rien dans la matière blanche, House se pose alors la question de la matière grise : une tumeur pousse peut-être les anticorps à attaquer le cerveau ?

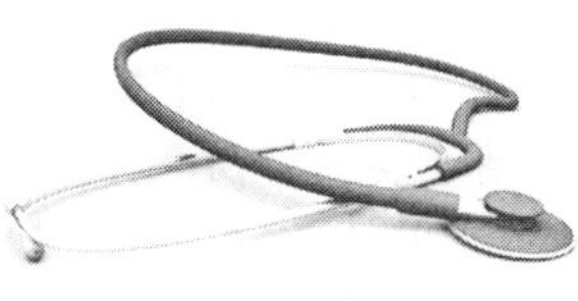

Erreur de diagnostic : syndrome paranéoplasique (cancer)

Après examens, Wilson rejette la théorie du cancer.

On en revient à la névrose post-traumatique.

Peut-être Alex simule-t-elle ? House conseille de mettre une perfusion de placebo et observer si ses spasmes reprennent.

Élémentaire, mon cher Wilson !

En parlant avec un patient de la Consultation qui fait une grossesse nerveuse...

En fait, Alex a bien une tumeur. Mais pas des ovaires... des testicules !

Diagnostic final : pseudohermaphrodisme masculin par insensibilité aux androgènes et cancer du testicule

Le syndrome de l'insensibilité aux androgènes (induisant le pseudohermaphrodisme masculin), autrefois appelé le « testicule féminisant », est une maladie génétique de la différenciation sexuelle en rapport avec une absence ou une anomalie de fonctionnement des récepteurs tissulaires aux androgènes.

En cas d'absence totale de récepteurs des androgènes, la différenciation sexuelle est une différenciation féminine. Les organes génitaux externes sont typiquement féminins avec absence d'utérus.

Les anomalies de fonctionnement de ces récepteurs se traduisent par une grande variété d'expressions cliniques. La patiente a un phénotype typiquement féminin à la naissance, mais à la puberté il n'y a ni développement des pilosités axillaire et pubienne, ni apparition de règles.

Le développement mammaire est normal. On ne retrouve pas d'utérus à l'échographie. Les gonades sont souvent en position inguinale, voire dans les grandes lèvres. Le vagin peut, quelquefois, être un peu court.

Le cancer du testicule est un cancer rare, mais en augmentation depuis plusieurs décennies. C'est aussi le cancer le plus fréquent chez l'homme de 15 à 35 ans, au moins dans les pays riches à population blanche dominante. Les deux testicules sont rarement touchés simultanément.

Le traitement repose sur la chirurgie, la chimiothérapie et la radiothérapie. Près de 80 % de ces cancers sont aujourd'hui guéris.

Le pari de House

House parie avec Chase deux heures de consultations que les seins de la patiente de 15 ans sont vrais. House gagne.

Dans cet épisode, on apprend que House...

– ne craint pas de plaisanter sur le thème de la pédophilie.

– montre la cicatrice de sa cuisse.

L'accessoire de House

Sa balle de base-ball rouge et grise qu'il serre pour tenter de contrôler sa douleur.

Le moment odieux de House

Alors que Wilson tente d'expliquer à House que sa douleur à la jambe est sûrement psychologique, qu'elle est accrue depuis la rupture avec Stacy, House lui donne un grand coup de canne dans le mollet.

Alors que Wilson pousse un cri douleur, House lui lance : *Oh ! À toi aussi Stacy te manque ?*

Prises de Vicodin : 5

House a spécialement mal à sa jambe et, la Vicodin étant inutile, il demande à Cuddy une piqûre de morphine. Elle le fait, il se sent beaucoup mieux, mais elle lui indique ensuite qu'elle ne lui a injecté que du sérum physiologique.

House musique

« Atom Bomb » (Fluke) ;
« Desire » (Ryan Adams) ;
« Suite française pour clavier n° 5 en sol majeur » (Bach) – jouée au piano par House.

« Housisme »

La femme parfaite… est un mec !

Guest star

Tom Verica

Il joue le père abusif d'Alex. On l'a vu dans plusieurs séries : *Une fille à scandales, Mes plus belles années, Providence, Les 4400, Will & Grace, Frasier, Preuve à l'appui…*

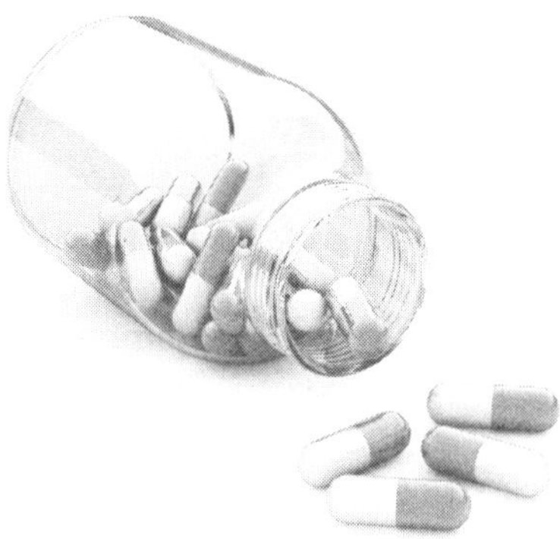

ÉPISODE 36 (2x14)

VF/Maladies d'amour - VO/Sex Kills

Prises de vicodine :
2

Le patient

Identité : Henry.

Âge : 66 ans.

Profession : retraité.

Antécédents médicaux : prend des antiacides depuis deux ans. A ressenti une migraine une semaine auparavant.

Symptômes : micro-abcès cérébral, testicule enflé, crache du sang (œdème aigu du poumon).

Intérêt : House s'intéresse à son cas parce que... Foreman voit le patient en consultation, puis en réfère à House, qui trouve « cool » qu'un testicule du patient ait le double de volume de l'autre, et que cela ne semble pas un cancer des testicules contrairement à l'évidence.

Le cas

Lors d'une partie de bridge, Henry fait une absence épileptique. À la Consultation, il confie à Foreman que son testicule droit est deux fois plus gros que le gauche.

House conseille qu'on le traite pour des maladies sexuellement transmissibles : blennorragie, syphilis, chlamydia, bien que ses analyses soient négatives à ces trois affections.

Erreur de diagnostic : MST

Après avoir nié devant sa fille avoir eu des relations sexuelles, il confesse à House, en privé, avoir couché avec son ex-femme volage. Alors, il se met à cracher du sang. Une MST ne peut pas être en cause. Il a un œdème aigu du poumon, mais c'est pourtant son cœur le problème. House s'enquiert du type de fromage que le patient a dégusté à l'église. Il a en effet compris que le patient avait la brucellose. Les acides gastriques auraient dû tuer les germes responsables de la maladie, seulement Henry prenait des antiacides qui ont, au contraire, favorisé leur développement et entraîné son insuffisance cardiaque. Il faut à Henry une greffe du cœur.

Diagnostic final : brucellose

La brucellose, également appelée fièvre de Malte, fièvre ondulante, ou fièvre méditerranéenne, est une anthropozoonose (maladie transmise à l'homme par les animaux) due à de très petits coccobacilles (bactéries) du genre *Brucella*, à Gram négatif. La contamination peut notamment s'effectuer par ingestion de produits laitiers crus (fromages non pasteurisés) ou de viande insuffisamment cuite. La guérison peut être spontanée par élimination de la bactérie, sous l'effet des sucs gastriques. L'incubation (temps s'écoulant entre le contact avec le microbe et l'apparition des premiers signes de la maladie) dure plusieurs semaines. Les symptômes, ressemblant à ceux de la grippe, peuvent inclure la fièvre, la sudation abondante, l'anorexie, les maux de tête, les douleurs musculaires, la dorsalgie et la faiblesse physique. Des infections sévères au niveau du cerveau ou de la paroi interne du cœur peuvent se produire.

Les antibiotiques sont utilisés sur une durée qui dépend du stade d'avancement de l'affection. Le traitement peut être difficile, et le rétablissement peut prendre de quelques semaines à plusieurs mois, selon le moment où le traitement est administré et le degré de gravité de la maladie.

Complication

le besoin de greffe est urgent. House tente de convaincre le comité d'attribution des greffes que Henry mérite de figurer sur la liste malgré ses 66 ans. La réponse est « non ». Il reste au patient une semaine à vivre. Alors qu'Henry est en mauvaise posture, une femme arrive trop tard aux urgences et décède des suites d'un accident de la route. Apparemment, elle se serait endormie au volant. Bien que ses organes aient été déclarés non viables, House tente de les récupérer pour son patient qui ne « méritait » pas d'en recevoir. Cuddy ne veut rien entendre et le mari, M. Neuberger, non plus. Afin de pratiquer un petit chantage émotionnel, House présente la fille de Henry au veuf et parvient à obtenir de lui qu'on prélève le cœur de sa femme.

Il ne reste plus à l'équipe de Diagnostics qu'à découvrir de quel mal était atteinte Mme Neuberger. Son cœur doit être sain pour ne pas risquer de contaminer son receveur.

Elle souffrait en fait de blennorragie, transmise par son mari !

La blennorragie (ou gonorrhée) est une maladie sexuellement transmissible. C'est une infection vénérienne des organes génito-urinaires, due au gonocoque (*Neisseria gonorrhoeæ*).

Les risques de complication sont importants pour la femme. Cette infection, si elle n'est pas traitée, se complique parfois de cystite chronique et surtout de rétrécissement urétral, aboutissant à une infertilité, des grossesses extra-utérines, etc.

Les signes comprennent : écoulement vaginal, saignements vaginaux anormaux, douleurs abdominales basses, dysurie…

Le diagnostic est établi par une culture pratiquée en laboratoire, et le traitement précoce par antibiotiques (pénicilline ou autres) est impératif, ainsi que la suppression de tous rapports sexuels jusqu'à guérison complète.

Dans cet épisode, on apprend que House…

– laisse Wilson emménager chez lui après une dispute avec sa femme.

Le moment odieux de House

M. Neuberger : *Elle ne voulait pas être gardée en vie artificiellement.*

House : *Elle n'est pas en vie, elle est morte. Elle ne souffre pas, elle ne sent plus rien. C'est plus que de la viande.*

M. Neuberger : *C'est ma femme.*

House : *C'était votre femme.*

« Housismes »

Quand un homme a un problème au cerveau et à l'entrejambe, c'est souvent qu'il n'utilise pas assez le premier et trop souvent le second.

C'est quand on culpabilise qu'on fait des cadeaux et, plus le cadeau est cher, plus la culpabilité est grande.

L'accessoire de House

Une partie de baby-foot avec Wilson.

House musique

« Honky Tonk Women » (Taj Mahal).

Guest star

Greg Grunberg

Il joue l'époux éploré. Ce comédien est surtout connu pour avoir été un agent de la CIA dans la série *Alias* et, depuis lors, Matt Parkman, le *Heroes* qui lit dans les pensées. Il est né le 11 juillet 1966, à Los Angeles.

ÉPISODE 37 (2x15)

VF/Bonheur conjugal - VO/Clueless

Prises de vicodine :

2

Le patient

Identité : Bob.

Âge : inconnu.

Profession : photographe (principalement pour les mariages).

Symptômes : crise hypoxique, langue et trachée boursouflées, défaillance pulmonaire, démangeaisons, douleurs aux extrémités, neuropathie, vomissements, arrêt cardiaque.

Intérêt : House s'intéresse à son cas parce que... un confrère le lui a adressé ; il s'amuse des pratiques sexuelles plutôt violentes du patient et de son épouse.

Le cas

Alors qu'il simule une scène de viol avec sa femme, Bob fait une crise hypoxique. Il présente des problèmes pulmonaires difficiles à expliquer, ainsi que des plaques rouges sur le torse, qui le démangent atrocement.

Erreur de diagnostic : empoisonnement aux métaux lourds

House demande de tester le plomb, le mercure et l'arsenic, puis d'aller au domicile du patient faire quelques prélèvements. Foreman y constate un nombre anormal de fourmis. En apprenant quelle race de fourmis est en présence, House balaye l'hypothèse. Les résultats étant négatifs pour le plomb, le mercure et l'arsenic, il conseille à Cameron de refaire ces tests et d'ajouter ceux d'allergies possibles au lactose et aux céréales. Le patient manifeste alors des douleurs insupportables dans les extrémités, un symptôme neurologique. Malgré les dosages infirmant sa théorie, House continue de penser qu'il s'agit d'un empoisonnement aux métaux lourds. À nouveau, Bob entre en détresse respiratoire. Les médecins tentent de l'intuber, mais, étant incapables d'y arriver, ils sont obligés de lui faire une trachéotomie. Foreman est convaincu qu'il s'agit d'un lupus rénal.

Erreur de diagnostic : lupus

C'est une maladie chronique et systémique – qui touche plusieurs organes – du tissu conjonctif Il s'agit d'une maladie auto-immune chronique où le système immunitaire s'attaque à ces tissus conjonctifs. On le soigne normalement avec des stéroïdes et des immunodépresseurs, seulement, dans les cas graves, les reins et le cœur peuvent s'arrêter de fonctionner. House pense que la femme de Bob l'empoisonne, se met dans l'idée de fouiller son sac à main, mais, n'y trouvant rien, il veut alors inspecter son vagin, car il croit qu'elle y cache le poison ! La femme refuse cet examen, et Cuddy ne donne pas son feu vert non plus. Bob fait un arrêt cardiaque.

Erreur de diagnostic : infection virale

L'ordonnance de House : Interféron

Mauvaise hypothèse. Le traitement n'a aucun effet et, comme l'état de Bob ne fait que s'aggraver, House préconise d'augmenter la dose.

Élémentaire, mon cher Wilson !

House assiste à la dispute entre un patient de la Consultation et sa femme, qui finit par balancer son alliance en or par terre. Le médecin la ramasse, la regarde... appelle Cameron pour qu'elle teste une allergie à l'or et interdit à l'épouse de Bob d'aller aux toilettes, car il ne veut pas qu'elle se lave les mains ; ainsi, il pourra prouver qu'elle empoisonne son mari avec du thiomalate de sodium d'or, médicament préconisé pour lutter contre l'arthrite, très utilisé au Mexique. Elle aime Bob, pourtant elle le tue à petit feu.

Diagnostic final : empoisonnement à l'or

Le thiomalate de sodium d'or, ou aurothiomalate de sodium, ou aurothiomalate disodique est utilisé comme anti-inflammatoire contre la polyarthrite rhumatoïde, et administré par voie intramusculaire. Ses effets secondaires sont légion : stomatite, goût métallique, prurit, éruption cutanée, eczéma, photosensibilisation, glossite, éosinophilie, thrombopénie, aplasie médullaire, anémie aplastique, syndrome néphrotique, réaction vasomotrice, ictère, bilirubinémie conjuguée, phosphatases alcalines, hépatite cholestatique, colite hémorragique, dépôt cornéen, fibrose pulmonaire, infiltrat pulmonaire, vascularite, érythème, surdité... Les contre-indications s'avèrent presque aussi nombreuses. Le produit est commercialisé au Mexique, mais pas aux États-Unis, ni en France.

Le pari de House

Il parie 100 dollars avec Cameron que le couple n'est pas si heureux en mariage que ce que ses pratiques sexuelles laissent supposer. Il gagne.

Dans cet épisode, on apprend que House...

– est un excellent jongleur.

– dans les placards de sa cuisine a surtout de la soupe et du beurre de cacahuètes.

– a un abonnement pour le New Yankee Workshop (programme de bricolage à la télévision).

– aime les pancakes aux noix de macadamia.

– n'aime pas que quelqu'un vienne faire le ménage chez lui (Wilson lui a prêté sa femme de ménage).

– a passé un moment de son enfance en Égypte, son père militaire ayant été en poste là-bas.

– apprécie que Wilson squatte chez lui. D'ailleurs, pour que Wilson reste chez lui, il supprime le message d'un agent immobilier.

Le moment odieux de House

Quand il traite un patient de *gros crétin en chaleur*.

La métaphore de House

Alors qu'il demande à Foreman la couleur des fourmis sur place, ce dernier lui répond qu'elles sont marron. House l'interroge sur la sorte de marron : marron « Halle Berry » (comédienne) ou marron « Beyoncé » (chanteuse), deux stars afro-américaines.

House musique

« Love and Happiness » (Al Green).

Épisode 38 (2x16)

VF/Protection rapprochée - VO/Safe

Prise de vicodine :

1

Le patient

Identité : Bardach, Melinda.

Âge : 16 ans.

Profession : lycéenne.

Antécédents médicaux : a subi une transplantation cardiaque.

Allergies : pénicilline, piqûres d'insectes, arachides.

Symptômes : choc anaphylactique, insuffisance cardiaque congestive, paralysie.

Intérêt : House s'intéresse à son cas parce que... Cuddy lui téléphone, mais c'est Wilson qui prend l'appel et explique à son colocataire que la jeune fille était dans une chambre stérile quand le choc anaphylactique a eu lieu.

Le cas

Melinda est immunodéprimée depuis sa greffe cardiaque, et sa mère veille à ce qu'aucun microbe ne pénètre dans sa chambre. Brossé de la tête aux pieds, un masque sur la bouche, son petit ami Dan gagne enfin le droit de lui rendre visite. Melinda montre alors des cloques sur la peau et fait un choc anaphylactique (réaction allergique).

Erreur de diagnostic : patiente allergique exposée à la pénicilline par voie sexuelle

Dan avoue à Chase et Cameron qu'il a passé, à l'insu de sa belle-mère, une nuit en compagnie de Melinda. Ils ont eu des rapports sexuels, mais le garçon affirme avoir pris toutes les précautions nécessaires. Toutefois, comme il n'a pas utilisé de préservatif, peut-être est-ce une allergie à son sperme. Cependant, le résultat du test est négatif. Dan confesse ensuite à House avoir pris le reste de traitement de pénicilline d'un copain, histoire de se prévenir de tous microbes avant de rendre visite à sa petite amie. Le problème est que la jeune fille est allergique à la pénicilline ! Melinda, prise d'une crise, crache un liquide blanc et mousseux et entre en insuffisance cardiaque congestive.

Pourtant, les examens après cet épisode ne révèlent aucun désordre cardiaque, ni aucune infection.

L'état de la patiente s'aggrave ; elle est atteinte de « steppage » (anomalie de la marche due à une attaque nerveuse), ce qui annonce une paralysie ascendante, qui va commencer par la perte de l'usage des jambes.

Erreur de diagnostic : syndrome de Guillain-Barré

C'est une maladie auto-immune inflammatoire qui affecte les nerfs périphériques de l'organisme Se caractérise par une faiblesse, voire une paralysie. Melinda doit subir une plasmaphérèse, utilisée pour éliminer les éléments toxiques du sang, par échange du plasma (partie liquide du sang) du malade par un autre plasma (celui d'un donneur). La paralysie continue malgré tout d'évoluer, atteint le thorax et oblige l'équipe médicale à la placer sous assistance respiratoire. House pense au botulisme et préconise, pour le vérifier, qu'on inocule le sang de Melinda à un rat.

Alors qu'il interroge la patiente sur une éventuelle entorse à son régime alimentaire, le médecin apprend que Dan n'a jamais pris de pénicilline, mais le même antibiotique qu'elle. Le choc anaphylactique ne pouvait donc pas venir de là.

Élémentaire, mon cher Wilson !

Il demande à Melinda si Dan est passé dans des hautes herbes le soir de sa visite interdite. Comme Cameron l'avait dit lors du diagnostic différentiel, House s'en remet à l'idée d'une morsure de tique. Il la retrouve dans le vagin de la patiente.

Diagnostic final : empoisonnement par une tique

C'est une intoxication provoquée par la morsure d'une tique. L'atteinte est caractérisée par une paralysie ascendante motrice symétrique, pouvant rapidement aboutir au décès du malade, si la tique n'est pas retirée rapidement.

Ce type d'empoisonnement est consécutif à l'injection d'une neurotoxine excrétée dans la salive du parasite durant la période où il est fixé sur l'hôte. Les symptômes se déclarent généralement quatre à sept jours après que la tique s'est fixée.

La symptomatologie clinique évoque en premier lieu une poliomyélite, et se manifeste d'abord par une atteinte des membres inférieurs et une perte de la coordination et de la force musculaire. La paralysie apparaît dans les 24 heures, s'étendant progressivement au reste du corps dans les heures qui suivent. Si la tique n'a pas été repérée et éliminée rapidement, l'atteinte des muscles respiratoires et de la déglutition peut conduire au décès du patient. Dans tous les cas, le retrait total de la tique demeure le seul moyen thérapeutique, et le seul diagnostic connu.

Dans cet épisode, on apprend que House...

– a le sens comique d'un ado de 15 ans. Wilson dort profondément, et House lui met la main dans une casserole remplie d'eau. C'est la fameuse blague qui fait qu'on s'urine dessus en plein sommeil ! Pour se venger, Wilson lui scie sa canne ; résultat, House se casse la figure dans le couloir de l'hôpital... et trouve très drôle d'avoir un camarade aussi malicieux que lui...

« Housisme »

Un grand point fort quand t'es vieux : t'es jamais obligé de rien.

Le moment odieux de House

House : *Six mois qu'elle n'a pas couché et le Dr Cuddy continue de porter des culottes brésiliennes ! Et, c'est son choix.*

Cuddy : *Il y avait longtemps qu'on n'avait pas parlé de mes petites culottes !*

La métaphore de House

Vous vous levez un matin, la peinture pèle, les rideaux ont dégagé, l'eau est bouillante... Quel problème vous traitez en premier ? Aucun des trois, la maison est en flammes !

House musique

« Orange Sky » (Alexi Murdoch) ; « Pain in My Heart » (Otis Redding).

Guest star

Michelle Trachtenberg

Michelle Trachtenberg interprète Melinda. On se rappelle son rôle de Dawn, la petite sœur de la Tueuse dans *Buffy contre les vampires*. Plus récemment, elle interprète la peste de l'Upper East Side, Georgina, dans la série *Gossip Girl*.

ÉPISODE 39 (2x17)

VF/Douze ans après - VO/All In

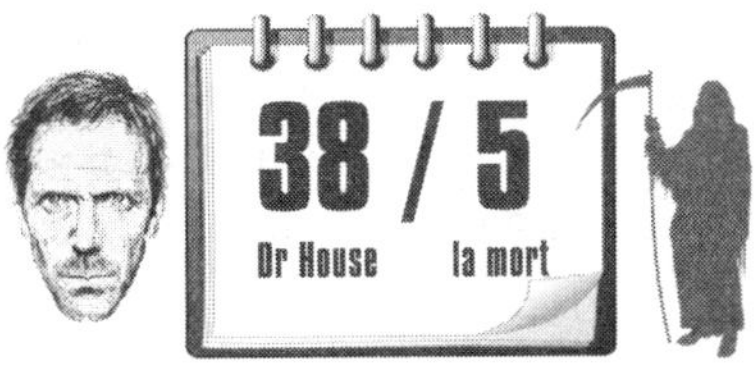

Prises de vicodine :

2

Le patient

Identité : Alston, Ian. Âge : 6 ans.

Profession : écolier.

Symptômes : diarrhée hémorragique, ataxie (pathologie neuromusculaire, problème de coordination des mouvements volontaires), insuffisance rénale, insuffisance hypophysaire, détresse respiratoire.

Intérêt : House s'intéresse à son cas parce que... à la table de poker de la soirée de charité de l'hôpital, un médecin parle à Cuddy de l'état d'un de ses patients, qui s'aggrave. La curiosité de House est alors piquée. Il se rend directement dans la chambre du garçon aux Urgences, lui fait un test neurologique tout simple et en conclut que le cerveau de Ian ne contrôle plus ses muscles. Rien à voir avec la gastroentérite que le Dr Cuddy avait diagnostiquée. Un cas qui rappelle à House celui d'une ancienne patiente, une septuagénaire du nom d'Esther, qu'il n'avait jamais réussi à résoudre ni à sauver.

Le cas

Ian, un garçon de 6 ans, est atteint de diarrhée hémorragique et montre aussi un dysfonctionnement neuromusculaire. Contrairement à l'opinion générale qui y voit une gastroentérite accompagnée de déshydratation, House est convaincu qu'il s'agit de la maladie de Chester-Erdheim.

Un cas identique – Esther Doyle, 73 ans – s'était présenté à lui des années auparavant et il était resté impuissant. La famille de la victime n'avait pas autorisé une autopsie qui aurait peut-être confirmé un Chester-Erdheim, une pathologie très rare. House voit en Ian une occasion de sauver Esther par procuration.

Cet échec est devenu une obsession pour lui. À plusieurs reprises, il s'est focalisé sur des dossiers aux symptômes proches en pensant qu'il y retrouverait une correspondance ; seulement, chaque fois il se trompait. Avec Ian, il répète le même schéma.

Cameron confirmant que les tests sont négatifs pour une maladie de Chester-Erdheim, House demande une biopsie des reins. Ceux d'Esther avaient cédé, et c'est aussi le triste sort de ceux d'Ian.

Erreur de diagnostic : lymphome

Lors du diagnostic différentiel, Cameron propose un lymphome. House ne l'avait pas cherché pour Esther. On fait subir à Ian un scanner du cerveau, et l'examen révèle une insuffisance hypophysaire qui pourrait confirmer le lymphome.

Mais Chase met en doute ce diagnostic, car, après tout, le scanner ne montrait qu'une masse non identifiée, et lui n'en a aucune confirmation par le bilan sanguin.

Le traitement prescrit par House semble protéger le foie d'Ian, seulement il entre en détresse respiratoire. Les médecins sont contraints de l'intuber.

Erreur de diagnostic : maladie de Kawasaki

L'équipe soupçonne une leucémie. House fait appel à Wilson qui infirme ce diagnostic et suggère une maladie de Kawasaki (type de vascularite : inflammation de la paroi des vaisseaux sanguins), une affection qui atteint principalement les enfants.

En fait, il ne s'agit pas d'un Kawasaki, mais, lors de l'examen, les médecins observent une masse dans le cœur. House pratique une biopsie et, pendant la procédure, Ian fait un arrêt cardiaque. Code bleu ! Huit minutes plus tard, l'enfant revient. Cet « incident » ne décourage pas House qui reprend le prélèvement là où la crise l'a interrompu.

Les parents sont fous de rage et font appeler Cuddy, qui débarque dans la salle de Diagnostic. Elle retire le cas à House, qui s'en lave les mains et demande qu'on teste le bout de la tumeur qu'il a réussi à prélever. Mais l'échantillon ne permet que trois examens alors que l'équipe a abouti à sept hypothèses.

C'est toujours l'impasse, et il ne reste qu'un test.

Élémentaire, mon cher Wilson !

Alors que, au petit matin, Wilson lui raconte comment il a remporté le tournoi de poker, avec une paire d'as, (*Depuis le début, les as étaient là...*) House en revient à son diagnostic premier, celui de Chester-Erdheim.

Ses assistants ne sont pas chauds à l'idée d'utiliser le dernier échantillon pour rechercher une maladie qui l'a déjà été. Mais House l'ordonne, et à raison.

Diagnostic final : maladie de Chester-Erdheim

Il s'agit d'une histiocytose rare, caractérisée par la prolifération anormale d'un type spécifique de leucocyte, l'histiocyte, ce qui a pour conséquence l'infiltration des tissus conjonctifs, en particulier la moelle osseuse des os longs, par des macrophages chargés en lipides, des cellules géantes multinucléées et des complexes inflammatoires lymphohystiocytaires.

La douleur osseuse est le symptôme le plus fréquent et affecte principalement les membres inférieurs (genoux et chevilles). Mais on constate également des signes neurologiques (ataxie) et une dyspnée causée par un épaississement de la plèvre.

Le traitement repose essentiellement sur l'administration de médicaments (corticoïdes, notamment).

Dans cet épisode, on apprend que House…

– aime fumer le cigare et jouer au poker (on l'y voit – tout de smoking vêtu – à la soirée de charité organisée par le département d'oncologie de l'hôpital).

– connaît des tours de magie (il fait disparaître un jeton de sa main).

– est prêt à faire sauter le cadenas de la cafétéria fermée pour récupérer le café dont il est en manque. Vraiment à cran dans cet épisode, il n'a pas surmonté un échec qui s'est produit 12 ans auparavant et en est toujours hanté.

« Housisme »

Comparativement à sa taille, le bigorneau a le plus gros pénis du règne animal.

L'accessoire de House

Une nouvelle canne. Une canne de prestige, avec une poignée chromée.
On la lui voit à la seule occasion de la soirée de charité de l'hôpital. Il s'agit d'une canne

avec une poignée en alpacca (alliage de cuivre, de zinc et de nickel).

Le moment odieux de House

House (à Chase, qui est en train de draguer une femme à la soirée de charité) : *Alors ? Elle en est où, cette fissure anale ? Elle est cicatrisée ou elle suppure encore ?* (En regardant la fille) *Oh ! excusez-moi, je ne savais pas que vous aviez remis ça. Je pensais qu'après la nana dans l'escalier, vous seriez calmé pour la soirée.*

Chase (à la fille) : *Il plaisante.*

House : *Pas de pomme d'Adam, des petites mains… Cette fois-ci, c'est bien une fille.*

House musique

« Deed I Do » (Diana Krall) ; « Hymn to Freedom » (Oscar Peterson – joué au piano par House).

Guest star

Laura Allen

Elle a étudié la sociologie et la criminologie avant de travailler pour la police de New York en tant que conseillère en violence conjugale, puis de devenir comédienne. On a pu la voir au cinéma dans *Le Sourire de Mona Lisa* (avec Julia Roberts) et notamment dans les séries *Les 4400* et *Dirt*.

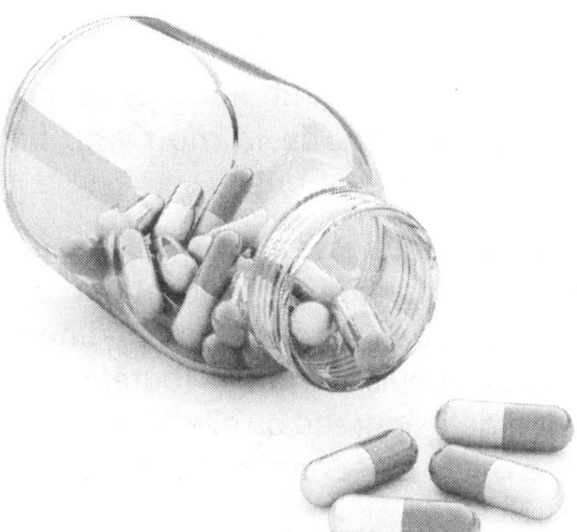

Épisode 40 (2x18)

VF/Insomnies - VO/Sleeping Dogs Lie

Prises de vicodine :

2

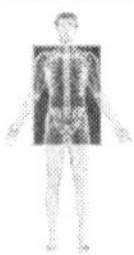

Le patient

Identité : Hannah. Âge : 25 ans

Profession : inconnue.

Antécédents médicaux : sumac vénéneux traité aux corticoïdes.

Allergies : supposée aux poils de chiens.

Symptômes : insomnie, hémorragie rectale, saignements de nez, troubles de la motricité, hémorragie interne, défaillance hépatique.

Intérêt : House s'intéresse à son cas parce que... Cuddy le lui présente. Il pense que ce dossier est plutôt du ressort d'un psy et refuse de croire que cette jeune femme n'a pas fermé l'œil depuis 10 jours. Toutefois sa curiosité est piquée lorsqu'il apprend qu'elle n'a même pas dormi après la prise d'une boîte entière de somnifères.

Le cas

Hannah, sujette aux insomnies, en arrive à avaler une boîte de somnifères. Sa compagne, Max, appelle une ambulance. La patiente n'avait pas dormi depuis huit jours.

L'équipe de Diagnostic pense, à tort, à une maladie du nerf optique (neuropathie, trouble qui endommage les nerfs périphériques, qui transportent l'information entre le système nerveux central et le reste du corps).

House préconise plutôt, pour découvrir son affection, qu'on la rende encore plus malade en stimulant son cerveau et la privant ainsi des quelques micro-assoupissements dont elle jouit encore.

Le résultat de cette approche est une hémorragie rectale.

En outre, pendant que Foreman pratique une coloscopie, Hannah se met à saigner abondamment du nez.

Erreur de diagnostic : maladie de Wegener (ou granulomatose de Wegener)

Maladie qui se caractérise par l'inflammation de certains vaisseaux sanguins (vascularite), gênant ainsi l'arrivée du sang vers les différents organes.

L'ordonnance de House : plus de corticoïdes

Quand la patience montre un trouble de la motricité, House exclut le Wegener. Alors que Cameron lui apprend que la patiente fait une allergie aux poils de chiens et qu'elle a dû, au bout d'un mois, se séparer du chien offert par sa copine, House en conclut qu'elle n'est pas allergique à l'animal et qu'elle a seulement l'intention de plaquer son amie. En effet, étant sous corticoïdes pour son sumac vénéneux au moment où le chien est entré dans sa vie, elle aurait dû être protégée contre toute allergie.

Hannah fait une hémorragie interne massive, et son foie est mort. Il lui en faut un nouveau, seulement comme le comité de greffe ne l'inscrira jamais sur la liste étant donné qu'elle n'est pas diagnostiquée, Max propose de lui donner un bout du sien.

La greffe a lieu, Max fait un arrêt cardiaque sur la table d'opération, mais on parvient à relancer son cœur.

De son côté, l'état d'Hannah ne s'améliore pas, même si la greffe a bien pris.

Malgré le danger, House demande qu'on lui retire tous les immunosuppresseurs, une intervention qui aura le rejet du foie comme conséquence inévitable.

Élémentaire, mon cher Wilson !

L'équipe se demande si ces deux femmes n'ont pas voyagé et attrapé une maladie à l'étranger. Mais le couple affirme ne pas être sorti de l'État. House s'interroge sur la provenance du fameux chien reçu en cadeau. *Le chenil du Blue Barrel*. House explique que le Blue Barrel est une variété de cactus. *Vous avez déjà vu beaucoup de cactus dans le New Jersey ?*

Il se précipite dans la chambre de la patiente, observe ses bras et trouve sous l'une de ses aisselles un gros bubon. Hannah a la peste, transmise par les puces du chien.

Diagnostic final : peste bubonique

Maladie à multiples facettes, mortelle pour l'homme, elle est causée par le bacille *Yersinia pestis* et est principalement véhiculée par un rat, le *Rattus rattus*, qui la transmet à l'homme par l'intermédiaire de puces infectées. Les animaux domestiques, chiens et chats, peuvent être des sources d'infection quand ils sont contaminés par les puces de rongeurs. Les puces demeurent infectieuses pendant des mois.

Après une incubation de moins d'une semaine apparaît brutalement un état septique avec fièvre élevée, frissons, vertiges, sensation de malaise. Au deuxième jour, l'examen clinique détecte le bubon (une adénopathie, c'est-à-dire un ganglion augmenté de volume).

Un diagnostic biologique doit confirmer le diagnostic clinique, et la ponction des ganglions fluxionnaires (bubon) avec examen au microscope après coloration (examen direct) doit être pratiquée. Il peut être nécessaire d'inciser le bubon et de faire un drainage. Le traitement par antibiotiques à haute dose est de rigueur.

Les accessoires de House

Il a une nouvelle canne courbe en noyer : la « Standard J Handle – Walnut ».

Le livre de médecine *Gray's Anatomy* (dont s'est inspirée la créatrice de la série *Grey's Anatomy* pour intituler sa série !).

Le moment odieux de House

Cameron : *Vous savez ce que ça fait de se faire enfoncer un tuyau de deux mètres dans l'anus ?*

House : *Non, par contre j'ai subitement un énorme respect pour le petit ami basketteur que vous avez eu à la fac.*

Dans cet épisode, on apprend que House…

– connaît le mandarin.

« Housisme »

Nos enfants sont l'avenir du monde (sur un ton ironique !).

ÉPISODE 41 (2x19)

VF/House contre Dieu - VO/House vs. God

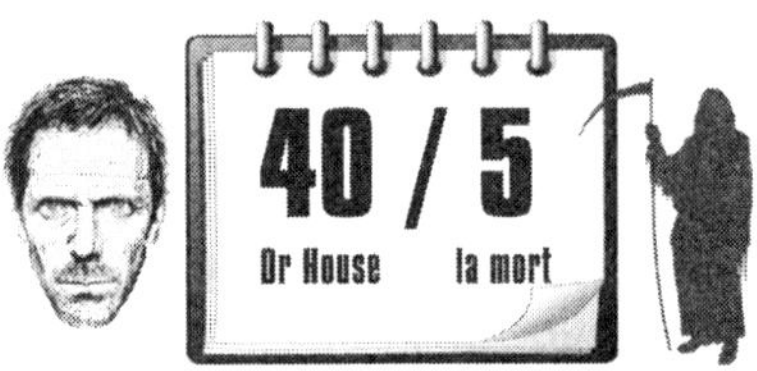

House 3 / Dieu 3

Prise de vicodine :

1

Le patient

Identité : **Mullins, Boyd.**

Âge : **15 ans.**

Profession : **guérisseur évangéliste.**

Symptômes : **crampes abdominales, convulsions, taux de sodium bas, fièvre, visions hallucinatoires.**

Intérêt : **House s'intéresse à son cas parce que... Dieu parle au patient ! Il ne raterait ça pour rien au monde.**

Le cas

En plein prêche, un jeune garçon se targuant de soigner les malades par apposition des mains est pris d'une douleur aiguë à l'abdomen.

Erreur de diagnostic : excès d'ingurgitation d'eau entraînant une baisse du sodium, qui à son tour conduit aux crampes

Boyd est dans le couloir de l'hôpital ; il chante des odes à Dieu, se trouve dans une sorte de transe, puis s'adresse à une patiente : *Dieu te dit de ne pas avoir peur. Dieu m'envoie te guérir...* Il touche Grace, une patiente de Wilson atteinte de cancer.

L'équipe fait passer à Boyd une IRM pour voir si le problème ne se situe pas dans son cerveau.

Erreur de diagnostic : sclérose tubéreuse

Ce que montre l'IRM est une affection rare et congénitale. Elle se caractérise par des anomalies de certaines cellules embryonnaires qui conduisent au développement de tumeurs bénignes atteignant différents organes.

Étant dans une zone cérébrale délicate, ces tumeurs, bien que bénignes, doivent être retirées chirurgicalement.

Boyd refuse l'intervention si elle doit mettre en péril sa relation « téléphonique » avec Dieu, mais Wilson lui fait entendre raison.

Après avoir refait des clichés du foie de Grace, l'oncologue constate que la tumeur a régressé.

Sur ce, Boyd et son père retirent leur accord pour la chirurgie.

House adopte une nouvelle stratégie : il fouille dans l'historique du dossier médical de Grace pour prouver qu'elle est toujours condamnée. C'est à son avis le seul moyen qu'il a trouvé pour prouver à Boyd que son incantation n'a eu aucun impact et qu'il doit passer à la chirurgie.

Décidé à quitter le Princeton-Plainsboro, Boyd en est empêché par une importante montée de fièvre, un symptôme qui ne colle pas avec la sclérose tubéreuse.

Est-ce une infection ? *L'heure de la ponction lombaire a sonné !* Cependant, Boyd ne veut plus de « médecine terrestre » et convainc son père de ne pas accepter de donner son accord pour plus d'examens.

Élémentaire, mon cher Wilson !

Dans le couloir, House parle avec Wilson, qui lui explique que la fièvre n'est peut-être pas un symptôme de plus, mais le signe d'une infection attrapée depuis peu, peut-être même à l'hôpital. House se demande alors si Boyd n'a pas refilé, en plus, ce virus à Grace : sa tumeur se serait résorbée, car le virus aurait d'abord agi sur le cancer.

L'un des virus les plus enclins à griller les cellules cancéreuses, c'est l'herpès.

Diagnostic final : sclérose tubéreuse de Bourneville et herpès

La sclérose tubéreuse de Bourneville est une maladie autosomique dominante (maladie génétique) faisant partie des phacomatoses (maladies qui impliquent des anomalies de développement du tissu ectodermique, aboutissant à de nombreuses tumeurs bénignes de petite taille – phacomes – cutanées, nerveuses et oculaires).

L'atteinte cutanée et neurologique (cardiaque et cérébrale) est quasi constante. Celle des reins ou de la rétine est fréquente.

L'herpès est une maladie virale chronique très contagieuse, responsable d'éruptions cutanées récidivantes.

Cette maladie ne peut jamais être totalement guérie et impose donc au porteur de prendre des précautions, y compris en dehors des crises (il reste potentiellement contagieux).

Le virus de l'herpès, *Herpes simplex virus* (HSV), appartient à la famille *Herpesviridæ*. Cette famille, qui comprend aussi le virus de la varicelle et du zona, est responsable des herpès oro-faciaux (le classique « bouton de fièvre » sur les lèvres), ainsi que de bon nombre d'herpès neuroméningés et ophtalmiques et des herpès génitaux par contamination oro-génitale.

Le traitement consiste en l'administration d'antiviraux adaptés à la forme et au siège de la pathologie.

Dans cet épisode, on apprend que House...

– a des comptes à régler avec Dieu. *Comment différencier un fou d'un religieux, ils se ressemblent tellement...*

– ne veut pas que Wilson vienne à sa soirée poker du jeudi. Quand House lui demande de convaincre Boyd de se faire retirer ses tumeurs au cerveau, Wilson accepte de lui parler si House l'invite au poker. James remplit sa part du contrat et Greg aussi, en lui demandant d'apporter des bretzels.

– invite à la soirée poker des types dont il ne connaît même pas le nom.

L'accessoire de House

Son yo-yo.

Le moment sarcastique de House

Chase : *Vous allez parler à un patient ?*

House : *Ben, si Dieu s'en donne la peine, je vais pouvoir quand même faire un petit effort.*

La remarque sexuelle de House

Boyd : *Les infirmières parlent beaucoup de vous.*

House : *Faut pas les croire, je mets une chaussette dans mon froc.*

« Housisme »

(Pour échapper à Wilson)
Il faut que j'y aille, c'est plein de malades ici. Je n'aimerais pas en croiser !

House musique

« Oh Happy Day » (Ladysmith Black Mambazo) ; « What a Friend We Have in Jesus » – (joué au piano par House) ; « My Journey to the Sky » (Sister Rosetta Tharpe).

Guest star

Thomas Dekker

Il est né le 28 décembre 1987 à Las Vegas et commence sa carrière de comédien à six ans dans *Les Feux de l'amour*. Tout en grandissant, il défile dans *Urgences*, *Star Trek : Générations*, *Chérie, j'ai rétréci les gosses*, adaptation télé du film. On le voit dans la première saison de *Heroes*, puis il devient John Connor, jeune héros de la série *Terminator : The Sarah Connor Chronicles*.

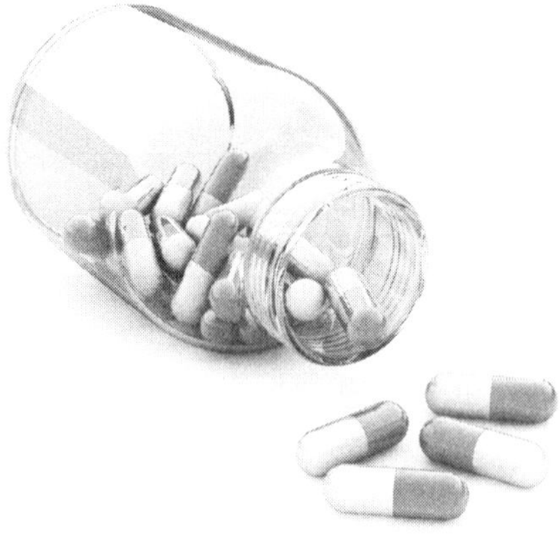

ÉPISODE 42 (2x20)

VF/De l'autre côté - VO/Euphoria part 1

Prise de vicodine :

0

Le patient

Identité : Luria, Joe.

Âge : inconnu.

Profession : policier.

Symptômes : euphorie, empoisonnement au monoxyde de carbone, contractures musculaires, cécité, douleurs insupportables.

Intérêt : House s'intéresse à son cas parce que... il trouve l'euphorie du policier curieuse. Un flic avec le sens de l'humour !

Le cas

Lors d'une arrestation, un policier, Joe, curieusement euphorique, reçoit des éclats de balle dans la tête.

L'équipe le place dans un caisson hyperbare (pression supérieure à la pression atmosphérique) : son cerveau n'est pas assez oxygéné. Foreman se rend chez le patient et découvre une véritable porcherie et, en plus, une serre où on y fait pousser de la marijuana. House, de son côté, va au commissariat et suspecte une légionellose.

Le patient est traité pour cette affection, et elle disparaît. Cependant, un nouveau symptôme se déclare : une cécité. Le patient continue pourtant de penser qu'il peut voir. House pense qu'il a un caillot dans le cerveau, mais la balle logée dans sa tête empêche de pouvoir faire une IRM.

En espérant que le caillot vient du cœur, House fait pratiquer une angiocardiographie. On ne trouve rien, mais, pendant l'examen, Joe fait de la tachycardie, une hémorragie intracrânienne et est envoyé au bloc opératoire.

Pendant ce temps, Foreman montre des signes d'euphorie complètement anormaux. House le place en quarantaine, dans la même chambre que Joe. Eric, lui, va pouvoir passer l'IRM. Malgré le danger, Cameron se propose de retourner chez Joe, où Foreman a sans doute attrapé la même chose que le policier. Mais, à bien y penser, c'est inutile, puisqu'il suffit d'analyser les échantillons déjà prélevés et entreposés au labo.

Foreman pense à un staphylocoque. House, pour sa part, en doute et préconise de lui faire une biopsie cérébrale, qui ne révèle rien.

Quand Foreman apprend que House a défendu à Cameron de retourner chez Joe, il se met en colère et la pique avec une seringue contaminée. De cette façon, il l'oblige à le sauver, car elle sera atteinte elle-même.

Foreman n'en pouvant plus d'entendre Joe hurler de douleur, il lui injecte de la morphine par la carotide malgré le danger et bien qu'on lui ait déjà administré la dose maximum. Cela n'a aucun effet, car le policier souffre d'hyperalgésie : le centre du cerveau qui gère la douleur ayant été atteint, il ne reste plus qu'à le mettre dans le coma avant que la douleur ne l'achève.

☒ Erreur de diagnostic : Cryptococcus neoformans

En parlant avec Foreman, House se rend compte que Cameron est retournée à l'appartement. Il l'y retrouve et inspecte le sac de prélèvements qu'elle a recueilli. Il ne comprend pas pourquoi Joe garde autant de pain alors qu'il se fait sans cesse livrer des pizzas. Il demande à la jeune femme de retourner chercher des pigeons, qui accourent ! Joe garde leurs fientes, vecteurs de *cryptococcus neoformans*. Le champignon pénètre dans le cerveau et provoque les symptômes d'euphorie, de cécité et d'hyperalgésie.

Les médecins commencent le traitement, toutefois, l'analyse faite par Cameron révèle que House s'est trompé. Joe s'enfonce et décède. **À suivre...**

Dans cet épisode, on apprend que House...

– a beaucoup d'amendes pour excès de vitesse.

– se fait du souci pour Foreman.

L'accessoire de House

Sa balle de base-ball avec laquelle il jongle en utilisant sa canne.

Les moments sarcastiques de House

Cameron : *Il s'est fait tirer dessus ?*

House : *Non, une balle est passée par là.*

Cuddy : *Je ne peux même pas imaginer la logique tordue qui vous a conduit à tirer sur un cadavre.*

House : *Si j'avais tiré sur quelqu'un de vivant, il y aurait eu beaucoup plus de paperasse.*

Épisode 43 (2x21)

VF/Au suivant... - VO/Euphoria part 2

Prise de vicodine :

0

Le patient

Identité : Foreman, Eric.

Âge : inconnu.

Profession : médecin.

Symptômes : euphorie, cécité (syndrome d'Anton), défaillance pancréatique, vomissements, contractures musculaires, hyperalgésie.

Intérêt : House s'intéresse à son cas parce que... cet épisode fait suite au précédent.

Le cas

Joe est mort dans le premier épisode, et House veut l'autopsier afin de sauver Foreman. Cuddy refuse. Ce cas est une catastrophe sanitaire pour l'hôpital. Alerte de niveau 3.
Tic-tac... Dans 36 heures, Foreman devrait mourir à son tour.

House décide de faire pratiquer l'autopsie par Foreman, en utilisant la « technique du pic à glace ». Malheureusement, Foreman montre le même symptôme que Joe précédemment : un aveuglement, sans en avoir conscience.

Malgré le danger d'interactions médicamenteuses, House prend la décision de donner à son collègue tous les remèdes possibles contre les champignons, les virus, les bactéries...
House, emportant son rat, Steve McQueen, retourne chez Joe en suivant le chemin exact de Foreman lors de sa prise de prélèvement. De retour à son bureau, à l'aide d'une webcam, il observe le rat qu'il a laissé à son appartement.

Le cocktail de cachets semble avoir eu un effet sur Foreman, qui est à nouveau en mesure de voir. Mais quel traitement s'est révélé efficace dans cette somme ? En plus, son collègue montre une défaillance pancréatique causée par les médicaments. House explique à Foreman qu'il est préférable d'arrêter le traitement. Il reperdra sans doute la vue, mais son pancréas se remettra.

La douleur de Foreman a maintenant atteint le niveau huit de l'échelle. La maladie évolue de la même manière que chez Joe, quoique beaucoup plus rapidement. Est-ce parce que Foreman est noir ? Un certain nombre de maladies atteignent davantage les Noirs que les Blancs.

House s'étonne surtout que Steve McQueen soit toujours en bonne santé.

Il se rappelle que Joe avait aussi la légionellose, alors que Foreman était en parfaite santé. C'est ce qui les différencie. House inocule alors à Foreman la maladie, puisqu'elle avait ralenti l'affection inconnue dans le cas de Joe.

Mais la question demeure : quel type de bactérie peut toucher les humains et pas les rats ?

Erreur de diagnostic : listeria

C'est une bactérie très répandue dans l'environnement, qu'on trouve dans le sol, la végétation, l'eau, les égouts et les matières fécales des animaux, des humains...

L'ordonnance de House : antibiotiques

Foreman n'y croit pas. Il a la conviction que la première biopsie pratiquée sur son cerveau n'allait pas assez loin et demande à House qu'il aille voir dans sa substance blanche (tissu du système nerveux constituant la partie interne du cerveau et la partie superficielle de la moelle épinière, elle permet la transmission des impulsions nerveuses de et vers les neurones. On la considère schématiquement comme la partie du cerveau responsable de la transmission des informations). House refuse, pour le moment, lui expliquant que c'est la peur de la douleur qui l'empêche de prendre de bonnes décisions.

Les antibiotiques soignent la légionellose sans améliorer d'un iota l'état de Foreman, qui souffre le martyre. Il va être plongé dans un coma médicamenteux pour ne plus avoir à supporter la douleur. House, ne voulant toujours pas se résoudre à faire pratiquer la biopsie, retourne chez Joe dans l'espoir de trouver d'autres cadavres d'animaux à autopsier. Il repère un pigeon aveugle... qu'il n'arrive pas à attraper.

Élémentaire, mon cher Wilson !

Dans la serre où Joe faisait pousser son herbe, House remarque qu'il y a deux systèmes d'irrigation. L'eau testée par l'équipe s'était révélée saine, seulement il s'agissait de la mauvaise eau. Jamais le dernier à faire de petites économies, Joe piratait de l'eau, qui, elle, grouille de *nægleria* (parasite).

Complication

Cameron, de son côté, a pratiqué la biopsie et le constate en même temps que lui : placé sous antiparasitaire, Foreman guérit. Sans séquelles neurologiques. Ou presque. Maintenant, il inverse sa droite et sa gauche.

Diagnostic final : légionellose (inoculée) et méningo-encéphalite amibienne primitive causée par une infection de Nægleria fowleri

La légionellose est une maladie infectieuse due à une bactérie d'origine hydrique de la famille des *Legionellaceæ*, dont la plus connue est *Legionella pneumophila*. La bactérie se développe dans des eaux réchauffées et dans un milieu organique favorable à leur développement, riche en fer, zinc, aluminium.

La maladie se contracte par l'inhalation de gouttelettes d'eau contenant des bactéries, en suspension dans l'air. Il peut s'agir d'une douche avec de l'eau contenant des bactéries, ou de l'inhalation d'aérosols provenant d'une installation de tours aéroréfrigérantes. La bactérie se développe principalement dans les eaux tièdes et chaudes, c'est-à-dire précisément ce que l'on peut trouver dans les installations d'eau chaude ou de circuits de tours aéroréfrigérantes. Le bacille vit idéalement à 37 °C, voire dans une fourchette de températures supérieures. C'est pourquoi il est recommandé de régler son chauffe-eau à une température de 60 °C pour tuer le bacille (et pas plus haut pour éviter l'entartrement des canalisations). Elle se caractérise, dans sa forme aiguë, par une infection pulmonaire aiguë pouvant entraîner le décès dans un peu plus de 15 % des cas. Le délai d'incubation est de 2 à 10 jours.

Cette maladie n'est pas contagieuse.

La méningo-encéphalite amibienne primitive est une infection rare imputable à *Nægleria fowleri*. Lors d'une exposition apparemment liée à l'inhalation de poussières ou de gouttelettes contenant *Nægleria fowleri*, sous sa forme kystique ou végétative, la période d'incubation pourrait durer jusqu'à deux à trois semaines, mais peut se limiter à trois ou cinq jours. Elle entraîne l'apparition brutale de maux de tête, fièvre modérée, nausées, parfois associées à une irritation de la gorge et une rhinite. Le tout peut s'accompagner de léthargie, raideur de la nuque, photophobie, diverses atteintes oculaires, convulsions involontaires, évoluant rapidement vers un syndrome confusionnel, une hyperthermie (39 à 41° C), des vomissements et crises épileptiformes, puis un coma irréversible (œdème cérébral, congestion des méninges). La mort de la personne atteinte, par dépression respiratoire, survient après moins d'une ou deux semaines suivant l'apparition des symptômes.

Le scanner, l'IRM et l'EEG permettent de poser le diagnostic. Certains antibiotiques s'avèrent efficaces, mais le pronostic est le plus souvent catastrophique.

Dans cet épisode, on apprend que House...

– regarde la série *24 Heures chrono.*

Le moment sarcastique de House

Foreman : *Je préfère être handicapé que mort.*

House : *Ben tiens, c'est vrai que sur moi c'est super-sexy ! Mais en fait ce n'est pas toujours aussi glamour que ça en a l'air !*

Le moment politiquement incorrect de House

House et le père de Foreman entrent dans le bureau de Cuddy.

Cuddy : *House, qu'est-ce que c'est ?*

House : *Pas qu'est-ce que c'est, mais qui est-ce ! Ils ont le droit de vote désormais !*

House musique

« One Safe Place » (Marc Cohn).

Guest star

Charles S Dutton

Tête connue du petit écran (*The L Word, FBI : Portés disparus, Oz*...), il se partage avec le cinéma (*Alien 3, Seven*...). Il a même réalisé un film, *Dans les cordes*, dans lequel jouait Omar Epps, alias le Dr Foreman dans *Dr House*.

ÉPISODE 44 (2x22)

VF/À la vie, à la mort - VO/Forever

Prise de vicodine :

1

Le patient

Identité : Mason, Kara. Âge : 32 ans.

Profession : mère au foyer.

Antécédents médicaux : alcoolisme.

Allergies : gluten.

Symptômes : convulsions (non épileptiques), hypercalcémie, hémorragie cérébrale, pellagre (une carence de l'alimentation en vitamines B3), syndrome encéphalopathique, vomissements de sang.

Intérêt : House s'intéresse à son cas parce que... Cuddy a muté Chase en néonatologie pour 15 jours. Celui-ci a pris ce cas et désire l'avis de House. Cameron, qui fait le messager, le lui expose. House n'est d'abord pas très accroché : *Les convulsions, c'est marrant à regarder mais pas à diagnostiquer.* Pourtant toutes les explications possibles ont été rejettées par les Urgences. Il n'en faut pas plus à House !

Le cas

Un homme retrouve sa femme dans la baignoire en train de convulser, alors qu'elle devait tenir dans ses bras son nourrisson de quatre semaines (Mickey), qui s'est alors retrouvé au fond de l'eau. En réanimation en néonatalogie, Mickey fait un collapsus pulmonaire (il n'a pas assez d'oxygène), pendant que sa mère, dans la salle d'IRM, fait une hémorragie. Mickey est branché à une machine qui retire son sang, en éjecte le CO_2 et le lui retransfuse, réchauffé. C'est le meilleur moyen de combattre l'infection. Kara, elle, fait une hémorragie cérébrale, et coagule mal.

Foreman s'est rendu au domicile des Mason, n'a trouvé aucune drogue, mais une bouteille de vodka cachée, signe d'alcoolisme repenti. En effet, Kara et son époux se sont rencontrés aux Alcooliques anonymes. Alors que son bébé a été rendu à Kara pour qu'elle le materne un peu, House la surprend à vouloir l'étouffer. Elle entendait des voix lui disant que son bébé serait plus heureux ainsi. L'état de Mickey est stable après cet incident ; néanmoins le manque d'oxygène a lésé ses reins. Il doit être mis sous dialyse. De plus, si son potassium ne redescend pas, il fera une crise cardiaque.

Erreur de diagnostic : psychose post-partum

Pour voir si elle n'avait pas simulé les premières convulsions pour détourner l'attention alors qu'elle avait tenté de noyer son fils, House veut déclencher chez Kara une autre crise.

Le test provoque une rigidité musculaire, des mouvements de préhension et de succion incontrôlés, ce qui révèle un syndrome encéphalopathique. Ce délire montre que le cerveau est atteint et ne s'acquitte plus que des fonctions instinctives.

C'est la fin pour Mickey, qui vient de décéder. En apprenant la nouvelle, Kara devient hystérique et se met à vomir du sang.

Élémentaire, mon cher Wilson !

House demande un peu d'attention à Chase, qui se morfond d'avoir perdu le bébé et déclare qu'il aurait dû lui administrer d'autres médicaments (polystyrène). En entendant ce nom, il suppose que le bébé avait la même maladie que sa mère et veut l'autopsier. Devant le refus du père, House le confronte à ses mensonges : s'il vomissait le matin de l'attaque de sa femme, ce n'était pas une gastroentérite, mais seulement une gueule de bois. Il continuait à boire, pour ne plus entendre son fils et sa femme pleurer. House obtient l'accord du père pour pratiquer un biopsie de l'intestin à l'enfant.

Diagnostic final : maladie cœliaque

Maladie auto-immune, caractérisée par une atteinte de tout ou partie des villosités recouvrant l'intestin grêle, elle est due à une intolérance au gluten (résidu protéique de l'extraction de l'amidon du blé) et aux protéines apparentées que l'on trouve dans certaines céréales (blé, seigle, orge, épeautre, avoine). Il en résulte une mauvaise absortion et donc des carences alimentaires accompagnées de troubles digestifs sévères. Le diagnostic repose sur des analyses (dosages des anticorps) et une biopsie de la muqueuse duodénale. Les personnes cœliaques doivent s'abstenir à vie de consommer les produits contenant ces glutens, ce qui permet une régression complète des symptômes de la maladie.

Complication

La patiente refuse que Wilson s'occupe de son cancer. Elle a tué son fils et ne pense pas mériter de vivre. House tente de la convaincre, mais elle n'a plus envie de vivre.

Dans cet épisode, on apprend que House…

– a compris que Cuddy cherchait à faire un enfant, d'où le rendez-vous avec Wilson. Elle « caste » les donneurs potentiels. House demande quand ce sera son tour.

– est prêt à payer pour récupérer le contenu de la poubelle de Cuddy et ainsi découvrir pourquoi elle a invité Wilson à dîner.

– regarde la série *The L Word* (mettant en scène la vie d'une bande de copines lesbiennes).

L'accessoire de House

Son yo-yo.

Le moment odieux de House

En parlant de Foreman : *Non mais, franchement, ce n'est pas parce qu'il a failli claquer qu'il doit faire une tête d'enterrement.*

Le moment politiquement incorrect de House

Wilson : *Je dîne avec Cuddy.*

House : *Toujours à lui lécher les bottes pour qu'elle finance un espace de jeux pour tes petits cancéreux ? Ils feraient mieux de garder leur énergie pour autre chose. Comme pleurer !*

House musique

« Over Yonder » (The American Boychoir).

Le moment sarcastique de House

Foreman : *Vous êtes accro aux conflits.*

House (regardant son flacon de Vicodin) : *Quoi ? Ils ont changé le nom ?*

Les métaphores de House

L'infection risque ni plus ni moins de se déchaîner comme des hooligans un soir de championnat.

Son cerveau ne va pas tarder à mettre la clé sous le paillasson.

Guest star

Hillary Tuck

Kara Mason est incarnée par la trentenaire Hillary Tuck, vue dans la série télé *Chérie, j'ai rétréci les gosses* et faisant des multiples apparitions le temps d'un épisode dans des programmes comme *Bones, Ghost Whisperer, Life, Cold Case, FBI : Portés disparus*…

Épisode 45 (2x23)

VF/De père inconnu - VO/Who's Your Daddy ?

Prise de vicodine :

1

Le patient

Identité : Crandall, Leona. Elle est la petite-fille de Jesse Baker, un pianiste de jazz.

Âge : 16 ans.

Profession : pour l'instant rescapée de l'ouragan Katrina.

Antécédents familiaux : hémochromatose génétique.

Symptômes : hallucinations, tachycardie (choc cardiogénique), selles sortant par la bouche.

Intérêt : House s'intéresse à son cas parce que... il est intrigué que la jeune fille ait fait un choc cardiogénique sans infarctus. De plus, il s'avère que le père de Leona, Dylan Crandall, est un vieil ami de House (quand ils avaient vingt ans). L'homme lui demande de soigner sa petite.

Le cas

Dans un avion, une jeune fille de la Nouvelle-Orléans, qui a connu la catastrophe de l'ouragan Katrina, hallucine. C'est comme si elle se retrouvait dans l'eau à nouveau.

Prise de tachycardie, elle s'effondre. Il s'agit d'un choc cardiogénique, mais sans infarctus.

House ne croit pas du tout que Dylan est le père de Leona. Il est sûr que Crandall est en train de se faire arnaquer. Son intention est de lui faire subir un test de paternité, mais son ami refuse de mettre la parole de Leona en doute.

Le médecin décide que, malgré le danger d'une telle expérience, il faut déclencher une nouvelle crise chez Leona pour vérifier l'activité électrique de son cœur.
Lors de l'examen, la source du problème semble trouvée et circonscrite.

En réalité ce n'est pas le cas. Leona se remet à halluciner quelques heures plus tard. House n'est pas sûr qu'il s'agisse d'hallucinations et se demande si ce ne sont pas des convulsions. À moins que ses hallucinations ne soient une réponse à une douleur importante, dont la cause serait une maladie auto-immune.

Erreur de diagnostic : maladie auto-immune

Pour tester sa douleur, il n'y a qu'un moyen : faire mal. Après un cocktail de peau piquée, de paroles odieuses et de doigt tordu : le résultat est concluant. Leona hallucine bien quand elle souffre.

Pour soigner cette supposée maladie auto-immune, une greffe de moelle est nécessaire. Cela ne va pas de soi, vu la disparition de sa famille entière... House ne croit toujours pas que Dylan soit le père. Son ami, lui, veut être testé pour la compatibilité, et il s'avère qu'il ne l'est pas.

Cependant, une donneuse a été trouvée. Dans la salle de radiation, Leona montre un nouveau symptôme : du sang mêlé à de la matière fécale coule de sa bouche, comme la lave d'un volcan.

House demande une biopsie du foie. Or, au moment où Foreman et Chase étaient sur le point de pratiquer l'intervention, ils sont sommés par House d'arrêter. La cause de cette volte-face provient tout simplement du fait qu'il écoutait un disque du grand-père pianiste.

Dans cet enregistrement, l'homme se plaignait que le piano était mal accordé et que le jeu en devenait faux.

Selon House, l'interprétation est parfaite et c'est en fait la perception auditive du musicien qui était faussée. Une hémochromatose, maladie génétique caractérisée par une hyperabsorption du fer par l'intestin, entraîne son accumulation dans l'organisme et cause cette altération.

Les analyses révèlent en effet un taux de fer élevé. Le traitement approprié, la déféroxamine, devrait résoudre ce dysfonctionnement héréditaire.

Il n'en demeure pas moins que Leona entre dans une nouvelle crise, qui l'empêche complètement de respirer. Chase l'intube.
Le traitement a bien évacué le surplus de fer, seulement une partie a été déviée et s'est mise à transpercer ses alvéoles pulmonaires. L'équipe en vient à soupçonner un champignon, l'aspergillus.

Malheureusement, Leona ne répond pas au traitement contre l'aspergillose. Il s'agit forcément d'un autre champignon. Lequel ? L'équipe médicale a besoin de savoir où elle traînait. Comme elle est sous respirateur, elle ne peut pas parler, mais House la réveille. Il va lui poser des questions et attendra les réponses grâce à des clignements de paupières.

Comme il le pensait, la jeune fille avait bien menti à Crandall : elle n'était pas dans un foyer, mais dans un studio d'enregistrement. L'isolation phonique de ce genre de pièces absorbe aussi l'humidité. Le champignon est, par conséquent, une zygomycose, présent dans les moisissures importantes.

Diagnostic final :
hémochromatose génétique et zygomycose

L'hémochromatose est une maladie génétique caractérisée par une hyperabsorption du fer par l'intestin, entraînant son accumulation dans l'organisme, particulièrement au niveau de certains tissus et organes.

Les principales manifestations cliniques sont : une fatigue (asthénie) inexpliquée ; un aspect « bronzé » qui est en fait une mélanodermie (coloration grise de la peau) ; une atteinte hépatique : simple élévation des transaminases, augmentation de volume du foie (hépatomégalie), cirrhose, carcinome hépatocellulaire ; une atteinte cardiaque (insuffisance ventriculaire gauche, troubles du rythme)…

L'ensemble de ces manifestations ne s'observe qu'en cas de ferritine très élevée et est réversible sous traitement.

L'IRM permet d'évaluer, de façon moins invasive que la biopsie, plus précisément la surcharge en fer des organes (notamment du foie).

La déféroxamine en injection constitue un traitement adapté.

La zygomycose est une affection rare, mais grave, pouvant mettre en danger la vie du patient.

Elle est due à une contamination par des champignons de l'ordre des mucorales, touchant généralement le visage ou la cavité oropharyngée.

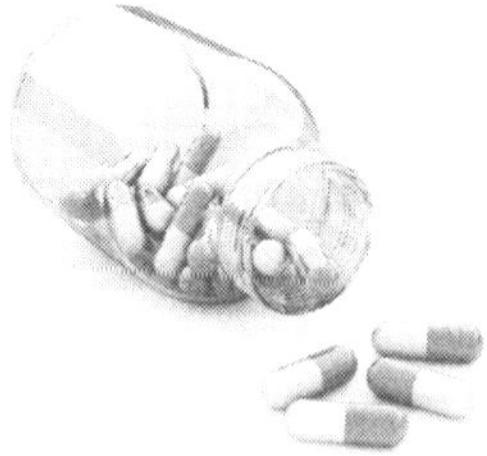

Dans cet épisode, on apprend que House...

– a un message de répondeur pas très conventionnel, bien entendu : *Bonjour, le numéro que vous demandez n'est plus en service actuellement. Si vous pensez avoir fait ce numéro par erreur, continuez sur votre lancée : raccrochez à 3. 1... 2... bip...*

– son pote Crandall l'appelle « l'Expert ».

– aide Cuddy à faire le tri dans les donneurs de sperme potentiels pour sa FIV.

– a couché avec la petite amie de Dylan dans son dos, dans leur jeunesse. Comme pour compenser, il ne dit pas à Crandall et Leona qu'ils ne sont pas père et fille, comme le révélait pourtant le test.

Le moment odieux de House

À Dylan : *T'es trop con. Tu l'as toujours été.*

Prise de Vicodin : 1

La Vicodin ne fait plus effet sur sa douleur à la jambe devenue insupportable. En haut d'une étagère, il cache une boîte contenant des flacons de morphine. Il s'apprête à se faire un shoot. Le message de Cuddy expliquant le cas de Leona le coupe dans son élan. Il remballe la seringue. Pour contrôler la douleur, il fait les cent pas dans les couloirs de l'hôpital. Il fait même appel à une kiné pour qu'elle lui masse la cuisse.

L'épisode se termine sur un plan de la seringue de morphine. Elle est vide.

Le moment sarcastique de House

À Cuddy :
Personne ne garde mieux un secret que moi. Je sais que Wilson pisse au lit, mais je ne le dis pas. Oh ! Vous m'avez piégé !

ÉPISODE 46 (2x24)

VF/House à terre - VO/No Reason

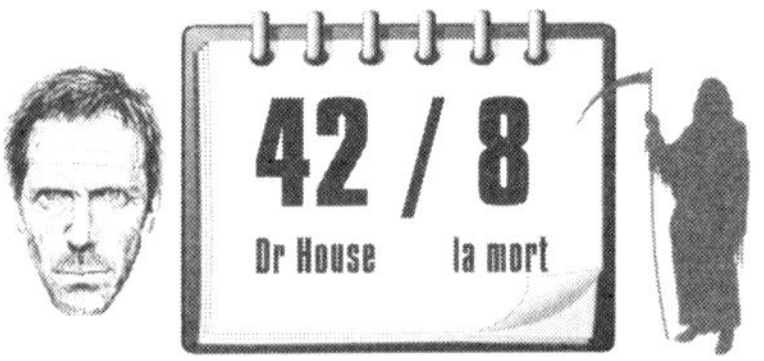

Prise de vicodine :

0

Le patient

Identité : Vincent. Âge : la quarantaine.

Profession : inconnue.

Symptômes : langue gonflée, augmentation de la pression intracrânienne, asphyxie, sang dans l'œil, éclatement des bourses, fièvre.

Intérêt : House s'intéresse à son cas parce que… il voit Vincent à la Consultation et rigole de sa langue gonflée qui lui donne des problèmes d'élocution et une tête à la Harpo Marx.

Le cas

House a envie de s'occuper de Vincent, un homme à la langue gonflée. Un type entre dans la salle de Diagnostic et demande House. Il a été un de ses patients. Le médecin lui sort une blague, l'homme, un revolver, tire et atteint sa cible. Après deux jours de coma, House reprend conscience. La balle a traversé l'estomac, touché son intestin et s'est logée dans une côte. Une balle a traversé son cou et lui a sectionné la jugulaire.

Tout ce qui intéresse House en fait, c'est le cas de Vincent. Alors que Cameron lui intime l'ordre de se reposer, il répond : *J'ai reçu deux balles ! Un diagnostic passionnant...* Elle lui raconte donc qu'on a fait, sans résultat, une biopsie de la langue de Vincent. Arrive dans la chambre l'agresseur de House sur une civière. Un vigile lui a tiré dessus. Contre l'avis de Cameron, House se lève de son lit et, pour Vincent, demande une biopsie du ganglion sous-mandibulaire.

Constatant que sa jambe ne le fait plus souffrir il se demande si le chirurgien n'a pas touché quelque chose au niveau du système nerveux. House réveille son voisin de chambre afin de savoir pourquoi il a voulu le tuer. L'homme répond que son intention n'était pas d'attenter à ses jours, mais simplement de le voir souffrir. Pendant sa nouvelle biopsie, Vincent s'étouffe, et Chase est obligé de pratiquer une trachéotomie. Cameron a récupéré le compte rendu opératoire de House.

Vincent subit une ponction lombaire, pour une recherche d'infection. L'agresseur de House lui raconte que sa femme était malade et qu'aucun médecin ne savait ce qu'elle avait. House, lui, l'a guérie. Lors de l'investigation sur les causes du mal, le mari a dû admettre une relation extraconjugale, qui n'était finalement pas liée aux problèmes de santé de sa femme. Elle a fini par apprendre la vérité et s'est suicidée.

Le globe oculaire de Vincent est maintenant rempli de sang. Son œil gonfle au point de sortir de son orbite.

House s'évanouit et se vide de son sang. À trop arpenter les couloirs, il semble avoir provoqué une rupture des sutures.

Lors de la poursuite du diagnostic différentiel, House, suite à la conversation qu'il a eue avec l'épouse de Vincent, rejette l'idée d'une MST. Ses collègues, inquiets, lui apprennent que Vincent est veuf... House en conclut qu'il a des hallucinations. En outre, il se demande pourquoi le chirurgien l'a dopé à la kétamine (anesthésique) pendant l'opération.

En voyant que House marche normalement, Cuddy lui explique qu'il existe un traitement expérimental qui, par coma, élimine la douleur en agissant comme une remise à jour du cerveau. Il y a des chances que la douleur ne réapparaisse jamais.

Les examens sur Vincent se poursuivent. Le diagnostic de cancer est écarté, mais ses testicules gonflent à un point qu'elles éclatent. House, qui continue d'avoir des hallucinations, s'est même uriné dessus et il a des trous de mémoire.

L'état de Vincent ne s'améliore pas. Aucun examen ne fournit un commencement d'explication. Il faudrait refaire une biopsie, toutefois son syndrome hémorragique l'exclut. House pense à utiliser une machine ultra-perfectionnée qui ferait une entaille pas plus grosse qu'une feuille de papier à cigarette. Soudain, il stoppe l'intervention, car il a compris que tout cela n'est pas réel. Le retour à la réalité est marqué par une scène aux Urgences. House, blessé par balle, sur un brancard, ouvre les yeux et demande à Cameron que Cuddy lui injecte de la kétamine…

Dans cet épisode, on apprend que House…

– voilà ce qui est inscrit sur son bracelet en plastique de patient :

ID : 85873 295-13-7665

ADM 04-05 DOB 06-11-59

Dr Cuddy

– est capable de verser une larme et de s'excuser.

L'accessoire de House

Sa balle antistress rose.

Le moment odieux de House

À Vincent, qui refuse d'être opéré par une machine :

House : *Les vraies personnes sont nulles. Ce sont les vraies personnes qui ont infligé, à l'homme à la langue enflée que vous étiez, un œil en moins, puis une couille et une belle cicatrice.*

« Housisme »

Si j'aime haïr la vie, je ne hais pas la vie. Je l'aime.

Saison 3

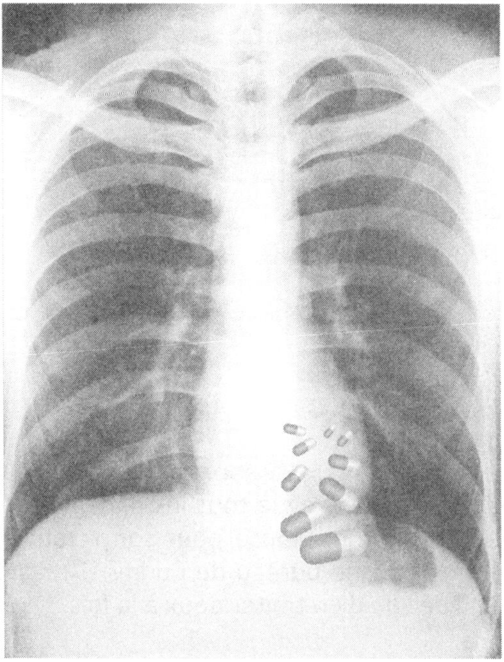

ÉPISODE 47 (3x01)

VF/Retour en force - VO/Meaning

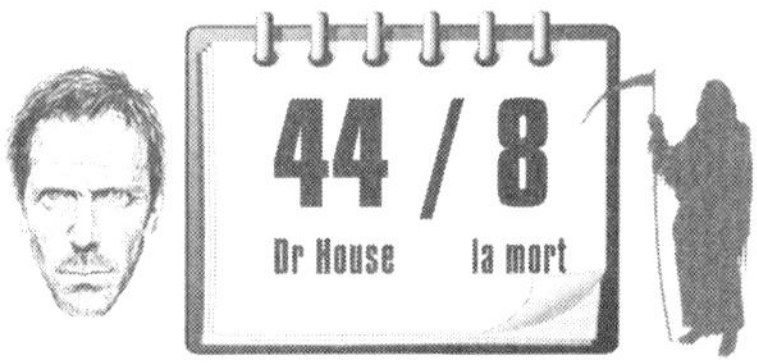

Prise de vicodine :

0

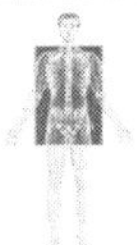

Le patient 1

Identité : McNeil, Richard.

Âge : la quarantaine.

Antécédents médicaux : tumeur au cerveau opérée il y a huit ans.

Symptômes : paralysie + 214 autres.

Intérêt : House s'intéresse à son cas parce que... Wilson et Cuddy passent en revue tous les patients susceptibles d'enthousiasmer House pour son retour. House fait irruption dans le bureau de Cuddy et regarde les dossiers. Il décide d'en traiter deux à la fois.

Le cas

Un homme qui semble être dans un état végétatif actionne son fauteuil roulant électrique et plonge dans la piscine de sa maison. House pense à une tentative de suicide. Il demande que lui soit faite une ténotomie, intervention chirurgicale consistant à sectionner un tendon, pour le soulager.

En pleine conversation avec la femme de Richard dans sa chambre, House est persuadé que l'homme essaye de leur parler.

House décide de reprendre le cas à la base. Il demande que son équipe répertorie tous les symptômes de Richard depuis huit ans : ils s'élèvent tout de même au nombre de 214 !

À les regarder, combinés à la douleur, House suspecte un kyste au pancréas et ordonne une échographie endoscopique. Le larynx ne supporte pas l'examen. Chase et Foreman sont contraints de le trachéotomiser. Apparamment, ils ont eu le temps de voir que le pancréas était sain.

House pense maintenant que le problème est cérébral. À nouveau, il veut lui faire subir un test extrêmement dangereux. Madame McNeil signe le consentement. À la sortie de l'IRM, Chase constate un saignement de l'oreille du patient.

Qu'à cela ne tienne, House veut continuer à faire subir toutes sortes d'interventions au patient. Foreman et Cameron se dressent contre lui : Richard a déjà assez souffert, ils n'en pratiqueront pas d'autres. Chase, lui, se propose.

Élémentaire, mon cher Wilson !

House a repris le jogging. Il a chaud, boit de l'eau, mais ce n'est pas encore suffisant pour le rafraîchir et il saute dans une fontaine pour plus d'efficacité. Il comprend ainsi pourquoi Richard a roulé dans la piscine : il a eu une dérégularisation hypothalamique et ne pouvait plus contrôler sa température.

Il est persuadé qu'il est atteint de la maladie d'Addison et qu'une simple injection de cortisol le remettra sur pied.

Diagnostic final : maladie d'Addison

Cette maladie endocrinienne rare est caractérisée par le défaut de sécrétion des hormones produites par les glandes surrénales : glucocorticoïdes (cortisol) et minéralocorticoïdes (aldostérone).

Elle se traduit notamment par de la fièvre, une asthénie (avec courbatures), une hypotension artérielle, un amaigrissement (avec anorexie) et une mélanodermie (pigmentation brunâtre de la peau donnant un aspect bronzé).

Complication

Cuddy pense que House divague et, pour bien faire comprendre qui est la patronne, elle refuse qu'il fasse la piqûre de cortisol. Contre toute attente, House se plie à ses ordres et ne tente rien. Richard est sur le point de quitter l'hôpital.

Cuddy le retient, prétexte un oubli, puis elle le pique à l'épaule. Quelques minutes plus tard, Richard se lève de son fauteuil. Wilson exhorte Cuddy à ne rien dire à House. Ainsi tout le monde ment…

La patiente 2

Identité : Caren.

Âge : 26 ans.

Profession : inconnue. Elle pratique le yoga.

Symptômes : paraplégie, détresse respiratoire, afflux de sang dans le péricarde qui comprime son cœur, ongles de doigts de pieds noircis.

Le cas

Caren se tord le cou lors d'une séance de yoga. Elle est paralysée, bien que ses radios ne montrent aucune lésion de la moelle épinière. Bizarre... Quand les médecins tentent de pratiquer les examens demandés par House, ils constatent que ses jambes peuvent bouger. Arrivé sur les lieux, le chef du département Diagnostic se moque de la patiente et l'accuse de simuler. Qu'on la renvoie chez elle ! Mais elle affirme ne pas bluffer et entre en détresse respiratoire. Son sang afflue dans le péricarde. Il faut le ponctionner régulièrement, car il comprime son cœur.

De plus, l'ongle de son gros orteil est en mauvais état : elle a le scorbut (comme les marins à l'alimentation carencée).

Diagnostic final : scorbut

Maladie due à une déficience en vitamine C, résultant souvent d'un régime alimentaire fortement carencé, notamment en fruits et légumes frais. Il se manifeste par de la fatigue, par des œdèmes des bras et des jambes, puis des hémorragies des muqueuses du nez et des gencives, et des ecchymoses nombreuses sous la peau. Les dents se déchaussent jusqu'à tomber. Incapables de se tenir debout, les sujets atteints meurent d'épuisement ou d'une complication infectieuse respiratoire.

Dans cet épisode, on apprend que House...

– peut faire un footing depuis qu'il a subi l'opération (voir l'épisode final de la saison 2) : 13 kilomètres ! Il est d'ailleurs venu à l'hôpital de chez lui en courant ! Depuis deux mois, la prise de kétamine semble toujours faire son effet.

– en faisant le clown sur un skateboard, ressent à nouveau une douleur à sa cuisse et demande une prescription de Vicodin à Wilson, qui refuse.
À la fin de l'épisode, House pénètre de nuit dans le bureau de son ami, lui dérobe une ordonnance et imite sa signature.

Les accessoires de House

Sa balle de base-ball.

Un skateboard.

Le moment sarcastique de House

Chase : *Le chirurgien a réparé la fuite de LCR* (liquide céphalorachidien, c'est-à-dire liquide dans lequel baignent le cerveau et la moelle épinière).

Cameron : *Vous avez eu de la chance.*

House : *C'est lui le chanceux, il aurait pu y rester.*

Les moments odieux de House

Cameron : *Vous marchez sans aucune gêne. Vous n'avez plus mal ?*

House : *Et est-ce que je vous ai demandé ce que vous aviez fait pendant les vacances ?*

Au fils de Richard, qui maintient que son père n'a pas tenté de se suicider, **House** dit :

Bien, je me trompe. De toute évidence, vous avez une vision beaucoup plus juste de cet homme qui bave devant votre télé du matin au soir.

L'épouse de Richard : *Cet homme est mon mari et le père de mon fils.*

House : *Je vois, il a besoin de lui pour jouer au foot, parler de filles et aller boire un coup...*

L'épouse : *Et Mark sait bien qu'on n'abandonne pas quelqu'un parce qu'il...*

House : *Prenez un chien !*

« Housisme »

(À Cuddy) *Je vis enfin sans substances opiacées et c'est maintenant que vous doutez de mes capacités !*

House musique

« Feel Good Inc. » (Gorillaz) ; « You Can't Always Get What You Want » (The Rolling Stones).

Guest star

Clare Kramer

Elle joue Caren, la yogi ayant le scorbut. Née le 3 septembre 1974, elle a débuté au cinéma dans *In & Out*, a joué dans quelques films et un peu à la télévision, notamment la méchante Gloria de la saison 5 de *Buffy contre les vampires*.

Épisode 48 (3x02)

VF/La Vérité est ailleurs - VO/Cane & Able

Prises de vicodine :

2

Le patient

Identité : Clancy. Âge : 7 ans.

Profession : élève à l'école primaire.

Antécédents médicaux : issu d'une fécondation in vitro, fracture du cubitus à 3 ans, varicelle à 5 ans.

Symptômes : hémorragie rectale, hallucinations (des extraterrestres veulent l'enlever), hypertension, problèmes de vue.

Intérêt : House s'intéresse à son cas parce que… resté sur l'échec du cas précédent – du moins le croit-il – son arrogance en a pris un coup. Ajoutons à cela sa douleur croissante à la cuisse, il semble moins regardant. Enfin, un garçon qui pense être enlevé régulièrement par des extraterrestres, ça vaut le coup d'y jeter un œil et jouer à Fox Mulder ! La vérité est ailleurs…

Le cas

Clancy, un garçon de sept ans, n'arrive pas à dormir. Il a des angoisses et est persuadé que des extraterrestres vont venir le chercher. Au petit matin, ses parents le retrouvent allongé dans le jardin, son pyjama couvert de sang : il a fait une hémorragie rectale.

Erreur de diagnostic : troubles hémorragiques

House ne pense pas que l'hallucination soit un symptôme ; il ne veut pas concentrer l'attention sur l'hémorragie rectale et faire les examens dans ce sens. Clancy explique à Chase que les aliens lui ont placé une puce dans le cou pour le localiser à tout moment. Les tests n'expliquent en rien le saignement anal. Quand Chase constate que Clancy a quitté sa chambre, il le retrouve caché à l'autre bout de l'hôpital, dans l'obscurité, un scalpel à la main en train d'essayer de s'extraire la puce GPS. Robert nettoie la blessure de l'enfant et observe avec effroi un bout de métal niché sous la peau de Clancy.

La « puce » est extraite. Il s'agit de titane. Ce doit être un bout de la broche, posée dans son bras cassé à trois ans, qui a migré. En revanche, s'il avait eu vraiment un trouble hémorragique, il se serait vidé de son sang en s'automutilant. Or il a coagulé parfaitement.

Clancy fait une crise d'hypertension causée par ses hallucinations extraterrestres toujours plus réalistes. Les analyses pratiquées continuent d'indiquer qu'il a des problèmes de coagulation. En fait, il ne semble bien coaguler que lorsqu'il est en crise hypertensive.

Un dysfonctionnement cardiaque est le plus plausible. Sur un enregistrement vidéo des battements de son cœur, on peut voir une non-rythmie de quelques millions de ses myocytes (cellules contractiles composant le muscle cardiaque). L'équipe compare l'ADN de ces myocytes à celui de Clancy : ils ne correspondent pas. Impossible ! De l'ADN alien ?

L'idée est maintenant de repérer les cellules atteintes – les cellules étrangères – et de les éliminer. La nuit précédant sa sortie de l'hôpital, Clancy a de nouveau une hallucination d'enlèvement et il entre en convulsions. Les médecins auraient-ils oublié des cellules dans le cerveau ? Non, son cerveau semble indéniablement sain. Une fois n'est pas coutume : House ordonne qu'on renvoie le gamin chez lui. Il estime qu'on ne peut rien faire de plus pour lui. On sent bien que House a perdu sa confiance depuis le cas précédent.

Élémentaire, mon cher Wilson !

Cuddy tente de convaincre House de ne pas laisser tomber Clancy. À court d'arguments, elle crache le morceau : House avait raison pour la maladie d'Addison de Richard McNeil. Depuis le début de l'épisode, House est persuadé que Cuddy est enceinte. Il s'adresse à son ventre en disant : « Maman est une menteuse, c'est pour ça qu'elle a dû... » Par association d'idées, il pense alors à la fécondation in vitro et se rappelle que Clancy est né également grâce à une fécondation in vitro ! Comme les FIV coûtent cher, on implante plusieurs embryons. Quand Clancy n'était encore qu'un embryon à 12 cellules, un second embryon s'y est collé et a fusionné. Cela s'appelle le chimérisme. C'est un peu comme si un jumeau, jamais développé, venait maintenant chercher la bagarre.

Diagnostic final : chimérisme

Anomalie extrêmement rare, elle fait suite à l'utilisation, par la mère, de médicaments pour améliorer la fertilité ou à l'implantation de plusieurs embryons dans le cadre d'une fécondation in vitro.

Peu après, si deux jumeaux se forment, il arrive qu'un œuf migre vers l'autre œuf. Une fusion se produit alors, et le développement continue normalement. Le fœtus possède ainsi certaines parties du corps avec un génotype donné et le reste est caractérisé par un autre génotype, similaire à celui d'un proche parent.

Dans cet épisode, on apprend que House...

– a de plus en plus mal à la cuisse. Au point de ne plus pouvoir faire son footing. Il se remet même à boiter un peu.

Les accessoires de House

Un iPod pour faire son jogging.

Son yo-yo.

Sa balle de base-ball, qu'il fait rebondir pour réfléchir.

Sa moto.

Sa canne, qu'il est obligé d'exhumer de sa penderie : elle lui est redevenue indispensable.

Les moments sarcastiques de House

Chase : *House ! Clancy a disparu !*

House : *Oh non ! Vous jetez un œil sur Alpha du Centaure, Foreman s'occupe de Tatooine et Cameron recoupe les données intergalactiques. Prions pour qu'il ne soit pas dans l'hyperespace, on ne serait pas rendus.*

Cuddy : *Comment va votre jambe ?*

House : *Dites-moi d'abord comment vont vos petits seins ? Ils sont plus fermes, non ?*

House musique

« Gravity » (John Mayer).

Guest star

Sheryl Lee

Elle interprète, dans cet épisode, la mère de Clancy.

Actrice américaine, elle est née le 22 avril 1967, en Allemagne. Elle est surtout connue pour avoir interprété les rôles de Laura Palmer dans la série et le film *Twin Peaks* de David Lynch.

Plus récemment, elle a joué la mère biologique de Peyton Sawyer dans la série *Les Frères Scott* et tenu aussi un rôle dans *Dirty Sexy Money*.

ÉPISODE 49 (3x03)

VF/Marché conclu - VO/Informed Consent

Prises de vicodine :

2

Le patient

Identité : Powell, Ezra.

Âge : 71 ans.

Profession : chercheur en médecine (cancer).

Antécédents médicaux : mélanome retiré deux ans auparavant, cataracte.

Symptômes : légers tremblements, difficultés à respirer, insuffisance rénale, insensibilité du côté droit.

Intérêt : House s'intéresse à son cas parce que... il admire Ezra Powell. Il a écrit « THE » bouquin.

Le cas

Un chercheur en cancérologie s'étouffe en plein milieu d'une expérience dans son labo. En sueur, il s'écroule.

Malgré le danger que représente l'examen pour un homme de 71 ans, House préconise un ECG (électrocardiogramme) d'effort pour voir si ses troubles de la respiration viennent de son cœur ou de ses poumons. Le Dr Powell n'est pas en mesure d'avancer assez vite sur le tapis roulant pour que le test soit concluant. L'oxygène lui manque, mais House ne veut rien entendre. Il trouve son confrère trop paresseux et ne veut pas du tout prendre en compte que ses poumons sont remplis de liquide. *Ça ne s'appelle pas un test d'effort pour rien !* Il veut que son équipe le remette sur le tapis.

Chase pratique une ponction du liquide pour pouvoir recommencer l'examen.

Rien n'y fait. Pour le booster un peu, House décide de lui injecter de l'épinéphrine (adrénaline), même si ce n'est pas le « protocole ». Au moins, l'initiative a le mérite de montrer que le cœur n'est pas en cause. Ce sont les poumons alors.

Le Dr Powell n'en peut plus. Il demande à Cameron de l'aider à mourir. Il ne veut pas vivre dans cet état et souhaite ne plus subir de tests.

Il tente même de s'étrangler avec les fils de son respirateur !

House lui propose un marché : si au bout d'une journée il n'a pas trouvé ce qui rend Ezra malade, il l'euthanasiera lui-même. Marché conclu !

La batterie d'examens ne conduit à aucun diagnostic. Alors qu'il ne reste que six heures au compte à rebours, l'équipe fait passer une IRM au Dr Powell. Rien.

L'heure a sonné. Qu'à cela ne tienne, House raconte à Ezra qu'ils ont trouvé un « myélome multiple » – ce qui est totalement faux – et qu'ils vont pouvoir le traiter. Powell ne croit pas du tout ce mensonge. House demande encore 12 heures, mais le patient se rebelle et lui rappelle leur entente.

Après un moment de réflexion, House débarque dans la chambre de Powell avec ce qu'il dit être une ampoule de morphine et lui administre ce qui est censé être la dose létale. En fait, il ne lui a injecté qu'un sédatif pour le rendre inconscient et faire ses analyses en paix !

Et si c'était un lupus ? Non, ce n'en est pas un...

Ni rien des autres suppositions, comme la fibrose pulmonaire. Néanmoins, House remarque une insensibilité. Le système nerveux semble atteint. Pour vérifier cette autre hypothèse, House est obligé de sortir Ezra du coma. Dès son réveil, le patient est furibond et bien décidé à quitter l'hôpital.

Foreman et Chase ont trois idées : un Kawasaki, un lymphome, une sarcoïdose. Comment tester le patient qui ne va pas se laisser faire ? Il leur faut un échantillon de peau. House ordonne alors à Cameron d'aller en prélever.

Élémentaire, mon cher Wilson !

House se fait draguer par la fille d'un patient de la Consultation. Une ado de 17 ans, dont le charme – et l'audace – ne le laisse pas de marbre. Il la regarde partir et, de dos, elle laisse apparaître sous son jean le haut de son string rouge.

Il demande qu'on ajoute du rouge Congo au prélèvement cutané pour révéler une amyloïdose.

Malheureusement, le fait qu'il s'agisse d'une protéine de type AA condamne Ezra Powell à la mort.

Il décède la nuit suivante, soutenu par Cameron.

Diagnostic final :
amylose (ou amyloïdose) de type AA

Maladie orpheline qui désigne un groupe de maladies tissulaires caractérisées par le dépôt de protéines insolubles dans un certain nombre de tissus humains. Ces protéines forment des agrégats moléculaires appelés « substance amyloïde ». Ces dépôts envahissent progressivement les tissus et empêchent leur bon fonctionnement, ce qui entraîne les différents symptômes et la maladie.

Peuvent être atteints le rein, le cœur, le tube digestif, le foie, la peau, l'œil et, en définitive, l'ensemble des organes. L'évolution est très sévère, avec destruction progressive et le plus souvent irréversible des organes concernés.

Dans cet épisode, on apprend que House…

– est nul en géographie ! *Fresno, c'est en France, non ? Vous avez vu le Parthénon ?* Fresno est une ville de Californie. Le Parthénon est le monument le plus célèbre de la Grèce (Athènes).

– House est fier de Cameron, pour avoir mis fin aux souffrances d'Ezra. Il le lui dit en posant, avec gêne, sa main sur son épaule.

Les accessoires de House

Sa balle de base-ball, qu'il lance contre le mur à l'aide de sa canne, en poussant des petits soupirs.

Il reçoit un cadeau de la part de la fille mineure du patient de Consultation qui lui fait du gringue. Un calendrier de Fresno sur lequel elle lui rappelle qu'il n'y a plus que six mois à attendre. En effet, dans six mois, elle aura 18 ans.

Les moments odieux de House

En regardant Cuddy : *Vous n'êtes pas censée ne prendre qu'une livre par semaine pendant le premier trimestre ?*

Au Dr Powell qui sort du coma : *N'allez pas vers la lumière au fond du tunnel. Vous risqueriez de tomber et vous casser le col du fémur.*

Le moment sarcastique de House

Foreman (en réagissant à la tonne d'examens que House leur commande de pratiquer) *: Tout ça en vingt-quatre heures ?*

House *: Non, si vous n'avez pas le temps de tout faire, vous finirez à l'autopsie.*

« Housisme »

Powell *: J'ai toujours été curieux de savoir ce qu'il y avait de l'autre côté.*

House *: Y a rien.*

Guest stars

Joel Grey

Il est le père de l'actrice Jennifer Grey (Bébé, dans *Dirty Dancing*). Il interprète, ici, le Dr Powell. Il a joué dans *Cabaret* avec Liza Minnelli, pour lequel il obtint l'Oscar du Meilleur Second Rôle (1972). Il fait souvent des apparitions à la télévision. On se le rappelle dans *Oz*, *Alias* ou encore *Buffy contre les vampires*.

Leighton Meester

Elle joue la fille du patient de la Consultation. Elle est la torride petite blonde qui, en dépit de ses 17 ans et demi, drague le Dr House de façon éhontée. Leighton Meester est née le 9 Avril 1986 en Floride. Après quelques apparitions sur petit écran (*24 Heures chrono*, *Veronica Mars*, *7 à la maison*, *Entourage*), elle triomphe en garce, alias Blair Waldorf, dans la série *Gossip Girl*. Dans l'épisode de *Dr House*, elle était encore blonde.

House musique

« Prélude pour violoncelle, Suite N° 1, en sol majeur » (Bach, par Yo-Yo Ma) ; « Into Dust » (Mazzy Star).

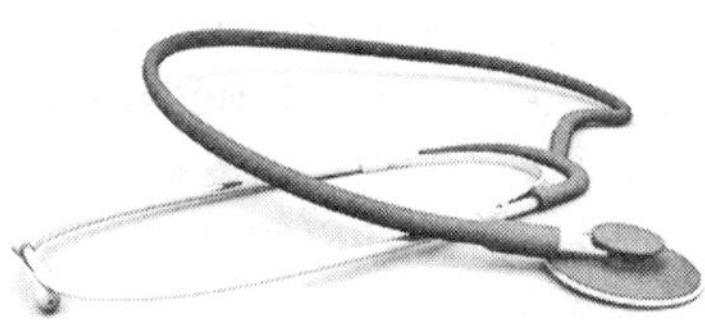

ÉPISODE 50 (3x04)

VF/Dans les yeux - VO/Lines in the Sand

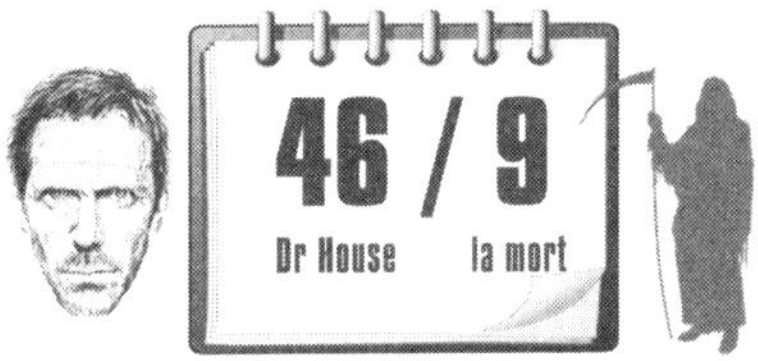

Prises de vicodine :

0

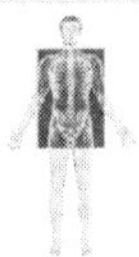

Le patient

Identité : Adam.

Âge : 10 ans.

Profession : aucune.

Antécédents médicaux : atteint d'autisme.

Symptômes : cris, épanchement pleural, anomalie cardiaque, cellules du foie sous le bras.

Intérêt : House s'intéresse à son cas parce que… c'est lui-même qui présente le cas à l'équipe. Tous les médecins ont expliqué les symptômes d'Adam par son autisme. House pense que la raison est purement physiologique. Les parents ont arrêté leurs carrières prometteuses pour s'occuper de leur enfant. Ils le connaissent bien. En dix ans, ils ne l'ont jamais conduit à l'hôpital pour des cris. House a confiance en leur jugement. Et puis… *Pourquoi vous croyez que j'ai pris ce patient ? Parce que la réponse, ce n'est pas lui qui me la donnera !* Toujours le challenge comme moteur.

Le cas

Adam est autiste. Lors d'une séance d'exercices avec son père, incapable de se concentrer, il dessine, encore et encore, des vagues sur son ardoise, sans raison apparente. Quelques moments plus tard, à table, il semble réclamer à boire, puis s'étrangle, tousse, hurle de douleur.

House demande à l'équipe un scanner et des examens pour écarter infection, parasite, lupus. Tout est normal. Quand ses parents trouvent Adam en meilleure forme, ils sont à deux doigts de rentrer chez eux. Le garçon se remet à tousser et cracher une substance blanchâtre. Il a un épanchement pleural (liquide dans la plèvre).

L'échographie du cœur révèle une anomalie. Aurait-il un cancer ? Un lymphome non hodgkinien (tumeurs malignes du système lymphatique). Pour cela, il faut faire la biopsie d'un ganglion lymphatique (sous le bras par exemple). Le prélèvement révèle que des cellules du foie se trouvent en lieu et place des cellules lymphatiques !

House pense à une cirrhose, même si ses collègues mettent en doute ce diagnostic de dégénérescence, souvent causé par l'alcool, chez un enfant de 10 ans. Négatif de nature, il suppose que les parents, lassés d'avoir à supporter un enfant « anormal », sont peut-être en train de l'empoisonner, à petit feu. Mais les résultats sont négatifs. Seulement, Adam entre à nouveau en détresse cardiaque et est conduit en réanimation. House pense alors qu'il a peut-être avalé quelque chose de non comestible (maladie de Pica : trouble du comportement alimentaire caractérisé par l'ingestion durable de substances non nutritives).

Envoyé au domicile du patient par House, Foreman trouve dans le jardin de la stramoine contenant de l'atropine. Cette plante a pu faire l'effet du LSD sur Adam.

Difficile de savoir si Adam a bien ingéré cette plante, d'autant que le contrepoison risque d'être dangereux pour son cœur. Mieux vaudrait en être sûr. House essaye de parler avec Adam, avec une technique… disons… « housienne » ! Mais cela fonctionne ! Toutefois, le garçon désigne son bac à sable et pas vraiment la plante en question. Tout à coup, il semble perdre conscience, et son globe oculaire droit se révulse. Foreman pense à une tumeur.

Élémentaire, mon cher Wilson !

Alors qu'il se trouve en présence des jeux d'Adam, House voit l'ardoise où sont dessinées les vaguelettes. Il court au bloc pour stopper l'opération sur l'œil du garçon et crie d'arrêter tout. Mais il s'est trompé de salle.

House : *Ne touchez pas à son œil !*

Le chirurgien : *C'est une appendicectomie.*

House : *C'est bien ce que je dis, ne touchez pas à son œil.*

Une fois le patient retrouvé, House regarde dans son œil. Des vers s'y baladent ! Ce sont des vers qu'il dessinait, pas des vagues. Adam mangeait le sable du bac à sable, là où les animaux se soulagent. Le *Baylisascaris procyonis* est un parasite se trouvant dans les excréments du raton laveur.

Diagnostic final :
infection par Baylisascaris procyonis

Variété de parasite, cette *toxocara* est à l'origine d'une anthropozoonose (maladie spécifiquement transmise de l'animal à l'homme) due à l'infestation de l'homme par des larves (forme de certains animaux entre l'état embryonnaire et l'état adulte). Ces larves sont celles d'ascaris présentes dans les excréments des chiens, des chats ou des ratons laveurs.

Habituellement bénigne, la parasitose se manifeste par une fièvre, une hépatomégalie (augmentation du volume du foie), une bronchite, une atteinte des poumons, des troubles oculaires, voire une encéphalite…

Dans cet épisode, on apprend que House...

– fait une fixation sur la vieille moquette de la salle de Diagnostic. Celle-là même qui est tachée de son sang (quand on lui a tiré dessus) et que Cuddy a fait remplacer.

– envie l'autisme d'Adam, d'une certaine façon. *Vous imaginez le bonheur que ce serait de vivre libéré du poids de toutes les conventions sociales ? Je n'ai pas pitié de ce gosse. Je l'envie.* De toute façon, la théorie de Wilson est que House souffre d'une forme d'autisme (syndrome d'Asperger) et qu'il se reconnaissait en Adam. C'est pour cette raison qu'il voulait le sauver : il voulait se sauver lui-même.

Les accessoires de House

Sa balle de base-ball.

Sa moto, sur laquelle l'attend Ali, la jeune fille de 17 ans qu'il a rencontrée en Consultation dans l'épisode précédent, qui a flashé sur lui et qui le poursuit partout, l'appelle 15 fois par jour. Cuddy veut d'ailleurs demander une injonction du tribunal pour la tenir à distance.

À sa sortie de l'hôpital, Adam offre sa PSP (console de jeux Playstation portable) à House.

Le moment odieux de House

Foreman (qui raille qu'on fasse tant d'examens à un garçon qui a simplement crié) *: J'ai eu une aventure hier, elle a crié. Je dois lui faire pour cent mille dollars de tests ?*

House *: Bien sûr que non, ici ce n'est pas une clinique vétérinaire.*

La remarque sexuelle de House

House (Ali, la mineure qui le poursuit, vient de lui lancer une œillade torride en s'éloignant ; il dit à Cuddy, assistant à la scène) *: Après ce regard, je me sens tout émoustillé et vous avez l'air partante.*

Cuddy : *Je suis en pleine ovulation, alors allons-y.*

House : *C'est drôle, tout à coup, je n'ai plus envie.*

« Housisme »

Si vous lui retirez un œil, ce sera deux fois plus dur pour lui de regarder les gens dans les yeux.

House musique

« Waiting on an Angel » (Ben Harper).

Guest star

À nouveau **Leighton Meester** (voir l'épisode précédent) dans le rôle d'Ali.

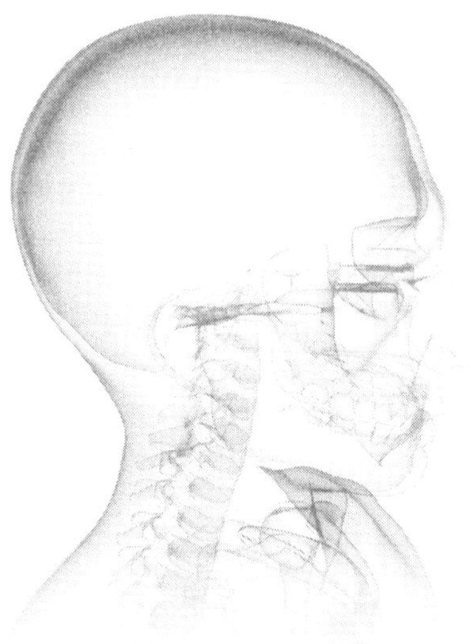

ÉPISODE 51 (3x05)

VF/L'Amour de sa vie - VO/Fools For Love

Prises de vicodine :

2

Le patient

Identité : Tracy.

Âge : 20 ans.

Profession : inconnue.

Symptômes : difficultés respiratoires, œdème de la gorge long à se résorber, douleurs abdominales, hallucination, coma.

Intérêt : House s'intéresse à son cas parce que... Cameron le lui présente. Il n'est pas très passionné jusqu'à ce qu'elle lui dise qu'une laparotomie a été pratiquée sur la patiente et que rien n'explique ses douleurs abdominales, conjuguées à l'œdème de la gorge.

Le cas

Tracy et Jeremy, un couple, sont pris dans un braquage. Jeremy réussit à déjouer les plans des agresseurs, mais, subitement, sa femme se met à étouffer.

Son œdème met plusieurs jours à se résorber, et elle souffre de douleurs abdominales.

Erreur de diagnostic : salmonellose

L'ordonnance de House : Fluoroquinolone

La patiente était positive à la marijuana. Parfois, dans l'herbe, des salmonelles (bactéries) se déposent.

Jeremy ne comprend pas que leur petite consommation de cannabis entraîne cette réaction.

Tracy commence à se gratter. Peut-être souffre-t-elle d'une allergie aux antibiotiques.

Erreur de diagnostic : anaphylaxie

House écarte la salmonellose et suggère une réaction allergique à ce qu'elle était en train de manger dans ce restaurant au moment du hold-up. Foreman et Chase l'ont déjà testée pour une éventuelle allergie alimentaire.

House leur oppose que le stress déclenché par la prise d'otages a favorisé l'anaphylaxie. Qu'elle reprenne le même repas et qu'on la mette sur un tapis de course pour que son cœur s'emballe !

Pendant le test, Tracy semble souffrir, mais n'a pas de réponse allergique. Jeremy s'énerve : il n'accepte pas que Foreman fasse subir un tel traitement à sa compagne. C'est lui qui se sent mal subitement. Sa poitrine et son estomac le mettent au supplice.

☒ Erreur de diagnostic : MST

House réclame un check-up complet et des prélèvements au domicile des époux. Leur état peut être infectieux ou environnemental.

Chase trouve des préservatifs dans l'appartement. Ce qui lui paraît étrange étant donné que Tracy prend la pilule. Jeremy trompe-t-il Tracy sous ses dehors de mari dévoué ?

La jeune femme leur explique qu'il s'agissait d'une double précaution.

Les médecins cherchent quand même des MST, mais ne trouvent rien.

Tracy et Jeremy reçoivent la visite du père du garçon. Il exhorte la jeune femme à laisser son fils tranquille et tente de casser le bras de Jeremy.

En fait, tout cela n'était qu'une hallucination. Tracy plonge dans le coma et, peu à peu, son cerveau s'arrête.

Jeremy explique l'hallucination de sa femme : ils sont partis à l'âge de 16 ans de chez leurs parents, car le père de Jeremy n'admettait pas que son fils fréquente une Afro-Américaine.

☒ Erreur de diagnostic : sarcoïdose

C'est la présence dans l'organisme – souvent sur les poumons – de granulomes épithélioïdes, qui sont des amas de cellules accumulées).

L'IMR de Tracy et les radios des poumons de Jeremy mettent House sur la piste d'une sarcoïdose. Ses assistants n'y croient pas une minute. Il fait mine de consulter Wilson qui met, lui aussi, en doute ce diagnostic. Néanmoins, House annonce à Foreman, Chase et Cameron que Wilson est d'accord pour la sarcoïdose.

Pour confirmer sa théorie, House veut faire une biopsie cérébrale à Tracy, mais l'intervention comporte des dangers. Jeremy propose qu'on la pratique plutôt sur lui. Cela ne convainc pas du tout House, qui lui injecte de la naloxone pour lui induire une douleur épouvantable (elle bloque les effets de la morphine) et le dissuader d'accepter la biopsie sur sa propre personne.

Jeremy va de plus en plus mal, ses intestins semblent se nécroser. Ce n'est donc pas une sarcoïdose.

On fait alors à Jeremy une biopsie de l'intestin qui ne révèle aucun processus de nécrose.

Élémentaire, mon cher Wilson !

Foreman parle de la fugue de Tracy et Jeremy, à l'époque où ils étaient adolescents. Ce détail intéresse House. Pourquoi ? Foreman raconte l'histoire du père raciste et violent. Et si son problème n'était pas la couleur de la peau de Tracy, mais Tracy elle-même… « Elle a de beaux yeux… » dit-il. House pense que Jeremy et Tracy sont demi-frère et sœur. Ils ont les mêmes yeux verts. Et leurs symptômes correspondent à un œdème de Quincke congénital.

Voilà pourquoi le père ne pouvait pas admettre de les voir ensemble. Ils étaient parents !

Avec le traitement adéquat, Tracy sort du coma.

House exige de Foreman qu'il annonce la mauvaise nouvelle aux amoureux transis. Bien que le médecin leur donne son opinion positive sur leur amour – après tout, ils n'ont jamais été élevés comme frère et sœur – Tracy demande à changer de chambre, et Jeremy reste seul, le cœur brisé.

Diagnostic final : œdème de Quincke congénital

L'angio-œdème, connu aussi sous le nom d'œdème de Quincke, est le gonflement (œdème) rapide de la peau, des muqueuses et des tissus sous-muqueux, pouvant entraîner un choc anaphylactique, suivi d'un coma.

En dehors de la forme courante, due à une allergie, il a été observé parmi les effets indésirables de certains médicaments. Il présente également un caractère héréditaire.

Dans sa forme héréditaire, il n'existe souvent aucune cause directe identifiable, bien que des traumatismes puissent provoquer les crises. Généralement, aucune démangeaison ni urticaire ne sont associés, car il ne s'agit pas d'une réaction allergique à proprement parler.

Dans cet épisode, on apprend que House...

– continue de s'occuper des affaires sentimentales de Wilson ! Il ne semble pas apprécier que son ami drague l'infirmière Wendy. Il fait même voler le dossier personnel de la demoiselle.

– rencontre son nouvel ennemi juré, Michael Tritter, patient venu à la Consultation. Ce premier échange entre les deux hommes va déclencher une guerre ouverte, qui se poursuit au fil des six prochains épisodes de la saison. Ce patient exige des excuses de House qui l'a un peu malmené pendant une consultation. Face à face avec Tritter dans le bureau de Cuddy, House refuse de lui faire ces fameuses excuses. À la fin de l'épisode, alors que House rentre chez lui à moto, il est arrêté par une voiture de police. Le policier n'est autre que son patient. Tritter (qui l'a vu prendre de la Vicodin pendant la consultation) l'accuse de conduire sous l'influence de la drogue. Il le fouille, trouve les médicaments, l'arrête pour détention de narcotiques et lui lit ses droits... À suivre.

– est capable d'ouvrir un casier de vestiaire, à l'aide de son stéthoscope, en retrouvant le code grâce au son.

– joue à des jeux vidéo sur son ordinateur (*Chyro City*).

Les paris de House

Il parie avec Foreman 100 dollars que la patiente fera un choc anaphylactique lors du test d'effort. Bien que ce soit le mari qui ait une réaction, House réclame son dû, puisqu'il avait raison. Foreman paye.

Il parie ensuite (200 dollars), toujours avec Foreman, que Wilson sort avec Wendy l'infirmière. Il perd, car c'est Foreman lui-même qui sort avec Wendy ! House ne trouve pas très « sport » que son collègue parie sur quelque chose dont il connaissait la réponse !

Les accessoires de House

Une sucette.

Sa moto.

Le moment odieux de House

À Cuddy : *Je ne peux plus ignorer qu'en trois mois votre cul a pris une fabuleuse expansion.*

Le moment politiquement incorrect de House

House crie dans les couloirs en s'adressant à Foreman.

House : *Vous avez quelque chose contre les mariages interraciaux ?*

Foreman : *Non.*

House : *Vous avez tiré combien de Blanche-Neige ?*

Foreman : *Je ne suis pas sûr de bien comprendre votre jargon, docteur House. Et vous, vous êtes sorti avec combien de Noires ?*

House : *Oh, moi, je me fiche de la couleur, si elle fait prospérer la race supérieure.*

House musique

« Walter Reed » (Michael Penn).

ÉPISODE 52 (3x06)

VF/Que sera sera - VO/Que Sera Sera

Prises de vicodine :

2

Le patient

Identité : **George.**

Âge : **46 ans.**

Profession : **chasseur de têtes.**

Symptômes : **coma depuis au moins 24 heures, fièvre, perte d'appétit (il n'a pas touché à son petit-déjeuner), perte de la vue, doigts déformés.**

Intérêt : **House s'intéresse à son cas parce que... Cuddy le soumet à l'équipe alors qu'il est en prison, arrêté la veille au soir par Tritter.**

Le cas

Après un incendie, des pompiers trouvent un homme de plus 300 kilos dans les décombres. Ils pensent qu'il est mort. Quand ils ont l'intention de le sortir par la fenêtre, ils l'entendent émettre un gaz et ils constatent qu'il a un pouls faible. En fait, il est dans le coma. Il n'a ni diabète ni cholestérol, malgré son tour de taille de deux mètres. Il ne montre aucun signe de trauma.

House demande qu'on le teste pour un syndrome de Pickwick, syndrome lié à l'obésité. Les résultats sont négatifs.

Erreur de diagnostic : caillot

Bien que la limite de l'IRM soit à 225 kilos, House préconise cet examen cérébral pour une recherche de caillot. Le scanner n'est pas non plus possible. House ordonne alors qu'on mette d'autorité le patient sous anticoagulants, ce qui est dangereux s'il s'avère que ce n'est pas la pathologie de George. L'équipe réussit à lui faire passer l'IRM, et aucune anomalie n'est révélée.

Dans la machine, George sort subitement du coma.

Il refuse que les médecins continuent les tests et veut rentrer chez lui. Persuadé que George sait ce qu'il a et ne veut pas le dire, House accepte qu'il sorte.

Sur le départ, George se lève afin de rejoindre la borne de taxi, mais il s'écroule dans le couloir du Princeton-Plainsboro. Cette désorientation n'était pas un symptôme supplémentaire : Cameron l'avait drogué dans l'espoir de pouvoir le garder à l'hôpital et trouver la cause de ses troubles.

Erreur de diagnostic : parasite

Assez fier de la manipulation de Cameron (l'élève qui dépasse le maître !), House voit dans le dossier de George qu'il n'a pas mangé son petit-déjeuner. Cette perte d'appétit pourrait s'expliquer par un parasite contenu dans de la salade. Pendant l'examen, George est pris de panique : il est devenu aveugle.

Comme son nerf optique et sa rétine sont normaux, sa cécité est forcément le signe d'un problème cérébral.

En tout cas, il n'y a aucune trace de parasite.

Contrairement aux analyses, House se concentre sur un diabète. George refuse le test. Il déteste qu'on ne recherche qu'une maladie en rapport avec son poids.

Élémentaire, mon cher Wilson !

House essaye de faire avaler de force à George une eau sucrée pour effectuer le test du diabète. C'est alors qu'il constate que les ongles du patient sont jaunis et que les os de sa main sont déformés : George souffrirait d'un cancer du poumon ?.

La radio confirme le diagnostic. Des métastases, inopérables, se sont développées dans les ganglions lymphatiques. George n'avait pourtant jamais fumé…

Diagnostic final :
cancer du poumon à petites cellules

Les carcinomes pulmonaires à petites cellules sont des cancers bronchiques qui apparaissent principalement chez le fumeur, aussi bien chez le sujet âgé que chez le sujet jeune. Leur évolution est très rapide localement et à distance. Quand le cancer bronchique à petites cellules est métastatique d'emblée, il n'est pas opérable ; le traitement consiste uniquement en une chimiothérapie, avec une efficacité dans environ 60 % des cas. Malheureusement, le cancer rechute en général très rapidement, sans possibilité de traitement efficace. La mort survient en quelques mois, le temps de doublement des cellules étant de 30 à 40 jours.

Dans cet épisode, on apprend que House...

– n'est pas insensible au charme de Salma Hayek.

– cache chez lui une réserve de 600 pilules de Vicodin. Tritter les trouve lors d'une perquisition à son domicile.

– joue de la guitare (on le voit à la fin de l'épisode).

Les moments odieux de House

Tour à tour, il appelle le patient obèse : Jabba le Hutt (*La Guerre des étoiles*), Babar, ou Willy (orque du film *Sauvez Willy*).

À George : *Donc, vous préférez être aveugle et invalide plutôt que d'admettre qu'effectivement vous avez peut-être un léger problème avec la nourriture. Par léger problème, j'entends bien sûr que vous bouffez à en crever.*

George : *Je ne suis pas diabétique.*

House : *Les supermarchés offrent des diplômes de médecine pour deux poulets achetés maintenant ?*

Guest stars

Pruitt Taylor Vince

Méconnaissable, il interprète George. Récemment, on l'a vu dans la série *Deadwood* et le film *Dans la brume électrique*. Il jouit d'une longue filmographie de seconds rôles, avec des titres comme *Sailor & Lula*, *JFK*, *Tueurs nés*, *Monster*...

Kadeem Hardison

Il joue l'avocat consulté par House pour ses problèmes judiciaires avec Tritter. Peu connu en France, ce comédien afro-américain a joué au cinéma dans *Les Blancs ne savent pas sauter* ou encore *Un vampire à Brooklyn* et, à la télévision, dans *Campus Show*, *Tout le monde déteste Chris*...

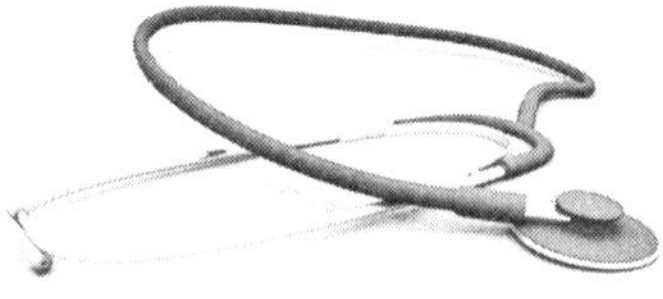

ÉPISODE 53 (3x07)

VF/24 heures pour vivre, et mourir - VO/Son of a Coma Guy

Prises de vicodine :

3

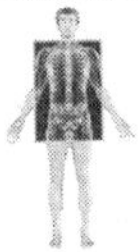

Le patient

Identité : Wosniak, Kyle. Âge : environ 22 ans.

Profession : travaille chez lui.

Antécédents familiaux : père dans un état végétatif depuis 10 ans après la tentative de sauvetage de sa femme, lors d'un incendie. Beaucoup d'alcooliques dans la famille de la mère (jugement qui se révélera faux).

Symptômes : akinétopsie, convulsions, altération du foie, insuffisance rénale, détresse cardiaque.

Intérêt : House s'intéresse à son cas parce que… comme à son habitude, il mange son sandwich et regarde son feuilleton dans la salle des comateux. Quand le fils de l'un d'eux arrive dans la pièce, il remarque chez le visiteur une akinétopsie (impossibilité de percevoir le mouvement). Il fait clignoter la lumière pour déclencher des convulsions.

Le cas

Kyle est atteint d'akinétopsie. Après que House eut fait en sorte de déclencher des convulsions, il est admis au Princeton-Plainsboro.

Chase trouve dans son sac des bouteilles de vin. Kyle a des problèmes d'alcoolisme.

House pense que le problème expliquant l'akinétopsie est héréditaire. L'électroencéphalogramme du père en état végétatif montre les mêmes indications épileptiques. À la recherche d'une adrénomyéloneuropathie (atteinte de la myéline entourant les nerfs, qui touche le système nerveux central), House préconise une analyse ADN. Le résultat revenant négatif, House en demande d'autres, bien que ces tests génétiques soient très longs à effectuer.

Le foie de Kyle est atteint. Le traitement anticonvulsif n'a pas dû arranger les choses. House y met un terme. Les reins du jeune homme étant aussi touchés, il est placé sous dialyse.

House maintient son diagnostic d'ordre génétique. Il doit parler au père et décide, malgré le danger et l'interdiction de Cuddy, de le sortir de son état végétatif.

Gabriel se réveille après le cocktail injecté par House. Il ne révèle pas d'antécédents familiaux utiles pour sauver Kyle. Bizarrement, l'homme ne semble pas du tout se soucier du sort de son fils quand Cuddy lui explique qu'il risque de mourir ; Kyle commence d'ailleurs à sombrer dans le coma.

Informé qu'il n'a sans doute qu'un répit de 24 heures avant de retourner à son état végétatif, Gabriel ne souhaite pas perdre son temps à répondre aux questions de House, pourtant susceptibles de sauver Kyle. M. Wosniak préférerait plutôt manger un panini à Atlantic City ! House accepte de l'y conduire en échange des informations qu'il détient.

Erreur de diagnostic :
empoisonnement au mercure

L'ordonnance de House : chélation (désintoxication de l'organisme des minéraux et des métaux nuisibles)

Gabriel était à la tête d'une usine de construction de bateaux. Le jeune Kyle y déambulait souvent, sans doute sans masque, et il a sûrement été empoisonné par le mercure, un constituant de la peinture des navires.

Kyle entre en détresse cardiaque.

Le test du mercure, quant à lui, est négatif.

Élémentaire, mon cher Wilson !

Gabriel raconte que l'incendie qui a tué sa femme et l'a plongé dans cet état végétatif était la faute de Kyle qui, en faisant du pop-corn, a fait tomber des braises sur l'emballage. House rapproche cet événement de tous les décès de la famille du côté de la mère. Tous des accidents de nuit. C'est un syndrome de MERRF ou épilepsie myoclonique avec fibres rouges déchiquetées.

Diagnostic final : épilepsie myoclonique à fibres rouges déchiquetées

Appelé aussi le Syndrome MERRF, Myoclonic Epilepsy with Ragged Red Fibers.

Kyle souffre d'une encéphalopathie faisant intervenir une pathologie des mitochondries (encéphalopathie mitochondriale). Il s'agit d'une affection génétique fréquente aux États-Unis, touchant l'individu jeune et associant, entre autres, une variété d'épilepsie : l'épilepsie myoclonique familiale, une ataxie (incoordination des mouvements) cérébelleuse, une démence et une atteinte musculaire (myopathie). Cette affection musculaire se caractérise, après étude des cellules composant l'échantillon de muscle prélevé par biopsie, par un aspect histologique déchiqueté des filets rouges que les Anglo-Saxons nomment *ragged red fibers*.

Il s'agit d'une affection au cours de laquelle l'hérédité maternelle est le plus souvent en cause.

Complication

Kyle a une cardiomyopathie sévère et, en raison de son alcoolisme, il n'obtiendra pas de greffe cardiaque. La connaissance de la cause de son mal est devenue inutile. Quoi qu'on fasse, il doit mourir. Gabriel veut lui donner son cœur. Ce qui n'est pas possible puisqu'il est en vie !

House explique à Gabriel quelle est la meilleure solution pour se suicider et préserver au mieux le cœur. La strangulation est idéale.

Laissé seul, Gabriel se pend, et son cœur est offert à Kyle.

Dans cet épisode, on apprend que House...

– a trouvé que le dernier opus de *La Guerre des étoiles* était nul.

– prendrait six Vicodin par jour. C'est ce que Cameron déclare à Tritter lorsqu'il l'interroge sur la consommation de House.

– est devenu médecin parce qu'à 14 ans, quand son père était basé au Japon, il faisait de l'escalade avec un copain, qui est tombé. Greg l'a conduit à l'hôpital du coin. Ils ne sont pas arrivés par la bonne entrée. Un homme dans le hall, le concierge (médecin de formation), était un buraku (intouchable japonais). Il était peu considéré par le reste de l'hôpital. Sauf quand on avait besoin de lui. Car, médicalement, il voyait toujours juste.

– aimerait que son père lui dise : « Tu as raison. Tu as fait ce qu'il fallait faire. »

– risque 10 ans de prison. C'est ce que Tritter cherche en bloquant le compte en banque de Wilson. Il fait pression sur l'ami de House pour qu'il témoigne contre lui et le fasse condamner.

Les accessoires de House

Sa petite télé portative.

Sa casquette en tweed gris.

Le moment odieux de House

À propos de Gabriel :
Demain soir, il sera aussi expressif qu'une branche de céleri.

« Housismes »

Quelle illusion de croire qu'un père dispense de façon inconditionnelle un fabuleux geyser d'amour !

Tout est soumis à condition. La difficulté est d'arriver à les gérer.

Guest star

John Larroquette

Il incarne Gabriel, le patient sorti de son état végétatif.
Né le 25 novembre 1947, il est peu connu du grand public français, car il a participé à beaucoup de feuilletons non diffusés ici. Dernièrement, on a cependant pu le voir en avocat dans la série *Boston Justice*. Dans l'autre série de David E. Kelley, *The Practice*, il avait joué un assassin. Sa filmographie ne s'arrête pas là : on peut citer *Kojak, Dallas, Joey, Chuck*... le temps d'un épisode.

ÉPISODE 54 (3x08)

VF/Jeux d'enfants - VO/Whac-A-Mole

Prises de vicodine :

3

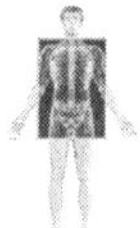

Le patient

Identité : Jack.

Âge : 18 ans.

Profession : serveur.

Antécédents médicaux : ancien drogué, ancien fumeur.

Symptômes : dégoût de la cigarette, asthénie, suées nocturnes, perte de poids, nausées, malaise, arrêt cardiaque, démangeaisons aux pieds, saignements, convulsions.

Intérêt : House s'intéresse à son cas parce que… le garçon a été conduit par les ambulanciers au Princeton-Plainsboro. House y voit d'abord l'occasion d'un petit jeu de devinettes avec son équipe.

Le cas

Jack est serveur dans une salle de jeux pour enfants. Lors d'un goûter d'anniversaire, il se trouve mal, sue, se met à vomir et s'écroule. Il a fait un arrêt cardiaque sous les yeux de sa petite sœur et de son petit frère. Ils sont trois orphelins, et Jack s'occupe des enfants. Ce n'est pas le cœur, ce n'est pas le cerveau, ce n'est pas une bactérie. En fait, on découvre, après un teste demandé par House, qu'il souffre d'une hépatite A (maladie du foie due à un virus).

Un traitement en intraveineuse, et l'organisme de Jack élimine l'hépatite.

Subitement, alors que tout semblait être rentré dans l'ordre, Jack se met à saigner de partout (nez, bras, oreilles…). C'est une coagulopathie (hémorragie excessive, absence de coagulation).

Foreman pratique une ponction lombaire et, en redressant Jack (pourtant doucement), il lui casse une côte. Ses os sont touchés (ostéomyélite). Il est atteint par trois autres infections et convulse toutes les trois heures.

House pense que de la drogue est restée dans son organisme, mais les analyses ne confirment pas.

L'équipe examine à nouveau son cerveau : il est apparemment plein de tumeurs. House, pour sa part, pense que ce n'est que du pus. Il avait vu juste, cela prouve que les défenses immunitaires du patient sont réduites à néant. House soupçonne une maladie génétique. Il en suppose quatre. Pour trouver laquelle, il doit infecter Jack de plusieurs maladies. Il lui vaporise donc un cocktail des quatre maladies. C'est le *serratia* (bactérie) qui se déclare. Jack a une granulomatose septique chronique. Elle engendre la défaillance de tout son système immunitaire.

Diagnostic final :
granulomatose septique chronique

La granulomatose septique chronique liée au chromosome X est un déficit immunitaire de l'immunité non spécifique, de transmission récessive liée au sexe.Son code CIM-10 est D71. Elle se manifeste dans les premiers mois de la vie, chez le garçon, par des infections à germes divers, bactéries ou champignons, atteignant la peau, le système lymphatique, l'arbre broncho-pulmonaire, le foie et la rate.

Ces infections graves et multiples récidivent assez rapidement, et leur évolution est quelquefois péjorative. Lorsqu'elle est réalisable avec un donneur compatible, une greffe de moelle est susceptible de corriger le déficit.

Complication

Il a besoin d'une greffe de moelle osseuse. Son petit frère est compatible, Jack refuse que l'enfant lui donne de sa moelle. House pense que ce n'est pas par altruisme et protection, simplement parce que Jack veut mourir. En effet, le garçon n'en peut plus de s'occuper jour et nuit de ses frère et sœur. C'est trop lourd à vivre.

Les enfants sont confiés à une famille d'accueil.

Tant qu'il n'aura pas reçu cette greffe de moelle, Jack sera constamment victime d'infections.

Dans cet épisode, on apprend que House...

– fait référence à la série *La Vie à cinq*.

– est en manque de Vicodin depuis que Tritter lui a piqué sa réserve et que Wilson ne peut plus rien lui prescrire. Il demande une ordonnance à ses assistants, qui la lui refusent. Il va trouver le Dr Cuddy.

– est en froid avec Wilson qui lui reproche d'être trop égoïste pour se rendre à la police lorsqu'il empêche son ami d'exercer son métier.

Le pari de House

le nouveau jeu de House est de mettre sous pli son diagnostic, quelques minutes après avoir entendu les symptômes et l'historique de Jack, et que ses trois assistants le découvrent avant la fin du déjeuner. Sur l'enveloppe scellée, il écrit « Le jeu est une démangeaison au pied ».

Quand l'équipe ouvre l'enveloppe, elle n'y trouve pas un diagnostic, mais la liste des examens que chacun avait décidé d'effectuer. En d'autres termes, House savait déjà ce que chercheraient Foreman, Chase et Cameron.

Le moment sarcastique de House

À propos de Tritter, qui a supprimé à Wilson son droit de prescription.

Wilson : *Je ne vais pas le laisser faire du tort à mes patients.*

House : *Ne t'en fais pas. De toute façon, tes traitements ne marchent pas.*

L'accessoire de House

Il échange sa canne quadripode (donnée par la kiné, car son épaule le fait souffrir) contre une canne pliante derby venant d'un patient de l'hôpital.

Le moment odieux de House

À Jack :

Il y a trois chances sur quatre que votre petit frère et votre petite sœur pleurent sur un autre cercueil. Vous avez fait les fractions à l'école ?

Guest star

Alan Rosenberg

Il joue l'avocat que consulte Wilson. Il a joué dans les séries *La Loi de Los Angeles*, *Cybill*, *Chicago Hope*, *Le Protecteur*…

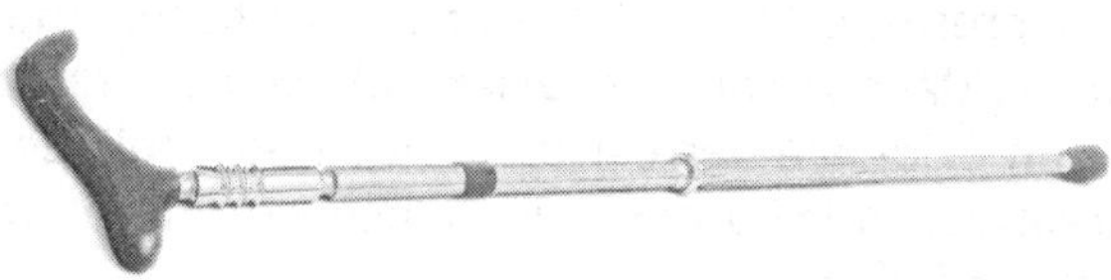

ÉPISODE 55 (3x09)

VF/Rendez-vous avec Judas - VO/Finding Judas

Le score : House 50/La Mort 11
Sauf que, techniquement, c'est Chase qui a sauvé Alice. Donc... House 49/La Mort 11

Prises de vicodine :
4

Le patient

Identité : **Hartman, Alice.** Âge : **6 ans.**

Profession : **écolière sans doute.**

Antécédents familiaux : **tante atteinte de la maladie de Crohn ; le grand-père maternel avait des calculs.**

Allergies : **les tests la montrent allergique à tout ! Difficilement concevable.**

Symptômes : **pancréatite, calculs biliaires, anémie, éruptions cutanées, douleurs abdominales, rigidité musculaire, fièvre.**

Intérêt : **House s'intéresse à son cas parce que... la petite fille a été soignée par Cameron à son admission et présente le cas à Foreman et Chase. House débarque dans la salle de Diagnostic. Sur les radios, il met en évidence des calculs, source probable de la pancréatite. Selon Foreman, il est inconcevable d'avoir des calculs à six ans.**

Le cas

Sur un manège, la petite Alice se met à crier comme une folle. La mère blâme le père de l'avoir mise sur un manège alors qu'elle déteste ça. Ils sont divorcés.

Alice a une pancréatite, et les médecins en cherchent la cause. Dans l'esprit de House, ce sont des calculs dans la vésicule biliaire. C'est gagné. La meilleure manière de savoir d'où ils viennent est de lui retirer la vésicule – qui n'est pas un organe vital – pour l'analyser. Le père est d'accord, mais pas la mère.

House cherche à obtenir ce droit par l'intermédiaire d'un juge, qui lui donne gain de cause.

Après l'opération, Alice se plaint d'avoir la peau qui la gratte. Elle montre en effet une éruption cutanée importante (rash vésiculaire). Une allergie ? House pense plutôt à une infection et préconise un traitement antibiotique à spectre large.

Les tests allergiques sont tous positifs, ce qui est normalement impossible. House, qui est d'avis que l'infection provoque ces résultats, offre à l'enfant une part de sandwich au beurre de cacahuètes (l'arachide étant un allergène terrible). Elle ne montre aucune réaction.

Cette fois, c'est le père qui refuse le traitement contre l'infection. House saisit à nouveau la juge. Elle met Alice sous l'autorité de Cuddy, qui conseille à House d'éviter les antibiotiques à spectre large, car ils risquent davantage de provoquer une allergie.
Les parents continuent de se chamailler et déclenchent une crise d'angoisse chez Alice.

Son état ne cesse d'empirer. La fillette montre des signes de rigidité musculaire.

House, qui soupçonne un des parents de lui avoir donné de l'aspirine en douce, ordonne une hémofiltration pour débarrasser du médicament l'organisme de l'enfant. Pendant la procédure, Alice fait une thrombose (formation d'un caillot sanguin) et, au bloc opératoire, elle a un violent accès de fièvre.

Erreur de diagnostic : fièvre pourprée des Montagnes Rocheuses

C'est une bactérie fréquente aux États-Unis. Le médicament ne donne rien. Le rash s'étend aux bras et aux jambes.

Erreur de diagnostic : fasciite nécrosante

House suggère qu'on ampute les zones atteintes, bras et jambes, car elle serait atteinte de la « bactérie mangeuse de chair ». Cette fois les parents s'accordent : la petite Alice est préparée pour l'amputation des quatre membres.

Élémentaire, mon cher Wilson !

Ce n'est pas House qui a la révélation finale, mais Chase. Il joue avec le laser et pointe Foreman, mécontent, qui se lève comme une furie et court retrouver House pour lui déclarer qu'il s'est trompé, qu'Alice est atteinte en fait de protoporphyrie érythropoïétique – elle est allergique à la lumière. C'est pour cette raison que, chaque fois qu'elle va au bloc opératoire, son état empire : les lampes de la salle d'opération sont en cause. L'apparition de ces symptômes correspond à peu près à cet âge.

Quand ses cellules sont exposées à la lumière, elles fabriquent une substance que le foie essaye de filtrer, ce qui ne conduit qu'à sa détérioration.

Diagnostic final : protoporphyrie érythropoïétique

Maladie génétique secondaire au manque de ferrochélatase (variété d'enzymes nécessaires à la synthèse de l'hème – un des constituants de l'hémoglobine formé par la porphyrine cyclique et par du fer bivalent, au niveau duquel se fixe l'oxygène). Il suffit que l'un des deux parents porte l'anomalie pour que l'enfant présente la maladie.

La photosensibilité débute dès l'enfance, souvent avant l'âge de cinq ans, et les poussées sont parfois déclenchées par la chaleur au même titre que la lumière.

Immédiatement après une exposition au soleil (quelques minutes), la peau apparaît rouge, cuisante, et s'accompagne d'un prurit (démangeaison). Les démangeaisons et les brûlures sont calmées par application de froid.

Il a également été décrit des lithiases biliaires (calculs de la vésicule biliaire) contenant des protoporphyrines, et quelques cirrhoses (destruction du tissu hépatique) dont le pronostic est mauvais, voire fatal.

Dans cet épisode, on apprend que House...

– confond Copernic et Galilée.

– est en réel manque de Vicodin. Cela le rend encore plus odieux qu'à l'accoutumée. Il va même jusqu'à donner un coup de poing à Chase.

– est trahi par Wilson, qui demande une entrevue avec Tritter.

Les accessoires de House

Un stylo qui fait laser (retrouvé dans un orifice, *dixit* House).

Sa balle rose.

Les moments odieux de House

Aux parents d'Alice.

House : *Excusez-moi, je ne pouvais pas deviner que vous* *vouliez la tuer. Enfin, ça peut se monnayer, ça ne me dérange pas.*

Le père : Vous êtes qui, vous ?

House : *Un sombre inconnu qui a l'air de s'inquiéter plus que vous de la survie de cette gosse.*

Au père d'Alice, rétif à un traitement :

Vous savez, il y a un autre truc qui détraque l'organisme. C'est la mort.

« Housisme »

Foreman : *Vous planquez vos médicaments dans un bouquin sur le lupus.*

House : *Parce que c'est jamais un lupus.*

Il s'agit en fait d'un *running gag* de la série. Souvent, au cours du diagnostic différentiel, les médecins proposent un lupus, et il s'avère que ce n'en est jamais un. Les fans l'ont remarqué, et les scénaristes s'en sont emparés.

☆ Guest star

Paula Cale

Mère d'Alice dans cet épisode, on reconnaît son visage pour l'avoir vue jouer Joanie Hansen dans la série *Providence*. Elle a aussi participé à *Murphy Brown*, *Cybill*, *Joey*...

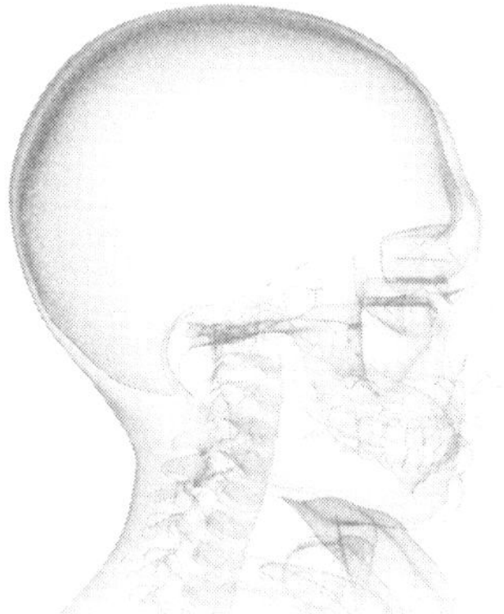

ÉPISODE 56 (3x10)

VF/Acceptera... ou pas ? - VO/Merry Little Christmas

Prises de vicodine :

5

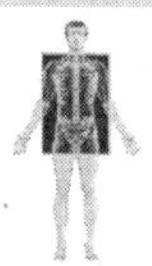

Le patient

Identité : Ralphman, Abigail.

Âge : 15 ans.

Profession : collégienne sans doute.

Antécédents familiaux : nanisme, hypoplasie cartilage-cheveux de mère en fille.

Symptômes : collapsus pulmonaire, anémie, vomissements de sang, hémorragies, nanisme.

Intérêt : House s'intéresse à son cas parce que... il cherche Cuddy pour qu'elle lui prescrive des pilules et la retrouve dans une salle d'examens de la Consultation. En voyant cette naine et sa fille, il ne peut s'empêcher de faire toutes les blagues possibles. Il dit à la mère que Cuddy n'a aucune idée de ce que son enfant peut avoir et prend le dossier.

Le cas

Abigail est naine, comme sa mère. Elle se rend à la Consultation après un collapsus pulmonaire. Elle souffre aussi d'anémie. Cuddy pense que son trouble est d'ordre idiopathique (maladie existant par elle-même, sans cause connue).

House, quant à lui, soupçonne une tuberculose en dépit du résultat négatif.

Erreur de diagnostic : tuberculose

Les patients atteints d'hypoplasie cartilage-cheveux ayant un système immunitaire déficient, le test de la tuberculose pourrait s'afficher négatif et ne pas être fiable.

On fait alors à Abigail une scintigraphie, qui ne révèle ni tuberculose ni aucune autre infection.

Sur les clichés, cependant, House trouve que le foie mérite qu'on s'y attarde et demande à ses adjoints de faire les examens nécessaires.

Mais Cuddy écarte House de ce cas : il ne traitera plus aucun patient tant qu'il n'aura pas accepté le marché de Tritter. Concernant la jeune patiente, elle parie sur un cancer du poumon en dépit de ce que pense House et elle ordonne une IRM des poumons.

Pendant l'examen, Abigail sort de la machine en crachant du sang. La cause est une défaillance hépatique. House avait donc raison : c'est le foie. Et le pancréas ne mettra sans doute pas de temps à faire des siennes. Et, comme il ne produit quasiment plus d'insuline, la patiente perd conscience.

Cuddy se rend chez House pour l'appeler à l'aide, seulement, comme elle refuse de lui donner ses cachets, il refuse d'aider la jeune fille.

Erreur de diagnostic : maladie de Still

L'ordonnance de House : corticoïdes

Quand Cameron se présente à sa porte, il est dans un état déplorable. Au vu des tests, il soupçonne une maladie de Still (maladie chronique qui correspond bien aux symptômes de la patiente). Cuddy lance le traitement, et la fillette va mieux jusqu'à ce qu'elle se mette à saigner abondamment des oreilles et de la bouche.

Élémentaire, mon cher Wilson !

House parle avec une jeune patiente dans un fauteuil roulant, qui lui affirme que sa peluche est un chien. House lui explique que les mots ont une signification et que sa peluche est un ours, pas du tout un chien. *Tu vois c'est ce qu'on appelle un sophisme, ce n'est pas parce que tu appelles ça un chien que c'est... un chien.* Il demande alors tout de suite une radio des jambes d'Abigail : en réalité, elle n'est pas naine.

Sa petite taille est en fait un symptôme supplémentaire : elle était le symptôme neurologique qui manquait.

Il s'agit d'une histiocytose à cellules de Langerhans : *Aussi connue*, selon House, *sous le nom : j'ai ton cancer dans mon auto-immunité.*

Diagnostic final : histiocytose à cellules de Langerhans (histiocytose X)

Maladie rare, ni génétique, ni héréditaire, ni contagieuse. Elle se caractérise par la présence anormale dans certains tissus de cellules de Langerhans, cellules qui participent ordinairement à la défense de l'organisme.

Les atteintes de la maladie, très variables, peuvent aller de lésions cutanées locales à la dégradation de divers tissus. L'os est souvent attaqué. Les formes graves peuvent toucher plusieurs organes vitaux (moelle osseuse, foie, poumon…). Cette maladie peut aussi se compliquer d'atteintes hormonales, voire, plus exceptionnellement, du système nerveux.

Les formes touchant des organes vitaux nécessitent des traitements lourds : chimiothérapie, corticothérapie, une greffe dans certains cas.

La réponse aux traitements n'est pas toujours prévisible : la maladie peut continuer d'évoluer, régresser ou disparaître et, parfois même, récidiver.

Dans cet épisode, on apprend que House…

– ne serait plus condamné qu'à deux mois de cure de désintoxication s'il plaide coupable, depuis que Wilson a avoué à Tritter ne pas avoir fait les ordonnances de Vicodin. Il a trois jours pour décider.

– est prêt à crocheter le tiroir de Cuddy pour trouver ses médicaments. Enfin, il demande à Foreman de le faire, puisque lui n'y parvient pas, en échange de conseils sur le diagnostic d'Abigail.

– est prêt à se rendre dans une autre clinique pour simuler un trauma et obtenir une ordonnance d'opiacés.

– est prêt à refuser de soigner Abigail, à la laisser mourir, si on ne lui donne pas de Vicodin.

– se taillade la peau tellement il est en manque. Les entailles libèrent des endorphines soulageant la douleur.

– est prêt à voler de l'oxycodone (opiacé de synthèse) à un patient mort du cancer.

– réussit à tromper le pharmacien de l'hôpital pour avoir ce même oxycodone (il avait subtilisé, dans son dossier médical, l'ordonnance du patient décédé) et prend sa dose dans l'escalier, en cachette, avec jouissance, comme le drogué qu'il est.

– refuse la normalité.

– décide, après son abus d'oxycodone, d'aller trouver Tritter pour accepter le marché. Le policier lui apprend qu'il ne tient plus, étant donné qu'il a de nouvelles preuves : le vol, à la pharmacie, des comprimés du cancéreux décédé.

Le moment sarcastique de House

Wilson (qui a dénoncé House à Tritter) *: Si j'ai fait ça, c'est uniquement pour ton bien.*

House *: À Noël prochain, offre-moi un pull.*

Les moments politiquement incorrects de House

Ses dizaines de vannes sur les nains. En voici quelques-unes :

House *: J'ai lu dans son dossier que le père était de taille normale.*

La mère *: De taille moyenne !*

House *: Oui, comparé à vous, c'était forcément un géant. C'était un fétichiste ou alors il est tombé amoureux de votre grandeur intérieure ?*

À la mère d'Abigail, qui ne veut pas encourager sa fille à prendre les hormones de croissance.

House *: Vous êtes une mauvaise mère. Vous voulez que votre fille soit un monstre.*

La mère *: On n'est pas des monstres.*

House *: Vous voulez qu'elle triomphe de l'adversité ?*

La mère : Oui !

House *: Alors, ne vous arrêtez pas à la taille. Allez-y, crevez-lui un œil ! Naine et borgne, ça devient intéressant.*

La métaphore de House

Alors qu'il est en pleine crise de manque, House veut expliquer à Cameron qu'Abigail souffre peut-être d'arthrite chronique juvénile : *Disons que le système immunitaire d'Abigail est comme un gars timide dans un bar. Les otites l'amadouent ou essayent de la pousser à… arrêtons-là la métaphore ! Vous avez pigé l'idée.*

Cameron termine : *Le gars se saoule et saccage le bar. Une maladie auto-immune déclenchée par une petite infection.*

Prises de Vicodin : 5

Dans cet épisode, House prend des pilules d'oxycodone. On ne le voit pas avaler toute la boîte, néanmoins son contenu baisse dangereusement vite. Au point que Wilson le retrouve allongé dans son vomi.

House musique

« Zat You, Santa Claus ? » (Louis Armstrong) ; « Have Yourself a Merry Little Christmas » (Ella Fitzgerald).

Guest star

Meredith Eaton-Gilden

Elle joue la mère de la patiente, une naine – elle mesure 1,30 mètre – au caractère bien trempé. Un peu du genre du personnage d'avocate qu'elle a joué ensuite dans la série *Boston Justice*.

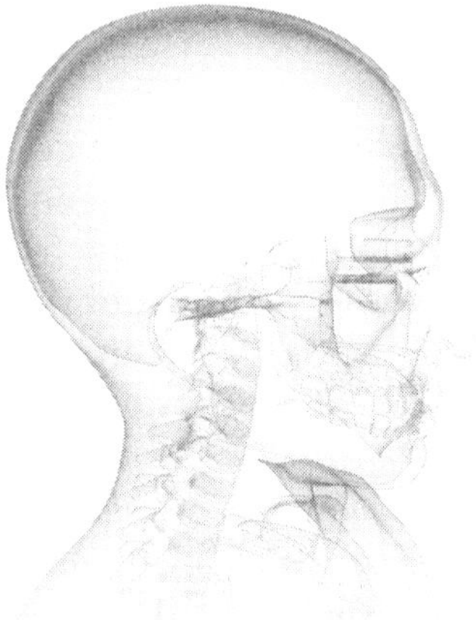

ÉPISODE 57 (3x11)

VF/Cœur brisé - VO/Words & Deeds

Prises de vicodine :

2 + 1

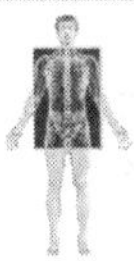

Le patient

Identité : Derek.

Âge : 28 ans.

Profession : pompier (capitaine).

Antécédents médicaux : greffes cutanées.

Allergie : à Amy ?

Symptômes : tremblements, fièvre, désorientation, arythmie, vision bleue, multiples infarctus, voix plus aiguë, faux souvenirs.

Intérêt : House s'intéresse à son cas parce que... Cameron le lui présente. Il se montre rétif. Elle se montre autoritaire : *Je vous demande de faire votre job.*

Le cas

Lors d'une intervention sur un incendie, un pompier se dirige vers l'immeuble en flammes sans paraître savoir ce qu'il fait. Stoppé par sa collègue Amy, il tombe à terre et se plaint d'être gelé.

Chase suppose une maladie nosocomiale, du fait de la résidence du patient pendant six mois dans un service de grands brûlés.

Erreur de diagnostic : maladie nosocomiale (SARM, bactérie courante en milieu hospitalier)

Les cultures infirment le diagnostic. Et surtout sa tendance à voir tout en bleu.

House prétend qu'il est andropausé, de façon précoce, et qu'il compense en prenant du Viagra. Ses parties génitales auraient été brûlées.

Erreur de diagnostic : andropause

L'ordonnance de House : testostérone

Un bilan hormonal s'impose.

Au moment où la perfusion de testostérone passe dans ses veines, Derek devient comme fou. Il hurle et manque d'étrangler Cameron.

L'équipe tourne en rond, d'autant plus que House les a tous laissés se débrouiller pour suivre une cure de désintoxication quelques étages au-dessus de son service.

Derek fait plusieurs infarctus.

L'équipe monte consulter House, très occupé à vomir tripes et boyaux. La théorie du médecin est qu'Amy – sa collègue et petite amie de son frère – déclenche les attaques cardiaques, car elle est présente chaque fois.

Pour confirmer cette hypothèse plutôt saugrenue, Chase, Foreman et Cameron introduisent Amy dans la chambre de Derek. Et, en effet, au bout d'une minute, il entre en détresse.

Les tests d'agents pathogènes possiblement transportés par Amy reviennent négatifs. Derek avoue à Cameron qu'il est amoureux de la jeune femme.

Cameron pose alors le diagnostic du syndrome des cœurs brisés. Toute la difficulté est de le soigner. Tous les médicaments qu'on pourrait lui administrer ne feraient qu'empirer son état. La seule solution que voit House est d'effacer Amy des souvenirs de Derek en lui faisant subir un électrochoc. Contre toute attente, Cuddy accepte ce mode de traitement un peu archaïque. Après la procédure, Derek n'a plus aucun souvenir de son frère ou d'Amy.

Au cours d'une discussion avec Cameron, Amy lui apprend qu'elle n'est pas du tout fiancée au frère de Derek – contrairement à ce que le pompier avait l'air de penser – et qu'elle ne sort même pas avec lui. Il se créait en fait de faux souvenirs. L'équipe téléphone à House alors qu'il est en plein procès et, bien que cela ne soit pas du goût de la juge, il poursuit la conversation portant sur le cas de Derek et quitte le tribunal avec désinvolture pour retrouver son patient.

Élémentaire, mon cher Wilson !

Précédemment, Cameron lui a dit que les électrochocs avaient rendu la voix de Derek plus aiguë. En fait, ce n'est qu'une conséquence de l'andropause. Ses problèmes semblent plus féminins que masculins. Qu'est-ce qui gêne plus la circulation sanguine chez une femme que chez un homme ?

House : *Un méningiome spinal. Les nerfs appuient sur les cordes vocales, d'où la modification de la voix, et ce nerf qui habite juste à côté de la branche méningée de l'artère vertébrale obstrue la circulation du sang vers le cerveau. Le cerveau fonctionne mal, il fabrique des souvenirs erronés.*

Diagnostic final : méningiome et syndrome des cœurs brisés dû à une andropause

Tumeur généralement bénigne, mais qui peut parfois être maligne, développée à partir de cellules du revêtement méningé de l'encéphale et de la moelle épinière.

Les symptômes cliniques amenant à découvrir ces tumeurs varient avec leur siège : crises d'épilepsie, paralysies de la moitié du corps (hémiplégie progressive) ou des altérations du champ visuel, altérations de l'humeur ou des fonctions intellectuelles de caractère psychiatrique, maux de tête (céphalées), troubles progressifs de la marche...

Les méningiomes se traitent souvent par la chirurgie.

Dans cet épisode, on apprend que House...

– passe devant la justice et plaide non coupable.

– va trouver Tritter et lui fait ses excuses. Il lui explique à quel point sa douleur est insupportable. Tritter le remercie et lui indique aussitôt qu'il ne croit pas un mot de ses excuses. Le procès est toujours d'actualité.

– échappe à toute condamnation, car la juge classe l'affaire, après le témoignage de Cuddy en sa faveur – en se parjurant. Toutefois, la juge l'accuse d'outrage à la cour, lui fait passer une nuit en prison et lui ordonne de poursuivre sa cure.

– s'inscrit en cure de désintoxication.

– fait référence à Voldemort (ennemi de Harry Potter).

– est très mal à l'aise quand Cameron l'étreint.

– soudoie l'infirmier de la cure de désintoxication pour qu'il lui fournisse de la Vicodin.

Les accessoires de House

Pendant une thérapie de groupe, il joue avec une cocotte en papier.

Il fume une cigarette dans la salle commune de la cure de désintoxication, sous le panneau « Espace non-fumeur ».

Il fait un « gros intestin avec une colite hémorragique » en pâte à modeler, en atelier d'art-thérapie.

Wilson lui offre une cravate rouge pour l'audience (qui s'avère aller particulièrement mal avec la chemise marron qu'il porte ce jour-là !).

Le moment odieux de House

À la juge lors de son procès : *Vous avez toujours cette voix forte et désagréable quand vous vous fâchez ?*

Prises de Vicodin : 2 + 1

Il prend du buprénophine, un opiacé qu'on utilise dans le sevrage , donné par l'infirmier du centre de désintoxication.

« Housisme »

Les souvenirs créent de l'amour et l'amour tue.

La métaphore de House

(À propos du système sanguin de Derek) *Le problème n'est pas l'étroitesse de la route, c'est le gars avec sa raclette à laver les vitres, posté au feu rouge, qui ralentit le flux des bagnoles et donc la circulation.*

House musique

« Season of the Witch » (Donovan).

ÉPISODE 58 (3x12)

VF/De pièces en pièces - VO/One Day, One Room

Prise de vicodine :

1

Dans cet épisode, House ne traite pas un patient en particulier.

Cuddy l'a affecté à la Consultation pour deux jours, à la sortie de sa cure de désintoxication.

Évidemment, comme ça l'ennuie, il se crée un cas qui n'en est pas un : un homme hurle en tournant en rond dans la salle d'attente. House en déduit qu'il a dû se faire mordre par un cafard dans l'oreille. Toutefois, il ordonne à son équipe de lui faire une batterie de tests inutiles, dans le seul but d'échapper à Cuddy et ses heures à la Clinique.

Seulement, Cameron vend la mèche. Retour à la case Consultation.

Il propose 50 dollars à tous les patients qui sont prêts à partir sans se faire examiner.

Cuddy éveille son intérêt en lui proposant 10 dollars pour chaque malade diagnostiqué sans auscultation.

Trois supposés souffrants de MST se sont présentés à lui. Pour deux d'entre eux, ce n'est pas le cas. La troisième a bien une *chlamydia.*

Les *Chlamydia* sont un genre de bactéries qui provoquent diverses maladies. Chez la femme, la chlamydiose, infection sexuellement transmissible, est une cause fréquente de maladie inflammatoire pelvienne, pouvant entraîner une stérilité et augmenter le risque de grossesse extra-utérine.

Elle est effondrée en l'apprenant et réagit violemment quand il s'approche d'elle pour lui donner les médicaments. Il comprend qu'elle a été victime d'un viol et demande à Cuddy que la psychiatre prenne le relais.

Cependant, la jeune femme veut que House continue à la suivre. Elle a confiance en lui, elle a envie d'en parler avec lui. Il fait en sorte qu'elle le vire de la salle et accepte de voir la psychiatre.

Quelque temps après, elle attente à ses jours. House est réaffecté à son cas. Il est vraiment le seul auquel elle veut parler. House se sent le dernier apte à le faire.

Néanmoins, il essaye, puis se sent complètement décontenancé quand la fille lui demande de parler de lui, des coups durs qu'il a vécus.

Il invente que sa grand-mère le maltraitait, qu'elle le faisait dormir dans le jardin, ou lui faisait prendre des bains d'eau glacée s'il ne filait pas droit. Il l'appelle « Oma », grand-mère en hollandais. Elle comprend qu'il ment.

Cuddy lui a fait passer d'autres analyses : elle est enceinte.

Elle refuse d'avorter, contrairement à ce que lui conseille House.

Il l'amène en balade, ont une conversation sur Dieu. House s'y montre toujours aussi antireligieux.

Enfin, il avoue que l'histoire de maltraitance était vraie, mais que sa grand-mère n'avait rien à voir dans l'affaire. C'est son père qui était le fautif.

À son tour, la femme confie les circonstances de son agression et subit l'IVG.

Le pari de House

Pour que House trouve un intérêt à la Consultation, Cuddy le met au défi de diagnostiquer les patients sans les toucher. Pour 10 dollars chacun. Lui paye 10 dollars pour ceux qu'il se voit obligé de toucher. Il gagne d'abord 30 dollars. Quand une fille plutôt jolie arrive sur la table d'examen, il ne peut s'empêcher de la toucher. Il doit 10 dollars à Cuddy !

Dans cet épisode, on apprend que House…

– fait référence à la série télé *Dawson*.

– a été maltraité par son père dans son enfance.

Les accessoires de House

Sa PSP, avec laquelle il joue au chevet de la patiente violée et suicidaire.

Il joue au baby-foot avec Wilson.

Les moments odieux de House

À la jeune fille victime d'un viol : *Je ne veux pas m'occuper de vous. Le fait que vous ayez été violée ne représente pas d'intérêt pour moi.*

House : *Et il avale un truc placardé sur un frigo ? Darwin aurait dit « Laissons-le mourir ».*

Prise de Vicodin : 1

Il prend le cachet devant Cuddy, qui est dans tous ses états. Et la désintox ? *Oh, c'est déjà loin*, réplique-t-il.

« Housismes »

House : *Savez-vous combien on enregistre de viols par jour ?*

Cuddy : *Oui, et c'est si courant que ça devient ennuyeux ?*

House : *Si on devait s'intéresser à tous ceux qui souffrent sur cette planète, la vie serait un enfer.*

Les gens sont capables du meilleur, mais leurs instincts sont vils.

House musique

« Listen Here »
(Eddie Harris) ;

« Grey Room »
(Damien Rice).

Guest star

Geoffrey Lewis

Il joue le vagabond atteint d'un cancer du poumon, aidé par le Dr Cameron. Il est le père de la comédienne Juliette Lewis (*Tueurs nés*), connu pour être membre de l'Église de Scientologie. Il est apparu dans nombre de séries télé : *Arabesque*, *X-Files*, *Dawson*, *Nip/Tuck*, *Cold Case*, *Esprits criminels*... Acteur de cinéma, il a beaucoup tourné sous la direction de Clint Eastwood (*L'Homme des hautes plaines*, *Minuit dans le jardin du bien et du mal*...) Autres films à son actif : *Mon nom est personne*, *L'Homme sans visage*, *Maverick*, *Blueberry, l'expérience secrète*...

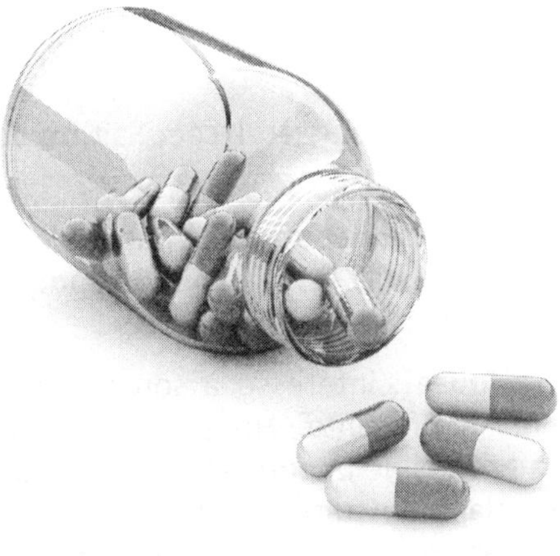

ÉPISODE 59 (3x13)

VF/Une aiguille dans une botte de foin - VO/Needle in a Haystack

Prise de vicodine :

0

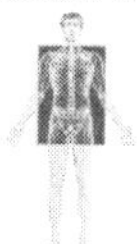

Le patient

Identité : Lipa, Stevie.

Âge : 16 ans.

Profession : ne va plus au lycée. Fait du commerce avec son père.

Symptômes : crise hypoxique, épanchement pleural hémorragique, caillot, insuffisance hépatique, granulome, hémorragie de la vessie.

Intérêt : House s'intéresse à son cas parce que... Foreman le lui présente. House est trop occupé à s'énerver à propos de la nouvelle chercheuse qui lui a subtilisé sa place de stationnement. Mais quand Eric ajoute que les Urgences ont diagnostiqué un épanchement pleural hémorragique à ce gamin de 16 ans, House trouve cela « curieux ».

Le cas

Deux ados se tripotent dans une voiture, la nuit. La police les contrôle, le garçon se met à suffoquer. Il montre les signes d'un épanchement pleural hémorragique.

House, suspectant un « problème de plomberie », demande une veinographie.

L'examen ne révèle rien. Même pas le saignement qu'il est censé avoir. Il n'a pas de fuite.

En visite au domicile de Stevie, Chase et Cameron tombent sur une véritable porcherie. Et un couple adultère ! En fait, l'adresse n'était pas du tout celle de Stevie. Le garçon est un gitan (un romanichel). Les lois de la communauté ne permettent pas à des personnes qui y sont étrangères de pénétrer dans les habitations.

Foreman fait une artériographie au garçon ; soudain il a mal à l'estomac et son cœur s'emballe. Son foie est abîmé. Un énorme caillot bloque sa veine hépatique, d'où l'insuffisance.

Erreur de diagnostic : maladie de Wegener

L'ordonnance de House : Cyclophosphamide

Stevie passe une IRM. Les médecins voient un granulome dans le foie. Un granulome est une masse inflammatoire de petite taille due à la prolifération dans un tissu d'un certain nombre de cellules.

Il a sans doute la maladie de Wegener (vascularite – inflammation des vaisseaux sanguins – touchant artérioles et capillaires. Il s'agit d'une maladie auto-immune).

Ses parents arrivent, paniqués. Contrairement aux règles de

l'hôpital, ils apportent à leur fils des vêtements, draps, petits plats. Ils pensent qu'il est malade seulement parce que sa vie connaît un « déséquilibre ». Notamment à cause de sa petite amie, Leah, qui n'est pas une des leurs. Quand la jeune fille se représente dans la chambre de Stevie, une violente dispute s'engage avec les parents. Stevie se met à hurler de douleur ; à présent il montre une hémorragie de la vessie. Mais le traitement produit un effet négatif. Le diagnostic est pourtant certainement le bon. C'est le traitement qui doit changer. House pense à l'expérimental FT 28, toutefois les parents refusent.

Foreman veut le lui donner en cachette, mais Stevie refuse. Son état empire, sa rate explose et il doit passer au bloc opératoire. L'intervention révèle qu'il n'a pas de granulome, donc pas de Wegener. Ce constat ne satisfait pas House qui arrive dans la salle d'opération, se lève de son fauteuil roulant et, contre l'avis du chirurgien, sort l'intestin de Stevie. Il y cherche en vain le fameux granulome.

Les parents ne veulent plus que House ni son équipe approchent leur fils. C'est alors qu'il détourne leur attention pendant que Foreman, Chase et Cameron s'occupent de faire une coloscopie à Stevie : le garçon a un cure-dent dans l'intestin !

Diagnostic final : ingestion d'un cure-dent

Le pari de House

Cuddy lui parie qu'il ne tiendrait pas une semaine en fauteuil roulant. Il accepte le défi si l'enjeu est de récupérer sa place de parking.
Mais il perd après être sorti du fauteuil au bloc opératoire.
Malgré tout, Cuddy lui rend sa place.

Les accessoires de House

Tout au long de l'épisode, House se déplace en fauteuil

roulant, car il est furieux qu'une chercheuse ait eu priorité sur son parking alors qu'elle était en fauteuil et que lui ne se déplaçait « qu'avec une canne ». Sur son fauteuil, cet autocollant : *I'd rather be walking* (« Je préférerais marcher »).

Un bonnet en laine beige.

Le moment sarcastique de House

Cuddy : *Méfiez-vous, l'orgueil précède la chute.*

House (dans son fauteuil roulant) : *Heureusement, je ne risque pas de tomber de haut.*

La vanne sexuelle de House

À propos des hémorragies successives de Stevie.

Foreman : *On a rebouché un trou et on a mis le doigt dans un autre.*

House : *On parle du patient, là, ou de ce qu'il faut faire pour que Cuddy nous augmente ?*

Les moments politiquement incorrects de House

Le seul truc qui m'énerve plus qu'une crapule, c'est une crapule handicapée !

En voyant le Dr Whitner dans son fauteuil électrique :*Jolie monture ! J'avais demandé celle avec le siège à paillettes et les poignées fluo, mais le père Noël m'a apporté ça (en levant sa canne pliante).*

« Housisme »

C'est aussi un être humain, on ne peut pas lui faire confiance par définition.

House musique

« In the Waiting Line » (Zero 7).

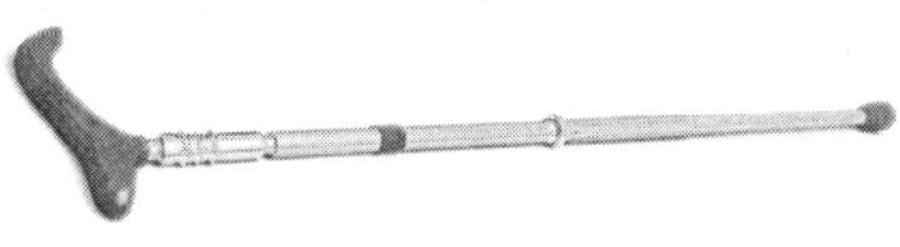

ÉPISODE 60 (3x14)

VF/Sans peur et sans douleur - VO/Insensitive

Prise de vicodine :

0

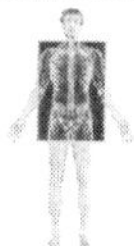

Le patient

Identité : Morganthal, Hannah.

Âge : 16 ans.

Profession : lycéenne.

Antécédents médicaux : insensibilité congénitale à la douleur (ICD).

Symptômes : fièvre, délire paranoïaque, paralysie des membres inférieurs.

Intérêt : House s'intéresse à son cas parce que... Foreman soigne Hannah aux Urgences après son accident. House est présent et remarque que la jeune fille simule la douleur. Il devine qu'elle a une ICD, une des maladies les plus rares au monde. Lui qui a mal tout le temps, cela ne peut que le fasciner.

Le cas

Hannah est atteinte d'ICD. Elle est admise aux Urgences après un accident de voiture avec sa mère. House lui fait passer une batterie de tests, qui ne révèlent rien. Pourtant, peu de temps après, la jeune fille convulse. Elle a 41° de température. House veut une biopsie du nerf rachidien, même si le risque est la paralysie.

Chase a l'idée de surveiller l'activité de son cerveau en lui envoyant des stimuli de douleur. Il lui fait plonger la main dans une eau brûlante. Elle le fait et bien sûr ne sent rien.

Au point que, lorsque Chase sort sa main de l'eau, elle est complètement cloquée : brûlure au deuxième degré.

Ensuite, Foreman lui perce un trou dans la tête sous prétexte que les douleurs osseuses sont les pires. Pendant l'intervention, elle feint de souffrir. En fait, elle agit ainsi dans le seul but d'être libérée et pouvoir s'enfuir. Elle menace de sauter du balcon. Tout à coup, elle ne sent plus ses jambes et tombe.

En pratiquant une biopsie d'un de ses nerfs, les médecins constatent une dégénérescence anormale, que l'ICD ne peut pas expliquer.

Au chevet de sa mère, en très mauvais état, Hannah se met à pleurer alors que normalement elle ne peut pas. Puis une douleur terrible au crâne la prend. House inscrit la culpabilité au tableau des symptômes. Pour lui, cela induit une carence en vitamine B12.

Élémentaire, mon cher Wilson !

Comme souvent, House pique le sandwich de Wilson. Lorsque James lui demande s'il est excité par l'idée de voler le gibier d'autres chasseurs, il demande une IRM abdominale, mais file plutôt directement au bloc opératoire, ouvre le ventre de la patiente et en sort un *cestoda diphyllobothrium* (appelé aussi ténia du poisson) de huit mètres de long !

Diagnostic final : un diphyllobothrium causant une carence en vitamine B12

Le *diphyllobothrium* (ou ténia du poisson) fait partie des cestodes intestinaux. Les cestodes sont une classe de parasites (ténias) dont les adultes vivent dans le tube digestif des vertébrés. Par leur alimentation, diverses espèces d'animaux peuvent être contaminées, dont les poissons.

L'homme va être contaminé à son tour en mangeant des poissons crus ou insuffisamment cuits. La vitamine B12 est indispensable au maintien de l'intégrité du système nerveux et tout particulièrement de la gaine de myéline qui protège les nerfs et optimise leur fonctionnement. Un déficit en vitamine B12 entraîne également une forme d'anémie.

Dans cet épisode, on apprend que House…

– n'est peut-être pas insensible au charme de Cuddy. Il n'arrête pas de la déranger pendant son rendez-vous avec l'homme qu'elle a rencontré sur Internet. Mais l'individu laisse tomber, car il soupçonne que Lisa a le béguin pour House.

– tient à faire une biopsie sur le nerf rachidien d'Hannah, atteinte d'insensibilité congénitale à la douleur, car cela permettrait peut-être de trouver une manière de soigner sa jambe.

Le moment odieux de House

À Cuddy, qu'il soupçonne d'avoir un rendez-vous galant pour la Saint-Valentin : *Au lieu de lui dire « j'aurai une écharpe fuchsia », vous auriez dû lui dire « j'aurai un air désespéré ».*

Le moment politiquement incorrect de House

À propos d'Hannah, qui est juive : *Ils ont tué Jésus-Christ, c'est pas des gens fiables.*

House musique

« Hit the Ground » (Lizz Wright).

ÉPISODE 61 (3x15)

VF/Demi-Prodige - VO/Half-Wit

Prise de vicodine :

0

Le patient

Identité : Obyedkov, Patrick.

Âge : 35 ans.

Profession : pianiste.

Antécédents médicaux : atteint d'invalidité neurologique depuis 25 ans, crises d'épilepsie.

Symptômes : syndrome du savant, arrêt cardiaque, hémorragie, convulsions, hémisphère droit du cerveau mort, détresse respiratoire.

Intérêt : House s'intéresse à son cas parce que... il trouve étrange qu'un gamin de 10 ans sans intérêt pour la musique se soit retrouvé virtuose après être passé sous un bus.

Le cas

Lors d'un récital, un pianiste atteint depuis l'âge de 10 ans de troubles neurologiques – il a été renversé par un bus – se met à avoir mal aux doigts. Ils sont comme pliés à l'envers ! C'est une dystonie de la main gauche.

Erreur de diagnostic : problème cardiaque

En examinant son cerveau à l'IRM, House en déduit que son problème est cardiaque. Ce n'est pas une dystonie qu'il a à la main, c'est simplement son cœur qui a causé une vasoconstriction au bras.

Pendant que Foreman tente d'introduire un cathéter dans l'artère fémorale, Patrick fait une attaque cardiaque.

On lui trouve une hémorragie inexpliquée, puis il convulse alors qu'il est sous traitement anticonvulsif.

House préconise d'aggraver son cas, d'arrêter ce traitement anticonvulsif pour favoriser les crises et lui faire passer un PET scan (tomographie d'émission par positrons) dans ces conditions. De nombreuses lésions sont visibles, mais rien de spécifique. Le scan révèle en revanche que l'hémisphère gauche de Patrick fonctionne davantage que le droit.

L'angiographie confirme une hémorragie cérébrale dans la matière blanche de son hémisphère droit.

Erreur de diagnostic : cancer ou maladie auto-immune

Foreman pratique un électroencéphalogramme intracrânien qui infirme ces deux diagnostics. En revanche, il met en évidence la mort cérébrale de l'hémisphère droit. Ce qui paraît étrange puisque Patrick continue à jouer du piano, activité qui suppose le fonctionnement des deux hémisphères.

La réponse est forcément, au final, une maladie auto-immune. Précisément, une artérite de Takayasu.

Diagnostic final : artérite de Takayasu

Il s'agit d'une maladie inflammatoire des vaisseaux atteignant essentiellement les artères de gros calibre (aorte et ses branches, artères pulmonaires).

Dans la majorité des cas, le diagnostic n'est fait qu'après l'apparition des signes vasculaires. L'échodoppler, l'artériographie, l'angioscanner, l'angioIRM permettent de poser le diagnostic. Le traitement repose sur la corticothérapie.

Les chances de survie sous traitement sont généralement bonnes.

Complication

House pense lui retirer une partie de l'hémisphère droit du cerveau, vu que c'est lui qui provoque ses convulsions. Cela lui permettrait de découvrir d'autres fonctions de son cerveau, mais il ne serait plus un virtuose du piano.

Le père ne semble pas prêt à ce sacrifice. House lui rétorque que Patrick aurait enfin, de cette façon, une véritable vie.

Après réflexion, le père autorise l'hémisphérectomie.

À présent, Patrick est capable de boutonner sa chemise tout seul.

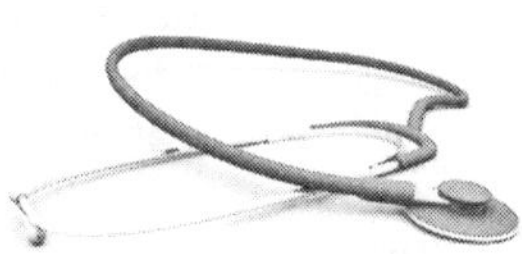

Dans cet épisode, on apprend que House…

– est atteint d'un cancer du cerveau. Foreman trouve sur l'IRM de son chef un nodule de six centimètres : il lui reste un an à vivre. C'est inopérable. La fin de l'épisode nous apprend que House n'a pas du tout de cancer. Ce dossier n'était pas le sien. Il voulait simplement se faire injecter une drogue dans le centre du plaisir du cerveau.

– composait des morceaux de piano au lycée.

– se laisse embrasser par Cameron. C'était une ruse de sa part pour prélever un peu de sang à son patron !

– fait faire ses analyses sous le faux nom de Luke N. Laura (référence au feuilleton *Hôpital central*).

Les accessoires de House

Une sucette.

Des lunettes de presbytie.

Le moment odieux de House

Le père de Patrick : *J'aime mon fils, et je l'aime comme il est.*

House : *Ouais, comme ces singes savants dans les cirques.*

« Housisme »

Tout le monde doit mourir.

House musique

« Sonate pour piano nº 21 » (Beethoven) ; « I Don't Like Mondays » (Boomtown Rats) ; « Symphonie en do majeur » (Bizet) ; « Rainy Day Lament » (Joe Purdy) ; « The Entertainer » (Scott Joplin) ; « See the World » (Gomez).

Guest star

Kurtwood Smith

Le père protecteur de Patrick dans cet épisode est incarné par le même acteur qui tenait le rôle du père autoritaire de Neil Perry dans *Le Cercle des poètes disparus* (1989). Neil Perry, joué dans ce film par Robert Sean Leonard… le Dr Wilson dans *Dr House*.

Épisode 62 (3x16)

VF/L'Homme de ses rêves - VO/Top Secret

Prises de vicodine :

8

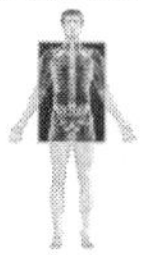

Le patient

Identité : Kelley, John. Âge : 34 ans.

Profession : ex-marine.

Antécédents médicaux : saignements de nez étant enfant, cautérisés.

Antécédents familiaux : mère atteinte d'un cancer.

Symptômes : syndrome de la guerre du Golfe, fatigue chronique, éruptions cutanées, douleurs articulaires, maux de gorge, toux, picotements dans les jambes, surdité, paralysie des membres inférieurs.

Intérêt : House s'intéresse à son cas parce que... Cuddy lui ordonne de le prendre. John est le neveu d'un des bienfaiteurs de l'hôpital. Mais, surtout, House a rêvé de lui avant qu'il ne se présente au Princeton-Plainsboro.

Le cas

John Kelley est un ancien marine convaincu d'être atteint du syndrome de la guerre du Golfe. Personne dans l'équipe ne croit à l'existence de cette maladie, cependant, House s'occupe de ce patient, car son oncle est un donateur de l'hôpital. Il commande une batterie de tests à son équipe, car il suspecte aussi une apnée du sommeil, qui expliquerait sa fatigue. Or la polysomnographie ne révèle rien.

Mais l'homme a une vaginose bactérienne dans la bouche. Au vue de tous les symptômes, Foreman suggère un cancer, un lymphome. House est d'accord pour le cancer, pas pour le lymphome ; il suspecte plutôt un cancer de la parotide (glande salivaire la plus volumineuse).

Erreur de diagnostic : cancer de la parotide

Wilson pratique une biopsie de la glande salivaire. Cependant, ce n'est pas là qu'il a un cancer, c'est au cerveau. Au moins six tumeurs sont identifiables. Il a déjà perdu l'ouïe, bientôt, ce sera la vue. Enfin, la mort suivra.

Erreur de diagnostic : irradiation à l'uranium

Aux derniers examens pratiqués par l'hôpital militaire, John ne montrait aucune trace de tumeurs au cerveau. C'est donc impossible qu'elles se soient développées aussi rapidement. House suggère qu'il a été irradié.

Comme par magie, les tumeurs ont disparu. Seulement, maintenant, le patient souffre d'une paralysie des membres inférieurs, une paralysie ascendante, qui atteint pratiquement le diaphragme. Si elle continue, John devra être mis sous respirateur.
Sa tension et son hématocrite sont en chute libre.

Élémentaire, mon cher Wilson !

House fait un cauchemar délirant dans lequel il se met à saigner du nez.

Le grand-père de John souffrait de saignements de nez, et lui aussi, quand il était enfant. Il s'était même fait cautériser. Ils avaient tous deux une maladie héréditaire appelée télangiectasie hémorragique héréditaire.

Diagnostic final : maladie de Rendu-Osler

C'est une angiomatose due à une transmission génétique. Elle associe des manifestations cutanéo-muqueuses (télangiectasies) et des malformations vasculaires résultant de l'absence de capillaires entre les veines et les artères. De ces malformations et de leur siège dépend la gravité de cette maladie, en raison des risques de ruptures. La manifestation la plus commune consiste en des saignements de nez spontanés et fréquents.

Dans cet épisode, on apprend que House…

– peut jouer de l'harmonica avec ses narines.

– peut faire jouir deux femmes en même temps, à ce qu'il dit, *quand les conditions sont réunies*.

– a eu une aventure d'une nuit avec Cuddy, il y a longtemps.

Les accessoires de House

Sa balle de base-ball.

Une sonde urinaire qu'il se pose sur lui-même.

Le moment odieux de House

Cuddy : *Vous venez de prendre deux Vicodin ?*

House : *Non, des antidépresseurs. On m'a dit d'en gober deux chaque fois que vous entriez dans la pièce.*

Le moment sarcastique de House

Cuddy : *Comment va-t-il ?*

House : *Il est mort.*

Cuddy : *Non ! C'est pas vrai ?*

House : *Non, c'est pas vrai, mais ça ne va pas tarder.*

La métaphore de House

Cuddy demande à House de cesser de reluquer son postérieur et de fantasmer sur elle sous la douche, même s'ils ont déjà eu une aventure ensemble…

Cuddy : *Ce navire a mis les voiles depuis longtemps. Oubliez-moi.*

House : *Si vous faites toujours allusion à vos fesses, je crois que supertanker au lieu de navire serait une métaphore plus précise !*

House musique

« Get Down Tonight » (K. C. and the Sunshine Band) ; « Dimension » (Wolfmother) ; « Quintette pour piano et cordes en la majeur, Opus 114 D.667, La Truite » (Franz Schubert) ; « Superfly » (Curtis Mayfield).

Guest star

Marc Blucas

John, l'ex-marine, est surtout connu pour avoir déjà joué les militaires dans la série *Buffy contre les vampires*. En effet, il y était Riley Finn, un soldat super-entraîné, à la mission top-secret, mais surtout petit ami de la Tueuse (saison 4).

Épisode 63 (3x17)

VF/L'Enfant miroir - VO/Fetal Position

Prises de vicodine :

2

Le patient

Identité : Emma.

Âge : 42 ans.

Profession : photographe.

Antécédents médicaux : six infections à streptocoque.

Symptômes : AVC, sang dans les urines, insuffisance rénale, insuffisance hépatique, œdème pulmonaire.

Intérêt : House s'intéresse à son cas parce que… Cuddy lui a donné son dossier ; Emma est une célèbre photographe de stars.

Le cas

Pendant une séance photo, Emma, qui attend un bébé, fait un accident vasculaire cérébral. Le caillot est chirurgicalement retiré. Pourtant, elle urine du sang, signe que ses reins sont en train de l'abandonner.

House demande que son équipe contrôle le cœur de la patiente.

Erreur de diagnostic : rétrécissement de la valve mitrale

Une valve dans son cœur a créé un rétrécissement, ce qui a généré un caillot. Puis la circulation sanguine ralentie a causé le problème aux reins.

Le cœur est réparé par les médecins, néanmoins les reins ne fonctionnent pas mieux.

House comprend que le problème vient du fœtus : elle est atteinte du syndrome du miroir.

Syndrome miroir maternel

Le syndrome en miroir (également appelé prééclampsie en miroir ou syndrome de Ballantyne) est un problème clinique rare dont la cause reste inconnue à ce jour.

Il se rencontre dans les anasarques fœtoplacentaires sévères et se traduit par un syndrome œdémateux maternel diffus. La résolution de la pathologie fœtale peut entraîner l'amélioration de la symptomatologie maternelle et autoriser éventuellement la poursuite de la grossesse.

Comme il est difficile de faire passer une IRM à un fœtus qui bouge sans arrêt, House propose de le paralyser le temps de l'examen. L'examen révèle que son cœur est normal, contrairement à la vessie, qui est quatre fois plus grosse qu'elle devrait l'être. Cette anomalie empêche le développement des poumons. Après l'intervention sur la vessie du fœtus, les yeux d'Emma se colorent d'une forte teinte jaune. Elle fait un ictère, c'est-à-dire que son foie ne fonctionne plus.

House ne voit que la solution de l'avortement, car il manque au moins deux bonnes semaines au fœtus avant d'être viable. L'espérance de vie de la mère n'est que de deux jours. Emma s'oppose à l'IVG (interruption volontaire de grossesse) et commande à House de trouver la solution en deux jours.

Cuddy reprend les choses en main, mais l'état d'Emma est sans cesse plus désastreux.

Elle fait un œdème pulmonaire, et Cuddy est contrainte de la brancher à un respirateur artificiel.

À la demande de sa patronne, House revient. Toute la difficulté étant d'examiner les poumons d'un fœtus d'un demi-kilo, le téméraire docteur tranche pour une chirurgie exploratrice.

Pendant l'intervention, le cœur de la mère s'emballe et, contre l'avis de House, qui est encore persuadé qu'il faut sacrifier le fœtus, Cuddy la choque à plusieurs reprises, et finit par faire cesser la fibrillation.

Les lésions du bébé sont réparées, et Emma se rétablit.

Diagnostic final :
hydropisie fœtale non immune

Également connu sous l'appellation d'anasarque fœtoplacentaire, c'est un syndrome œdémateux généralisé.

Il s'agit d'une complication grave de la maladie hémolytique du nouveau-né, résultant de l'incompatibilité entre le groupe sanguin Rhésus du fœtus (Rh +) et celui de la mère (Rh -), pouvant entraîner la mort du fœtus in utero par la destruction des globules rouges.

Dans cet épisode, on apprend que House...

– cherche à partir en vacances très loin.

– est très ému lors de la chirurgie exploratrice quand le bébé d'Emma sort la main du placenta et attrape son doigt. Pour dissiper son trouble, il ironise : *Ça me fait penser que j'ai oublié d'enregistrer* Alien.

Les accessoires de House

Des lunettes de soleil... qu'il porte dans son bureau.

Un avion en papier, qu'il finit par lancer sur Cuddy.

Le moment odieux de House

House est assis derrière le bureau de Cuddy. Elle entre et s'étonne.

House : *Vous vous prenez pour moi, j'essaye de me prendre pour vous.*

Cuddy : *Il vous manque le décolleté.*

House : *Oui, mais j'ai un cul plus ferme.*

« Housisme »

Même les fœtus mentent.

House musique

« Bastards of Young » (The Replacements) ; « Are You Alright » (Lucinda Williams).

Guest star

Anne Ramsay

Elle est l'Emma de l'épisode. Décrochant des rôles de plus en plus importants, elle a joué dans des séries comme *Star Trek : La Nouvelle Génération*, *Dingue de toi*, *Dharma et Greg*, *The L Word*, *Six Feet Under*, *Dexter*...

ÉPISODE 64 (3x18)

VF/Y a-t-il un médecin dans l'avion ? - VO/Airborne

Prise de vicodine :

1

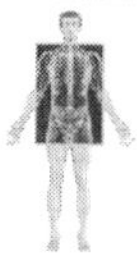

Le patient de Wilson

Identité : Fran.

Âge : 58 ans.

Profession : retraitée.

Symptômes : évanouissement, convulsions, perte de la vision de l'œil droit, coma.

Intérêt : House s'intéresse à son cas parce que... En fait, ce n'est pas lui qui s'en occupe, car, étant parti en déplacement avec Cuddy pour un symposium à Singapour sur les pandémies, c'est Wilson qui le remplace.

Le cas

Fran fait appel à une agence de call-girls. La prostituée arrive dans sa chambre en tenue sexy et, tout à coup, Fran voit tout trouble. Elle perd conscience et à l'hôpital, elle convulse.

Elle avoue à Wilson revenir de Caracas. Elle était partie sur un coup de folie après avoir eu 58 ans, âge de la mort de sa mère. Elle agit depuis avec déraison, avec en tête de profiter de la vie.

Les différents tests et indices relevés chez la patiente ne livrent aucune piste à suivre.

Les convulsions de Fran s'espacent depuis que Wilson lui a remis le patch contre le mal des transports qu'il lui avait d'abord enlevé, ce qui avait déclenché chez elle les premières crises. Il se rend compte qu'un des composants de ces patches a pu soustraire à sa vigilance un cancer du sein.

Erreur de diagnostic : cancer du sein

Cameron lui fait une mammographie. Pendant l'examen, Fran se plaint de ne plus rien voir de l'œil droit. Cette cécité unilatérale montre que ce n'est pas un cancer, mais sans doute un trouble neurologique.

Rapidement, elle tombe dans le coma. Contre l'avis de Foreman, qui préconise d'aller ponctionner directement dans le cerveau de Fran, Wilson joue la sécurité et se contente d'ordonner une ponction lombaire. Mais elle est inutile.

C'est finalement Chase qui a la révélation. Il se rappelle avoir constaté chez Fran que le chat n'avait pas touché à sa gamelle. Fran avait-elle mangé de son côté ?

Il retourne chez la patiente. Le petit chat est mort. Il suit le réseau de tuyaux de la maison et arrive chez les voisins. Sur leur porte est affiché un avis de décontamination. Sans savoir que les maisons étaient reliées, le technicien a transféré le poison dans les canalisations de Fran.

Diagnostic final :
empoisonnement au bromométhane

Le bromométhane, ou bromure de méthyle, est un composé chimique organique halogéné dont la formule chimique est CH_3Br. C'est un gaz toxique, sans couleur et ininflammable, sans odeur distinctive. Il fait partie des gaz qui détruisent la couche protectrice d'ozone.

C'est un pesticide (insecticide), de la famille des biocides. S'il est inhalé, il provoque des maux de tête, des vertiges, des nausées, des vomissements, des malaises. Ces symptômes peuvent être suivis de signes d'excitation nerveuse, convulsions et même de troubles psychiques aigus à type d'agitation maniaque. L'inhalation prolongée à des concentrations plus faibles peut également causer une irritation bronchique et des troubles pulmonaires.

Le patient de House

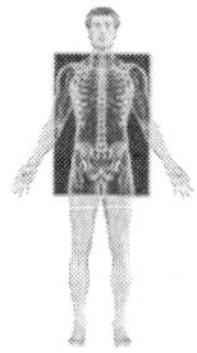

Identité : M. Peng.

Âge : environ 35 ans.

Profession : inconnue.

Antécédents médicaux : jambe plâtrée.

Allergies : pénicilline.

Symptômes : vomissements, fièvre, céphalée, douleurs abdominales, éruption cutanée dans le dos, ataxie.

Intérêt : House s'intéresse à son cas parce que… c'est son voisin dans l'avion.

Le cas

House est en première classe dans l'avion qui le reconduit dans le New Jersey. Un homme, dans la rangée à côté de lui, se met à vomir dans son plateau. House accuse l'alcool que le passager était en train d'ingurgiter. Quand l'hôtesse demande s'il y a un médecin dans l'avion, il va chercher Cuddy qu'il avait envoyée perfidement en seconde classe.

Pendant qu'ils discutent du cas tous les deux, une passagère saisit qu'il y a un homme gravement malade dans l'avion. Elle est aussi prise de vomissements. Sur son dos, House constate des plaques rouges.

Il diagnostique un empoisonnement à la ciguatera (intoxication alimentaire par les chairs de poisson). Il alerte tous les passagers ayant mangé des fruits de mer qu'ils ont ingéré la toxine et leur conseille d'aller vomir. Cuddy reste sur ses positions de méningocoque.

Le temps passe, pourtant l'état de Peng s'aggrave. Il montre des signes d'ataxie (trouble de l'équilibre).

Erreur de diagnostic : mal des rayons

House remarque que l'une des jambes de l'homme est plus maigre que l'autre. Il a sans doute été plâtré. Son mal pourrait venir des irradiations des radios qu'il a dû passer au moment de sa fracture.

Mais Cuddy se met aussi à vomir et avoir des plaques dans le dos et sur le ventre.

De plus en plus de passagers montrent les mêmes troubles.

House entreprend une ponction lombaire sur M. Peng, alors qu'il n'a aucun matériel et que l'avion risque de multiples secousses. Cuddy est de plus en plus agitée. Puis House a un déclic : les passagers de l'avion sont atteints d'hystérie collective.

Hystérie collective (névrose de conversion) : en psychologie, le terme d'hystérie collective s'applique à des phénomènes où les mêmes symptômes somatiques sont ressentis par tout un groupe de personnes sans cause organique, notamment sous l'effet de la panique.

Erreur de diagnostic : overdose à la cocaïne

House discute le diagnostic différentiel avec Cuddy. En évoquant une possible syphilis, la conversation dérive sur les préservatifs. House pense que Peng en a avalé un rempli de cocaïne et que le latex s'est percé, libérant ainsi la drogue dans l'organisme du voyageur.

Il faut qu'il l'opère tout de suite !

Élémentaire, mon cher Wilson !

Il demande à des passagers de tenir M. Peng pour ne pas qu'il s'agite trop pendant la procédure. House constate que celui qui tient l'épaule, par son geste, occasionne une drôle de réaction chez Peng.

Quand on appuie sur ses articulations, il souffre moins. House a commis une erreur. Il demande à voir son portefeuille et y trouve sa carte de plongée sous-marine. L'homme avait plongé la veille.

Diagnostic final : accident de décompression

L'accident de décompression survient à des plongeurs sous-marins descendus trop profondément ou trop longtemps et qui remontent trop vite ou sans faire de paliers de décompression. Il est lié à une baisse de la pression ambiante subie par le corps. La majeure partie du corps humain, composée de liquides/solides à peu près incompressibles, n'est pas directement affectée par les variations de pression.

En revanche, l'air contenu dans les différentes cavités du corps (oreille moyenne, sinus, appareil respiratoire...) voit son volume varier de manière inversement proportionnelle à la pression ambiante.

Il est fortement déconseillé de prendre un avion dans les 24 heures qui suivent une plongée pour éviter un accident de décompression potentiel, la pressurisation des avions de ligne en altitude étant inférieure à la pression constatée au niveau de la mer.

Si le rapport de saturation du plongeur dépasse la valeur critique, un accident risque alors de se produire, entraînant éruptions cutanées, vomissements, paralysie...

L'accessoire de House

Des bouchons d'oreilles qu'il se met dans le nez.

House musique

« Hope for the Hopeless » (A Fine Frenzy).

Le moment odieux de House

Comme tous les singes, elle sent le vomi, elle vomit. Donnez-lui une banane !

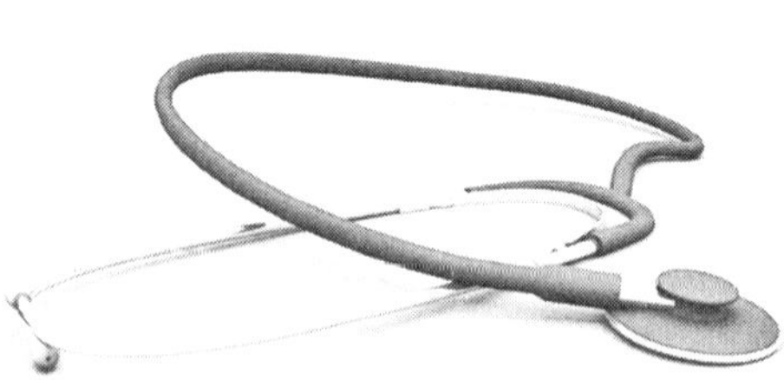

Épisode 65 (3x19)

VF/Poussées d'hormones - VO/Act Your Age

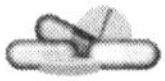

Prise de vicodine :

1

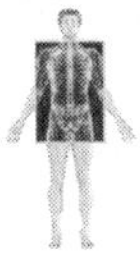

Le patient

Identité : Lucy. Âge : 6 ans.

Profession : élève à l'école maternelle.

Antécédents familiaux : mère décédée l'année précédente d'une tumeur cancéreuse au cerveau.

Symptômes : péricardite restrictive, hypertension, double vision, AVC, puberté précoce, arythmie.

Intérêt : House s'intéresse à son cas parce que... Cuddy l'intercepte avec ce dossier d'une fillette avec une péricardite restrictive bien qu'âgée de six ans. Il n'a aucune motivation. C'est la fin de la journée, et il n'a qu'une idée : rentrer chez lui. Les symptômes suivants que Cuddy énumère ont le même effet. Malgré son insistance, il quitte l'hôpital... en demandant à son équipe de faire tous les examens.

Le cas

Lucy s'effondre et éprouve des difficultés respiratoires. C'est le cœur. Elle subit une opération. Les chirurgiens trouvent des granulomes (amas de cellules, résultats d'une réaction inflammatoire) dans son péricarde. Chase pense à des champignons, idée qui séduit House, mais qui s'avère erronée.

Lucy se met ensuite à voir double.

Erreur de diagnostic : arthrite rhumatoïde juvénile

House demande si les genoux de la jeune fille sont abîmés. Apparemment non ; elle ne joue pas beaucoup dehors, contrairement aux enfants de son âge qui s'agitent dans tous les sens. Cet indice met House sur la voie d'une arthrite rhumatoïde juvénile (une maladie auto-immune qui provoque des inflammations articulaires, et atteint les yeux et le cœur).

Quand Lucy fait un AVC, l'hypothèse est balayée. Il s'avère que son sang est particulièrement épais.

Erreur de diagnostic : abus sexuels

À la demande de House, Chase et Cameron se rendent au domicile de la famille et découvrent un tee-shirt maculé de sang, caché dans une bouche d'aération de la chambre de Lucy. Ils concluent à de la maltraitance. Le père se défend d'abuser de sa fille et accepte qu'on lui fasse un examen vaginal pour le confirmer. Cameron constate des entailles sur le pubis de Lucy.

L'analyse du sang de la chemisette montre des cellules endométriales (que l'on trouve dans le sang des règles). À six ans, cela paraît fou qu'elle ait déjà commencé sa puberté. Les entailles sur son pubis n'étaient que des cicatrices consécutives à sa tentative de se raser les poils. Une amie lui avait conseillé de mettre un tee-shirt dans sa culotte.

La nouvelle hypothèse est une tumeur. L'IRM met au jour une masse sur l'ovaire. L'équipe pratique une biopsie laparoscopique, intervention pendant laquelle ils manquent de perdre la fillette.

La tumeur n'est en fin de compte qu'un kyste des plus bénins.

Élémentaire, mon cher Wilson !

House regarde le catch à la télé. Chase et Cameron l'appellent pour leur raconter que le petit frère de Lucy, Jasper, a le béguin pour Cameron. La voyant trop proche de Chase, le garçon s'est jeté sur le médecin et l'a mordu férocement. House comprend que ce n'est pas seulement un coup de cœur, mais un déchaînement de testostérone. Ce qui atteint sa sœur l'atteint aussi.

Jasper a un taux de testostérone 100 fois plus élevé qu'un garçon de son âge. De son côté, Lucy se plaint de douleurs. Foreman découvre des kystes un peu partout dans son organisme. Ses hormones l'affolent complètement.

House se fixe sur un problème environnemental. Il apprend du père qu'au centre aéré que Lucy et Jasper fréquentent tous les deux, aucun enfant n'est malade.

Le médecin trouve étrange que le père détienne cette information étant donné qu'il n'a pas quitté le Princeton-Plainsboro depuis plusieurs jours. House se rend donc au centre et déclare à la maîtresse savoir qu'elle sort avec le père des enfants. Il remarque qu'elle vient de se faire épiler la moustache.

Le père utilise pour sa part un gel à base de testostérone, et sa peau contient donc le produit. C'est ainsi qu'il la transmet à ses enfants en leur tenant la main, par exemple.

Diagnostic final : puberté précoce due à une application externe de testostérone

La testostérone est une hormone stéroïde du groupe des androgènes. Chez les mammifères, la testostérone est sécrétée par les testicules des mâles et les ovaires des femelles. C'est la principale hormone sexuelle mâle. Chez l'homme et la femme, la testostérone joue un rôle clé dans la santé et le bien-être, en particulier dans le fonctionnement sexuel.

Des transformations morphologiques ainsi que la mise en fonction des glandes sexuelles s'effectuent à la puberté (plus ou moins tôt selon les individus), et les caractères sexuels secondaires se développent.

Le gel délivre un taux élevé de testostérone directement dans le système sanguin au travers de la peau. La testostérone agit sur la libido, réduit la sensation de fatigue et limite les changements d'humeur. Elle augmente la masse musculaire et la densité osseuse tout en prévenant l'affaiblissement du muscle cardiaque.

Dans cet épisode, on apprend que House...

– regarde le catch à la télé.

– propose à Cuddy d'aller au théâtre.

Le moment odieux de House

À Cameron :

Alors là, n'importe quoi ! Vous êtes bien trop maigre pour avoir vos règles.

Le moment politiquement incorrect de House

À une enfant du centre aéré :

Tu as des poils sur le kiki, mon petit ?

Guest star

Carla Gallo

L'animatrice du centre aéré est jouée par Carla Gallo. Elle était Lizzie dans la série *Les Années campus*, Libbie dans *Carnival* et depuis interprète Daisy, une actrice porno, dans *Californication* et encore une autre Daisy – scientifique celle-là – dans *Bones*.

ÉPISODE 66 (3x20)

VF/Mauvaises Décisions - VO/House Training

Prises de vicodine :

2

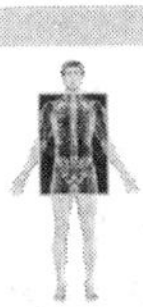

Le patient

Identité : inconnue.

Âge : inconnu.

Profession : au chômage. Avant cela, elle avait occupé plusieurs emplois sans aucun rapport entre eux.

Antécédents médicaux : a perdu un bébé de la mort subite du nourrisson.

Symptômes : impossibilité de prendre une décision (aboulie), perte de connaissance, AIT (accident ischémique transitoire), défaillance hépatique.

Intérêt : House s'intéresse à son cas parce que... il adore l'idée de la perte de volonté de la patiente.

Le cas

Une jeune femme joue au bonneteau dans la rue. Elle gagne jusqu'à ce qu'elle se retrouve dans l'impossibilité de prendre une décision, puis elle s'effondre, son sang s'étant arrêté d'irriguer le lobe frontal de son cerveau (AIT).

Elle se met alors à cracher du sang et fait un arrêt respiratoire. Une biopsie révèle un amas de globules blancs sur la paroi des vaisseaux sanguins.

Erreur de diagnostic : maladie auto-immune

L'ordonnance de House : corticoïdes

Cameron suppose une maladie auto-immune. Mais laquelle ? Quoi qu'il en soit, le traitement est le même : corticoïdes.

La patiente fait une défaillance hépatique. Si elle n'obtient pas une greffe, elle sera morte dans peu de temps.

Erreur de diagnostic : cancer

L'ordonnance de House : radiothérapie

Foreman parie sur le cancer et préconise une radiothérapie. Après une nouvelle attaque, ce traitement est administré à la jeune femme.

Au retour de la radiothérapie, elle se sent nauséeuse, mais surtout un souffle au cœur est détecté par Foreman, et la patiente crie de douleur.

L'équipe y voit une septicémie. Si c'est le cas et comme c'est une infection, le traitement par rayons qui a détruit ses défenses immunitaires est le même qui va la tuer. Elle ne pourra pas combattre cette infection, ce qui signifie qu'il lui reste sans doute moins de vingt-quatre heures à vivre. Foreman s'en veut d'avoir pris la mauvaise décision.

Elle décède dans la nuit.

House découvre la cause de l'infection : un staphylocoque doré venu d'une blessure au niveau de l'agrafe de son soutien-gorge.

Diagnostic final :
infection par un staphylocoque doré

Le staphylocoque doré (*Staphylococcus aureus*) est l'espèce la plus pathogène. Elle est responsable d'intoxications alimentaires, d'infections localisées suppurées et, dans certains cas extrêmes, de septicémies chez des sujets dont les défenses immunitaires sont déprimées.

Si le patient est immunodéprimé et n'est pas traité suffisamment tôt, il peut se produire une septicémie, c'est-à-dire une entrée et une multiplication de la bactérie dans la circulation sanguine.

Dans ce cas, l'individu doit être traité dans les plus brefs délais à de fortes doses d'antibiotiques. La septicémie est une infection grave qui peut être mortelle.

Dans cet épisode, on apprend que House...

– a récupéré Hector, le chien de Wilson et son ex-femme.

« Housisme »

Les chiffres ne mentent pas.

House musique

« Follow the Leader » (Matthew Ryan, avec Kate York).

ÉPISODE 67 (3x21)

VF/Deux Frères - VO/Family

Prises de vicodine :

3

Le patient

Identité : Matty.

Âge : 10 ans.

Profession : élève en primaire, sans doute. Très sportif.

Symptômes : éternuements, fièvre, dilatement de la rate (splénomégalie), gonflement des testicules, nez qui coule.

Intérêt : House s'intéresse à son cas parce que... Wilson est celui qui traite la leucémie de Nick, le frère de Matty.

Le cas

Matty est donneur de sa moelle osseuse à son frère atteint de leucémie. Peu avant l'intervention, il se met à éternuer. Il doit être soigné avant que la greffe ne soit effectuée. Il est impossible de trouver à Nick un autre donneur. Leur compatibilité est parfaite.

House préconise qu'on fasse empirer l'infection de Matty afin de la définir plus vite. Nick n'a que cinq jours à vivre s'il ne reçoit pas cette greffe. L'idée est de filtrer son sang pour en retirer les globules blancs, puis les lui réinjecter une fois l'infection diagnostiquée.

Un nouveau virus s'est manifesté, et ses bourses sont gonflées. Cela devrait limiter le nombre d'infections à débusquer.

Quand une infection de la valve mitrale se déclare, sa possibilité d'être donneur est anéantie. Son état nécessite au moins un mois d'antibiotiques. House conseille qu'on lui enlève la valve mitrale. Les parents acceptent.

Même si les conséquences seront à vie pour Matty (prise de médicaments, proscription des sports de contact...), c'est la seule solution pour sauver Nick.

Lors de l'intervention, Wilson ne retire finalement pas la valve, car il se rend compte qu'il n'y a aucune infection.

Erreur de diagnostic : maladie auto-immune

Matty serait-il atteint d'une maladie auto-immune ? Dans ce cas, la transplantation serait possible, ces affections ne se transmettant pas par la moelle.

Nick va de plus en plus mal et les résultats de Matty sont négatifs pour toutes les maladies auto-immunes.

Foreman exhorte tout de même les parents à accepter la greffe d'un autre donneur, un peu moins compatible.

Matty est pris de démangeaisons, se gratte et saigne par les oreilles. Les traitements sont en train de détruire sa moelle osseuse.

Comme on pouvait fortement le craindre, le corps de Nick est en plein rejet du greffon.

La seule solution que voit House pour sauver Matty est d'injecter sa maladie à Nick. Ainsi, ils pourront poser un diagnostic. Cette voie condamnera Nick, qui est de toute façon mourant. Au moins, Matty a une chance d'être sauvé. Les parents refusent d'achever un de leurs fils pour guérir l'autre.

House fait en sorte de se retrouver seul avec Nick et lui explique la situation. Nick essaye de convaincre ses parents : il veut aider son petit frère et réussit.

Juste à ce moment, Foreman a découvert ce qui tuait Matty : une histoplasmose. Le lotissement où ils habitent est construit sur une ancienne ferme, et la maladie vient d'un champignon présent dans les fientes de poulets. Matty va pouvoir être traité.

Malheureusement, l'infection a attaqué sa moelle osseuse, et il n'en a plus assez pour en offrir à son frère.

En dépit de cette réalité, Foreman se lance et prélève de la moelle au garçon, sans l'anesthésier – il est trop faible pour ce faire –, ce qui représente une vraie torture.

Bonne décision cependant. La greffe de moelle réussit et les deux garçons sont tirés d'affaire.

Diagnostic final : histoplasmose

Maladie infectieuse du poumon causée par un champignon appelé *Histoplasma capsulatum*. Le champignon se développe dans un milieu humide à des températures modérées. La fiente de volatiles, d'oiseaux et de chauve-souris entretient sa croissance.

Ces petites spores, une fois inhalées, sont très infectantes et à l'origine de pneumonies. Les traitements antimycosiques sont utilisés pour les cas les plus graves.

Dans cet épisode, on apprend que House...

– a l'intention de virer Foreman s'il ne reprend pas le dessus après le décès de sa dernière patiente. Finalement, il décide de le garder. C'est sans compter sur la décision de Foreman de quitter le département Diagnostic sous 15 jours.

Les accessoires de House

House achète une canne noire avec des flammes rouges et jaunes. Il fait, avec son nouvel accessoire, une entrée remarquée au Princeton-Plainsboro, au son de « Highway To Hell », le morceau d'AC/DC. Cette « Flame Walking Cane », on peut désormais en trouver l'exacte réplique à l'achat sur Internet. Joue avec une pipe dans le magasin de cannes ; il la met à la bouche. Sans doute un clin d'œil des scénaristes au personnage de Sherlock Holmes. Ensuite, il enfile une grosse paire de lunettes de soleil à monture verte, puis un grand chapeau de cow-boy.

Le moment odieux de House

À Wilson. À propos des parents des patients : *Pourquoi leur expliquer les risques et les probabilités ? Tu leur mens, c'est simple. Tu leur dis que Foreman est un con, ce qui n'est pas vraiment un mensonge pour le coup.* [...] *Si ce gosse meurt ce sera parce que Foreman s'est planté et parce que tu n'es qu'un lâche.*

House musique

« Highway To Hell » (AC/DC) ;
« Ain't No Reason » (Brett Dennen).

ÉPISODE 68 (3x22)

VF/Resignation - VO/Démission...

Prise de vicodine :

0

Le patient

Identité : Addie.

Âge : 19 ans.

Profession : étudiante.

Symptômes : saignements par la bouche, chair de poule, diarrhées, crise hypoxique, nécrose du crâne, défaillance rénale.

Intérêt : House s'intéresse à son cas parce que... ce sang qui semble venir de nulle part est plutôt intrigant.

Le cas

Pendant un entraînement de karaté, Addie se met à saigner de la bouche alors qu'elle n'a pas été touchée par son adversaire.

Pourtant, les examens ne décèlent rien aux poumons. Cela ne provient pas non plus de l'estomac.

Le cœur ? Pour le découvrir, Foreman et Chase font passer un test d'effort à la patiente. Chase remarque que la jeune fille a la chair de poule, ce qui n'est pas normal si elle ne ressent pas le froid ou la peur. House pense à une infection.

Il prescrit un cocktail large de médicaments et demande une biopsie des poumons.

Erreur de diagnostic : infection

Bien que la biopsie n'en révèle aucune forme, House continue à penser qu'il s'agit d'une infection, ou que le corps d'Addie croit à une infection et lutte contre elle.

Les médecins doivent l'intuber en urgence après un arrêt respiratoire. Elle ne pouvait plus respirer pour cause d'épanchement pleural.

Envers et contre toute son équipe, House s'en tient à son diagnostic d'infection.

Une éventuelle carence en complément du facteur H (protéine du système immunitaire) conduirait inéluctablement à son décès. Elle ne pourrait plus combattre les infections qui se suivraient à la chaîne. Après biopsie de la macula (œil) pour vérification, le test revient négatif.

Dans l'esprit de House, ils sont bien en présence d'une infection, il n'en démord pas.

Dans l'appareil à IRM, Addie se plaint de céphalée, puis se vide de son sang par la tête : son crâne est nécrosé.

Erreur de diagnostic : maladie auto-immune

Chase parie sur une maladie auto-immune et préconise la prise de corticoïdes. House n'est pas d'accord, mais le laisse faire, annonçant cependant qu'avec ce traitement, Addie a de fortes chances de faire une crise cardiaque. Contre toute attente, elle ne se produit pas. Toutefois, ses reins cessent de fonctionner.

Puis, c'est la crise cardiaque. La jeune femme est sauvée de justesse, mais elle a sans doute moins de deux jours à vivre.

Élémentaire, mon cher Wilson !

House est dans la chambre de la patiente pour lui annoncer qu'elle va mourir et lui indiquer la cause. Une cause qu'Addie n'est pas intéressée à entendre. Ce manque de curiosité ébahit House. Il tourne la tête, voit son propre reflet déformé sur une surface réfléchissante, court trouver Wilson et lui apprend qu'il a compris ce que son ami mijotait dans son dos.

Chaque jour, à l'insu de House, James met des antidépresseurs dans le café qu'il lui offre le matin. House est furieux, Wilson lui rétorque que ce traitement est efficace et l'a rendu beaucoup plus souriant.

Deuxième révélation, pendant cette conversation : il remarque que l'humeur de la patiente a été constante. Il va la trouver et lui déclare qu'elle est dépressive et a tenté de se suicider en avalant du détergent ménager. Elle ne l'a pas bu, mais l'a plutôt mis dans des gélules ou des gommes, ce qui a fini par trouer son intestin. En guérissant, le tissu cicatriciel qui s'est formé a créé un pont entre une veine et une artère, phénomène qui a permis aux bactéries d'entrer dans l'artère, pour se propager par la suite à tout l'organisme.

Diagnostic final : pont bactérien formé par une ingestion de détergent ménager (tentative de suicide)

Les moments odieux de House

À Foreman : *Allez, il est où, votre sourire ? Ce beau sourire qui ensoleille toute la planète sans contribuer au réchauffement climatique.*

Les parents d'Addie (après avoir appris que leur fille avait tenté de se tuer) *: On peut vous appeler si jamais on a des questions ?*

House : *Non (et il s'en va, en leur tournant le dos).*

Dans cet épisode, on apprend que House...

– s'étonne d'un simple bâillement de Wilson et en fait une idée fixe, allant jusqu'à lui offrir un café truffé d'amphétamines. Tout cela pour faire admettre à son ami qu'il est sous antidépresseurs.

– urine dans un mug quand il est trop paresseux pour sortir de son canapé et se rendre aux toilettes.

– drague la petite amie diététicienne d'un patient vu à la Consultation.

– avoue ne pas toujours être fidèle aux femmes qu'il fréquente.

– a horreur du thé.

L'accessoire de House

Une sucette.

« Housisme »

Tout le monde a ses secrets.

House musique

« Whole Lotta Lovin »
(Otis Rush).

ÉPISODE 69 (3x23)

VF/Le Petit Con - VO/The Jerk

Prise de vicodine :

1

Le patient

Identité : Harrison, Nate.

Âge : 16 ans.

Profession : petit génie.

Antécédents médicaux : blessures dues à de multiples bagarres.

Symptômes : accès de violence, maux de tête, hypogonadisme, insuffisance hépatique, insuffisance rénale, convulsions.

Intérêt : House s'intéresse à son cas parce que... il aime le côté inattendu du garçon. Qu'il se batte après une partie s'il a perdu, pourquoi pas, mais après avoir gagné ! Le mystère est entier.

Le cas

Pendant un tournoi d'échecs, Nate, un garçon de 16 ans, faisant montre d'une arrogance extrême, remporte une partie. Son partenaire le félicite, lui tend la main et la seule réponse de Nate est de lui mettre un coup de poing dans la figure. Il ne semble plus pouvoir s'arrêter de cogner. Puis, il se plaint d'avoir la tête sur le point d'exploser.

Sa mère explique à Chase qu'il a ce comportement désagréable depuis le début de l'adolescence.

Lors du dernier semestre, il s'est battu 17 fois.

Son IRM étant normale, House ajoute à ses symptômes le trouble de la personnalité et ordonne qu'on le mette sous anticoagulants et qu'on lui fasse une stimulation magnétique transcrânienne.

Pour traiter la céphalée de Horton de Nate, House lui administre un champignon hallucinogène. C'était ça ou la chirurgie cérébrale.

Nate est tellement défoncé qu'il montre ses parties génitales à Cameron, qui constate que ses testicules sont sous-dimensionnées. Il faut pratiquer une biopsie sur son hypophyse (productrice d'hormones). Seulement, entre-temps, son foie est en train de dérailler.

Après lui avoir fait manger beaucoup de viande pour vérifier son taux d'ammoniaque, House préconise qu'on l'affame pour vérifier le résultat sur sa glycémie. La rage de Nate croît, et ses urines sont pleines de sang. Ce sont à présent ses reins qui l'abandonnent.

La maladie de Nate est peut-être génétique. Les tests montrent qu'il a un déficit de l'enzyme HPRT (hypoxanthine-guanine-phosphoribosyltransférase).

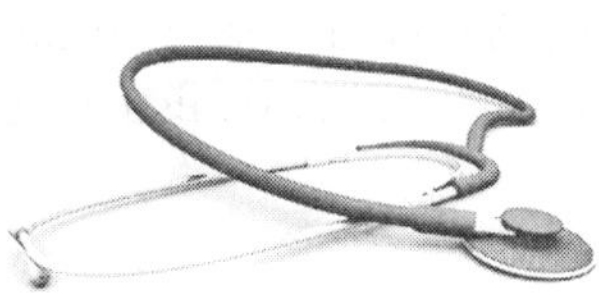

☒ Erreur de diagnostic : syndrome de Kelley-Seegmiller

Cameron objecte que les patients qui en sont atteints ont une tendance à l'automutilation, et ce n'est pas le cas de Nate.

Le plan de House est d'aller casser les pieds au patient et voir s'il *se bouffe un doigt* ! Il lui propose ainsi une partie d'échecs en lui administrant d'abord une dose d'adrénaline.

Pendant la partie, l'adolescent convulse.

☒ Erreur de diagnostic : amyloïdose

House décide d'enlever du tableau des symptômes le sale caractère du garçon.

Après tout, si Nate était seulement un petit con ? Dans cette nouvelle configuration, le médecin exige qu'on le mette sous immunosuppresseurs, qu'on lui fasse une biopsie et qu'on lui cherche un donneur de moelle osseuse. Il aurait une amyloïdose (infection).

Cependant, les résultats sont négatifs.

Élémentaire, mon cher Wilson !

Tandis que Chase tripote une pièce de l'échiquier, House se rend compte qu'ils ont négligé un symptôme : il se rappelle en effet avoir vu Nate tenir les pièces d'une drôle de façon.

Le garçon a une déformation osseuse : ses doigts sont raides comme des baguettes, il ne peut pas plier le pouce.

Son problème vient d'une mauvaise absorption du corps.

Diagnostic final : hémochromatose génétique

Maladie génétique caractérisée par une hyperabsorption du fer par l'intestin, entraînant son accumulation dans l'organisme.

Les principales manifestations cliniques sont la fatigue, les troubles sexuels, des douleurs articulaires révélant des arthrites, des atteintes hépatique, cardiaque, endocriniennes...

Dans cet épisode, on apprend que House...

– a fait annuler l'entretien d'embauche que Foreman avait dans un hôpital de New York.

– est un très bon joueur d'échecs.

Le moment odieux de House

À la mère de Nate :
Votre fils est un petit con. Et vous y êtes sûrement pour quelque chose.

« Housisme »

Si les traitements ne marchent pas toujours, les symptômes ne mentent jamais.

House musique

« In-A-Gadda-Da-Vida » (Iron Butterfly).

ⓘ Note

Jusqu'ici, aucun diagnostic final n'avait été redondant. Cette hémochromatose avait déjà été rencontrée dans l'épisode 23 de la saison 2 : « De père inconnu ».

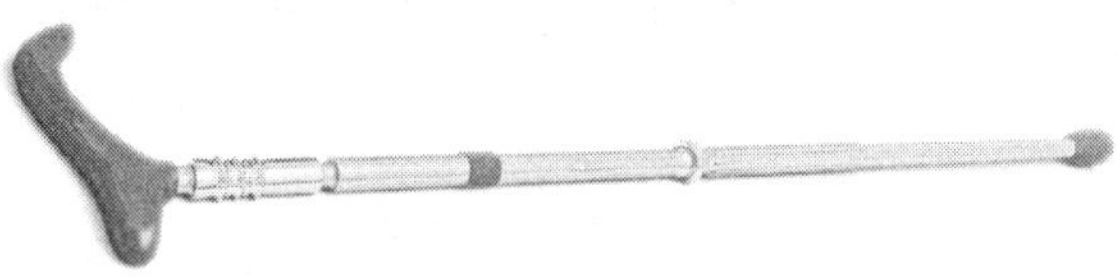

Épisode 70 (3x24)

VF/Dernier espoir - VO/Human Error

Prise de vicodine :

1

Le patient

Identité : Hernandez, Marina.

Âge : inconnu.

Profession : inconnue.

Symptômes : douleurs dans tout le corps, fièvre, éruption cutanée, diplopie (vision double), bouche en coton, problèmes rénaux.

Intérêt : House s'intéresse à son cas parce que... Esteban et sa femme Marina ont traversé la mer illégalement, en provenance de Cuba, pour rencontrer House, pour qu'il puisse diagnostiquer la jeune femme.

Le cas

Une jeune Cubaine, atteinte d'une dizaine de symptômes, n'a pas pu être diagnostiquée à Cuba. Elle en appelle au talent du Dr House. Cameron lui fait passer une IRM.

Suspectant une sclérose en plaques (SEP), Foreman propose de la mettre sous Interféron. Le mari infirme cette possibilité que les médecins cubains auraient vue. En lui retournant délicatement le poignet, il lui brise les os. Cela pourrait être un cancer. Il faut le prouver en faisant un PET scan (tomographie d'émission par positrons). On ne trouve pas de cancer. En revanche, on constate une thrombose (formation d'un caillot sanguin) près de l'humérus. Qui dit caillot, dit problème cardiaque. Une angiographie s'impose. Pendant l'examen, Marina fait de la tachycardie ventriculaire. Elle a beau n'avoir plus de pouls, elle parle encore ! Puis, elle perd connaissance. Son cœur s'est arrêté.

Elle doit être mise sous assistance cardiorespiratoire, mais son cœur ne repart pas. House débranche la machine, et, ô surprise, le cœur continue de battre, et Marina reprend conscience.

Élémentaire, mon cher Wilson !

Pendant qu'on crie au miracle, House se demande si l'erreur n'était pas divine ! Marina aurait une malformation congénitale. Le problème est que la confirmation ne peut venir que d'une angiographie, cette même procédure qui a fait arrêter son cœur précédemment. M. et Mme Hernandez acceptent.

On découvre alors que Marina a trois ostiums au lieu de deux.

Diagnostic final : présence d'un troisième ostium cardiaque Cardiopathie congénitale

Ce sont des malformations du cœur survenant au cours du développement intra-utérin. Une malformation congénitale, en particulier cardiaque, n'est pas obligatoirement héréditaire et peut correspondre à un accident isolé et qui ne se reproduira pas. Les malformations cardiaques les plus fréquentes sont la communication interventriculaire, la communication interauriculaire et la persistance du canal artériel. La malformation peut concerner l'ostium, une ouverture qui permet la communication entre deux cavités. Le traitement consiste en une intervention chirurgicale réparatrice.

Dans cet épisode, on apprend que House...

– a la même guitare depuis l'âge de 13 ans, vit dans son appartement depuis plus de 15 ans, a la même voiture depuis 10 ans, ce qui prouve qu'il n'aime pas le changement, selon Wilson.

– vire le Dr Chase. « Il est temps de changer d'air. »

– demande à Foreman de rester, mais finit par l'insulter quand Eric refuse de revenir sur sa décision !

– reçoit la démission de Cameron.

Les accessoires de House

Une casquette vissée sur la tête, histoire de passer inaperçu quand il observe de loin le pot de départ de Foreman, auquel il ne se rend pas.

Sa balle de base-ball.

Il fume un cigare avec Esteban dans la chambre de la patiente.

Il achète une nouvelle guitare sèche.

Le moment sarcastique de House

House : *Il faut que je voie le cœur.*

Le chirurgien : *Pour quelle raison ?*

House : *Parce que j'ai perdu mon portefeuille !*

House musique

« Slippery When Wet » (The Commodores) ; « Since I Fell for You » (Ramsey Lewis) ; « Good Man » (Josh Ritter).

Saison 4

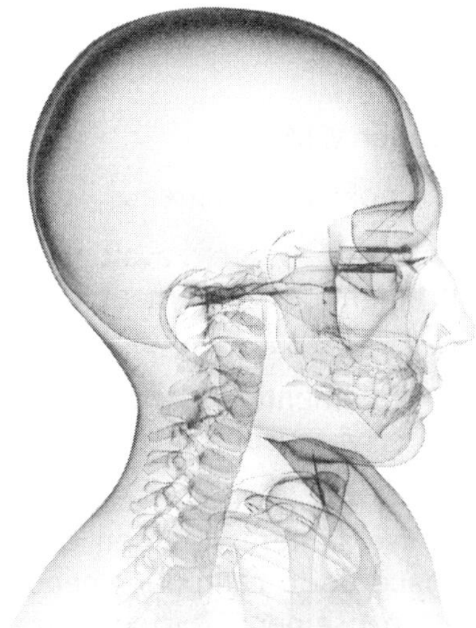

Épisode 71 (4x01)

VF/Tout seul... - VO/Alone

Prise de vicodine :

0

Le patient

Identité : Bradberry, Megan. Âge : 26 ans.

Profession : employée de bureau.

Antécédents médicaux : avait un petit rhume avant l'effondrement de son immeuble.

Symptômes : fièvre, état de conscience fluctuant, tachycardie, hurlements silencieux, pancréatite, hémorragie interne, insuffisance rénale, difficultés respiratoires.

Intérêt : House s'intéresse à son cas parce que... Cuddy le menace de le cantonner pendant un mois à changer des pansements s'il ne le prend pas. En échange, Cuddy lui laisse une semaine supplémentaire pour recruter une nouvelle équipe s'il diagnostique la patiente avant le soir.

Le cas

Après l'explosion d'une conduite de gaz, une jeune femme se retrouve enfouie sous les décombres de l'immeuble dans lequel elle travaille. Elle en sort au bout de six heures. Elle passe au bloc pour de multiples fractures, a une partie du corps brûlé. Elle a en outre de la fièvre. Ce qui la différencie des autres victimes de l'effondrement du bâtiment. Malgré les médicaments administrés, sa température se maintient à 40°.

House hésite entre un champignon et un parasite.

Erreur de diagnostic : interaction médicamenteuse avec des antidépresseurs

House entre par effraction chez la patiente, pour enquêter sur son environnement, et trouve un journal intime dans lequel elle confiait sa déprime, puis une nouvelle bonne humeur. Il en conclut qu'elle était récemment sous antidépresseurs. Le petit ami s'en défend et refuse qu'on la dialyse, sous prétexte qu'il sait qu'elle n'était pas dépressive.

Quand Cuddy essaye de communiquer avec la patiente, son cœur s'emballe. La nouvelle idée de House est qu'elle est alcoolique et souffre de delirium tremens. Encore une fois, le petit ami nie cette hypothèse. House préconise qu'on la mette sous perfusion d'alcool. Cette procédure fait tomber sa fièvre et cesser sa tachycardie, seulement Cuddy se rend compte que la malade, à présent, crie en silence.

Elle a une pancréatite et fait une hémorragie interne. Lors de l'intervention chirurgicale, House constate que la patiente a subi un avortement par le passé. Elle prend aussi la pilule, et c'est pour cette raison que les anticoagulants ont causé l'hémorragie. Le petit ami ne comprend rien, car ils étaient d'accord pour mettre un bébé en route ! Montrant des difficultés terribles à respirer, Megan aurait un syndrome de détresse respiratoire combiné à un syndrome d'écrasement. Elle est condamnée.

Puis, House observe une boule sur le bras de la jeune femme. Une biopsie s'impose. L'IRM montre des grosseurs un peu partout, le signe d'une allergie à la céphalosporine.

Élémentaire, mon cher Wilson !

Wilson et House se disputent après que ce dernier eut volé le patient de son ami en le cachant dans un autre service. L'oncologue craint, par exemple, qu'on ne lui administre un médicament contre-indiqué.

House repense à cette allergie à la céphalosporine, jamais mentionnée dans le dossier médical de la patiente. Il lui donne des amphétamines pour la réveiller. Il a compris que Megan n'est pas Megan. Cette femme-là est morte dans l'effondrement de l'immeuble. La patiente allongée au Princeton-Plainsboro n'est autre que Liz Masters, une collègue. Même taille, même corpulence, même couleur de cheveux, pareillement brûlées et défigurées... D'où la confusion.

Diagnostic final : allergie à la céphalosporine

Les céphalosporines (ou céphèmes) sont une classe d'antibiotiques. Elles sont classées en trois générations, en fonction de leur date d'apparition sur le marché.

Elles sont bactéricides, c'est-à-dire qu'elles détruisent les bactéries sans se contenter de stopper leur développement. Leur mécanisme d'action consiste à empêcher la bactérie de reconstruire sa membrane protectrice. Les très larges indications des céphalosporines incluent notamment les septicémies, les infections respiratoires, génitales, urinaires et celles des oreilles.

Peu toxiques, elles sont pourtant responsables d'une hypersensibilité, qui peut être croisée avec l'allergie aux pénicillines et qui procède du même mécanisme. Environ 10 % des patients allergiques aux pénicillines le sont aussi aux céphalosporines (allergie croisée).Les manifestations cliniques sont le plus souvent de type allergique et peuvent être bénignes, telles qu'urticaire, éruption, fièvre, éosinophilie, ou graves, telles que bronchospasme, choc anaphylactique. Ce dernier peut être mortel et nécessite une administration immédiate d'adrénaline.

Dans cet épisode, on apprend que House...

– utilise l'homme de ménage pour remplacer les membres de son équipe.

– s'est fait kidnapper sa guitare par Wilson. La condition pour la lui rendre est qu'il reçoive en entretien cinq à sept médecins pour se constituer une nouvelle équipe. Pour se venger, House fait biper Wilson en plein milieu de la nuit. Pendant qu'il est absent, House pénètre dans la chambre de James et efface les épisodes de la *telenovela* que regarde Wilson avant qu'il ne les ait vus. Wilson démonte la guitare de House, qui, lui, enlève un patient cancéreux à Wilson...

– organise la « House Academy » pour recruter sa nouvelle équipe. Un entretien d'embauche de six semaines. Vingt-neuf candidats dégageront, après avoir été testés, malmenés, humiliés, mis hors-la-loi...

Les accessoires de House

Sa guitare électrique (Flying V67 à 12 000 dollars), qu'il appelle « ma chérie ».

Sa boule magique, qu'il interroge pour découvrir le diagnostic.

Un élastique avec lequel il joue.

Le moment odieux de House

À Cuddy :
Qui croire finalement ? Une vulgaire boule ou une femme qui, si elle avait davantage confiance en elle, ne chercherait pas à vous distraire avec un soutif rembourré ?

ÉPISODE 72 (4x02)

VF/Le Boulot de ses rêves - VO/The Right Stuff

Prises de vicodine :

2

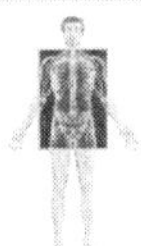

Le patient

Identité : Cooper, Greta.

Âge : 30 ans.

Profession : pilote de chasse (capitaine).

Symptômes : synesthésie, nombre de globules rouges élevé, crise cardiaque, épisode psychotique, détresse respiratoire, kystes sur les poumons.

Intérêt : House s'intéresse à son cas parce que... Greta se présente à son bureau et dépose 50 000 dollars sur la table. Cet argent est pour l'hôpital s'il la diagnostique. Elle ne veut pas que l'armée soit au courant, car elle risquerait d'être évincée de la nouvelle mission pour la NASA pour laquelle elle concourt. House est accroché quand Greta lui apprend que, dans son simulateur de vol, elle s'était mise à entendre avec les yeux...

Le cas

En simulation de vol, une jeune pilote de l'Air Force américaine s'écrase. Elle est atteinte de synesthésie, un problème neurologique par lequel deux ou plusieurs sens sont associés.

Erreur de diagnostic : empoisonnement au monoxyde de carbone

Au vue des premiers résultats, House préconise que l'on mette la patiente dans un caisson hyperbare, car il pense à un empoisonnement au monoxyde de carbone.

Greta entre en fibrillation ventriculaire. L'un des candidats la choque, bien qu'elle se trouve dans le caisson hyperbare (oxygène). Elle prend feu, mais la crise cardiaque passe.

Erreur de diagnostic : cardiomyopathie

Henry, le candidat le plus âgé, suggère une cardiomyopathie. House demande alors une échographie transœsophagienne. Le cœur de Greta est structurellement sain. La prochaine analyse est celle de la TSH, pour une éventuelle hyperthyroïdie. Au cours de la stimulation, la patiente refait une crise de synesthésie, ce qui déclenche chez elle un épisode psychotique.

Une candidate, Amber, suppose un cancer du foie.

Erreur de diagnostic : cancer du foie

Greta entre en détresse respiratoire et est mise sous oxygène. Finalement, elle est peut-être atteinte d'un cancer des poumons, ou d'une sclérose tubéreuse. La biopsie est la seule solution pour être fixé, mais Greta refuse, car la NASA repérerait sa cicatrice. Chirurgien esthétique, l'un des candidats de la House Academy (Taub), propose de faire la biopsie en dissimulant l'opération derrière une augmentation mammaire.

Greta donne son accord, et on découvre que ses poumons sont truffés de kystes.

Élémentaire, mon cher Wilson !

C'est Chase qui pose le diagnostic, qu'il énonce dans le haut-parleur du bloc opératoire à un House énumérant les symptômes à ses candidats.

Par la même occasion, il apprend à House qu'il a rejoint l'équipe chirurgicale du Princeton-Plainsboro.

Diagnostic final :
maladie de von Hippel-Lindau

Maladie génétique qui entraîne le développement de tumeurs diverses dans le pancréas, les surrénales, les reins, le système nerveux central et la rétine.

On traite les lésions rétiniennes par cryothérapie ou photocoagulation laser. On traite bien sûr toutes les lésions des autres organes également.

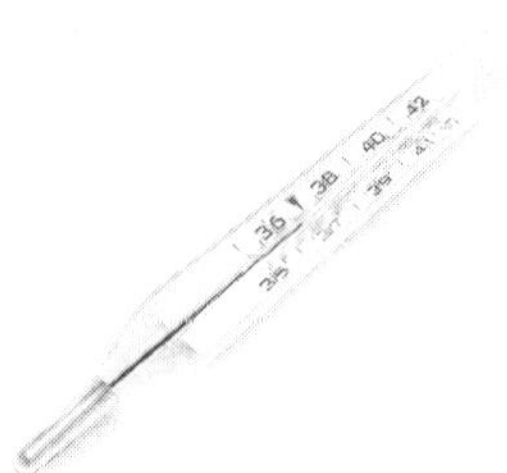

Dans cet épisode, on apprend que House...

– a donné un numéro à chaque candidat et les appelle par celui-ci.

– désigne un groupe de ses candidats pour laver sa voiture, pendant que les autres pratiquent des analyses sur la patiente.

– regarde des photos pornos sur Internet.

– rêve de passer une nuit avec Jane Fonda ou jouer en duo avec Bruce Springsteen.

– découvre que Cameron est devenue chef des Urgences du CHU.

Le moment odieux de House

À Cameron, récemment teinte en blonde :

Les cheveux vous donnent l'air vulgaire. J'adore !

La métaphore de House

House doit garder secrète l'identité de sa patiente. Son nom de code : « Oussama Ben Laden ».

Un candidat : *On protège Oussama Ben Laden ?*

House : *C'est une métaphore. Faudra vous y faire.*

Guest star

Carmen Argenziano

Il joue le candidat le plus âgé, Henry, celui qui n'a même pas de diplôme de médecine. Il est né le 27 octobre 1943. Sa filmographie est très longue. Il est apparu dans au moins 100 séries depuis le début des années 1970. Il a joué un rôle récurrent dans *Booker*, *Stargate SG-1*, *Les Experts : Manhattan*. Récemment, on l'a vu au cinéma dans *Anges et Démons*, adaptation du best-seller de Dan Brown.

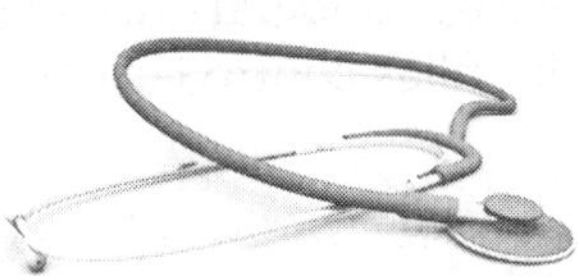

ÉPISODE 73 (4x03)

VF/97 secondes - VO/97 Seconds

Prise de vicodine :

0

Le patient

Identité : Stark, Thomas.

Âge : 37 ans.

Profession : inconnue.

Antécédents médicaux : dans un fauteuil roulant pour cause d'amyotrophie spinale (une maladie génétique).

Symptômes : évanouissement, infiltrats, sang vert, problèmes de déglutition.

Intérêt : House s'intéresse à son cas parce que... souhaitant tester ses candidats, il organise un match de diagnostics : les filles contre les garçons.

Le cas

Un homme, dans un fauteuil roulant, se promène avec son chien. Il tombe dans les pommes en plein milieu d'un passage clouté et manque de se faire renverser par une automobiliste. Numéro Treize diagnostique une strongyloïdose, un ver qu'il aurait attrapé lors de son récent voyage en Thaïlande. Pendant que l'équipe adverse le teste à l'aide d'insectes, le patient s'étouffe. Sa gorge se comporte comme si elle confondait ses poumons avec son estomac.

Les filles – sans Amber, qui a choisi de se ranger du côté des garçons – font subir au patient le test de la bascule pour vérifier si leur traitement contre le parasite est efficace. Le résultat est concluant. Cependant, les garçons sont, eux, arrivés à la conclusion d'un cancer de l'œsophage et veulent lui faire passer une IRM. L'examen ne détecte pas un cancer, toutefois, une anomalie dans cette région est tout de même relevée : l'œsophage de Thomas se contracte. Amber diagnostique une sclérodermie, mais House infirme ses conclusions, la strongyloïdose étant le bon diagnostic. House vire les garçons, cependant Amber s'accroche et fait une ponction veineuse au patient. Son sang est vert : les reins de Stark sont en train de céder, et, en prime, il développe une pneumonie. House penche pour le cancer.

Erreur de diagnostic : cancer

Il pense qu'il faut lui enlever l'œil, foyer de la maladie. Le patient, qui aime autant en finir le plus vite possible, refuse. Afin d'aider sa respiration, les médecins lui ponctionnent le liquide qu'il a dans les poumons. On constate que le prélèvement est clair : cette absence de sang écarte donc le diagnostic de cancer. Thomas, qui décède, avait certainement une pneumonie à éosinophiles.

Élémentaire, mon cher Wilson !

Le chien de Stark est mort aussi. C'est lui qui avait avalé les comprimés de son maître contre la strongyloïdose. Numéro Treize n'avait pas vérifié qu'il les prenait. Contre toute attente, House ne la vire pas, car il sait qu'elle ne fera désormais plus jamais la même erreur.

Diagnostic final : anguillulose ou strongyloïdose

Parasitose humaine provoquée par un nématode (ver rond) minuscule, *Strongyloides stercoralis* (ou anguillule) dont les femelles parthénogénétiques parasites, profondément fixées dans la muqueuse duodénale, déterminent la maladie.

Elle se contracte par pénétration percutanée des larves situées sur sols humides ; la pénétration digestive ou sexuelle est possible.L'auto-infestation peut entretenir la maladie pendant des dizaines d'années ; 50 % des cas sont asymptomatiques ; les risques sont particulièrement sévères chez l'immunodéprimé.

Souvent bénigne, elle n'en pose pas moins, parfois, un problème médical difficile, par sa résistance aux thérapeutiques. Cela entraîne une augmentation croissante du taux des parasites par auto-infestation interne, avec généralisation et issue fatale. Les symptômes pulmonaires peuvent apparaître pendant la migration pulmonaire des larves.

Une éosinophilie sanguine est généralement présente. (L'hyperéosinophilie se définit comme l'augmentation permanente de la valeur de la numération des globules blancs au-delà d'un seuil généralement admis de 500/mm^3.)

Dans cet épisode, on apprend que House...

– est très intrigué par un patient de la Consultation. Devant lui, l'homme met son couteau dans la prise de courant pour recevoir une forte décharge électrique. Lorsque l'individu se réveille, House lui demande la raison de son geste. Le patient se défend d'être suicidaire et explique que, quelque temps auparavant, il a été victime d'un accident de la circulation et a été déclaré mort pendant 97 secondes. Les 97 secondes les plus belles de toute sa vie, d'où son obsession à vouloir « remourir ». Voulant aussi faire cette expérience de la mort, House fait la même tentative. Avant d'enfoncer la lame dans la prise, il bipe Amber, pour qu'elle le secoure après l'électrocution. Son cœur s'arrête de battre pendant une minute.

« Housisme »

Sans compétition, on serait encore des organismes monocellulaires.

Les accessoires de House

Le couteau à cran d'arrêt d'un patient.

Un foulard sur la tête, des candélabres et un grand bâton de bois. On se croirait autour du feu de camp de *Survivor* (le *Koh-Lanta* américain), en plein milieu d'un conseil tribal.

Le moment odieux de House

Thomas : *J'aime autant en finir tout de suite. Je suis enfermé depuis suffisamment longtemps dans ce corps inutile. Ça me plairait de pouvoir enfin en sortir.*

House : *D'en sortir pour aller où ? Vous croyez qu'il va vous pousser des ailes et que vous allez pouvoir vous envoler avec les anges ? Soyez pas idiot, y a rien après, y a que ça !*

House musique

« Let Me In » (Hot Hot Heat) ; « Not As We » (Alanis Morissette).

Guest star

Kathleen York

Elle interprète le nouveau patron de Foreman au New York Mercy, celle-là même qui le vire à la fin de l'épisode. Elle est aussi bien chanteuse que comédienne. Elle est apparue dans beaucoup de séries, dont *Desperate Housewives*, *The West Wing*, *Newport Beach*, *Dallas*...

ÉPISODE 74 (4x04)

VF/Les Revenants... - VO/Les Revenants...

Prise de vicodine :
1

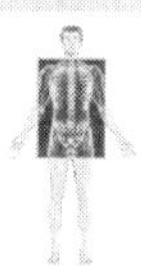

Le patient

Identité : Walesa, Irene.

Âge : 24 ans.

Profession : esthéticienne funéraire.

Antécédents familiaux : sa mère est morte quand elle avait quatre ans.

Symptômes : hallucinations, crise d'épilepsie, syncope, lésions cutanées, gonflement de la rate, insuffisance hépatique.

Intérêt : House s'intéresse à son cas parce que... la patiente voit des morts ; ce n'est pas tous les jours que cela se présente !

Le cas

Irene prépare les morts avant leurs funérailles. Dans la morgue, elle hallucine, voit les cadavres se réveiller, et son patron la retrouve en train de convulser.

Erreur de diagnostic : maladie de Creutzfeldt-Jakob

House ordonne à ses candidats d'exhumer un cadavre qu'a préparé Irene, qui pourrait être responsable de son état, et ensuite, de pratiquer une biopsie de son cerveau. Il cherche la présence de la maladie de la vache folle, mais l'examen se révèle négatif.

Irene continue de parler avec des morts, s'entretient avec sa mère décédée et nie complètement qu'elle n'est plus de ce monde. Ses symptômes neurologiques s'aggravent. Peut-être est-elle atteinte d'une maladie génétique. L'idée de House est de faire parler le fantôme de sa mère pour découvrir cet éventuel trouble héréditaire. Découvrant qu'avant de mourir elle présentait des tremblements de mains comme si elle avait froid, il en conclut qu'elle était atteinte de la maladie de Parkinson.

Erreur de diagnostic : maladie de Parkinson

Après un cauchemar où elle subissait des violences de la part des médecins, Irene se met à avoir des lésions et saignements inexpliqués au bras, ce qui n'a rien à voir avec un Parkinson.

Erreur de diagnostic : vascularite (inflammation de la paroi vasculaire)

Pour confirmer ce diagnostic, Amber et Numéro Treize examinent la rétine d'Irene. Soudainement, elle a mal à l'estomac et vomit du sang. Sa rate étant prête à éclater, elle subit une opération en urgence et on constate que son foie est nécrosé. La patiente est en train de mourir de l'intérieur. House demande une angiographie. Cole ne peut pas la faire, car Irene s'énerve et se met à le caresser.

Elle délire, convulse, crache une matière blanche mousseuse, et les médecins la mettent sous calmants. L'affection n'est décidément pas vasculaire.

Élémentaire, mon cher Wilson !

C'est Amber qui pose le diagnostic final : un ergotisme causé par le pain bio au seigle que la patiente consomme. Irene hallucinait, car ce champignon, l'ergot, est un des ingrédients du LSD.

Diagnostic final : ergotisme

Résultat d'un empoisonnement à long terme par l'ergot, habituellement suite à l'ingestion d'alcaloïdes produits par le *Claviceps purpurea* (ergot de seigle), un champignon qui infecte le seigle et d'autres céréales. C'est l'une des explications médicales et psychologiques de la sorcellerie ou de la possession démoniaque.

Les symptômes comprennent des crises de convulsions et des spasmes douloureux, des diarrhées, des paresthésies, des démangeaisons, des maux de tête, des nausées et des vomissements. Il peut en outre exister des hallucinations ressemblant à des troubles psychiatriques ou aux psychoses déclenchées par le LSD.

Le pari de House

House parie 100 dollars avec Cameron que Cole, le mormon, subira les humiliations de House sans broncher.

Cameron monte la tête à Cole, lui arguant qu'il doit affronter House s'il veut le job. Après un énième manque de respect de House pour le fondateur de l'Église mormone (Joseph

Smith), Cole flanque à son interlocuteur son poing dans la figure. House est défait.

Dans cet épisode, on apprend que House…

– aime le moka frappuccino plein de mousse.

Les accessoires de House

Sa balle de base-ball.

Le jeu *Surgeon*.

Comme dans la téléréalité *The Bachelor*, House remet une rose (une pivoine, en fait) à ceux de l'équipe qu'il garde encore pour un tour. Henry quitte l'aventure.

Le moment odieux de House

Cameron (qui veut récupérer le gain de son pari) : *Je préfère du liquide.*

House : *Je parie que vous dites ça à tous les mecs.*

House musique

« All My Life » (DJ Harry).

Guest stars

Azura Skye

Elle est Irene. Les fans de séries télé connaissent bien le visage de cette comédienne née en 1981. Ils l'ont vue dans *Zoé, Duncan, Jack et Jane*, *Smallville*, *Buffy contre les vampires*, *Les Experts : Miami*, *Bones*, *Ghost Whisperer*…

Caroline Lagerfelt

Elle joue la mère fantôme d'Irene. Née à Paris en 1954, fille d'un diplomate suédois, elle travaille pour la télé depuis le début des années 1980. Elle a eu des rôles récurrents dans les séries *Beverly Hills*, *Nash Bridges*… et plus récemment dans *Gossip Girl*.

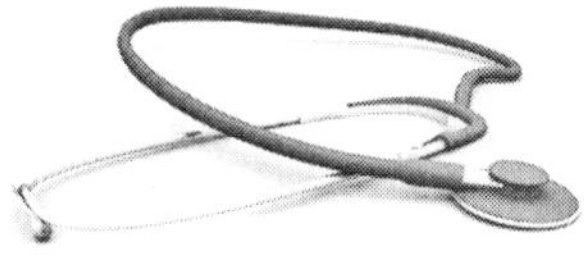

ÉPISODE 75 (4x05)

VF/Le Syndrome du miroir - VO/Mirror Mirror

Prise de vicodine :

0

Le patient

Identité : Elliot, Robert.

Âge : inconnu.

Profession : commercial dans le matériel agricole.

Antécédents médicaux : inconnus.

Symptômes : défaillance pulmonaire, douleurs abdominales, picotements dans les extrémités, sang glacé, arrêt cardiaque.

Intérêt : House s'intéresse à son cas parce que… c'est un bon exercice pour ses candidats puisque cette maladie ne laisse pas d'empreinte ; elle est une *reine de la cambriole*.

Le cas

Pendant qu'il se fait dévaliser dans une ruelle, un homme se met à tousser et étouffer. L'un de ses agresseurs appelle les secours.

House encourage ses assistants à aborder la maladie respiratoire, *reine de la cambriole*, en la prenant en flagrant délit, c'est-à-dire en stoppant la respiration du patient. Pendant le test, le patient se plaint d'avoir des fourmis dans les pieds et des maux d'estomac.

L'évanouissement suivant du patient incite Foreman à conclure à un syndrome de Münchhausen (pathologie psychiatrique qui pousse à simuler la maladie pour attirer l'attention). L'homme copie les symptômes de ses voisins de chambre, visibles au tableau du couloir de l'hôpital.

Mais House infirme cette thèse. Il y voit plutôt un syndrome de miroir (Giovanini). Le sujet ne sait pas qui il est, alors il remplit sa vie avec ce qu'il voit autour. Il voit un nom sur un badge, il se l'approprie ; il voit un médecin, il a trouvé un métier ; il voit un symptôme, il contracte une maladie…

Pour prouver sa théorie, House entraîne le patient au bloc opératoire. Alors que Wilson opère et parle à son ami, le patient se met à s'exprimer comme James et empoigner un scalpel. House remarque une drôle de coloration de sa main, comme des marbrures. Son sang est très épais et froid *comme de la neige fondue*. On est sans doute en présence d'une infection.

Erreur de diagnostic : champignon dans le foie

À l'écho, Taub lui trouve une lésion hépatique. Une ponction fait sortir une espèce de jus noir de l'organisme du patient. L'infection est probablement fongique, selon le candidat Brennan.

La couverture chauffante n'étant plus en mesure de fluidifier le sang du patient, les médecins le mettent dans un bain bouillonnant. Les marbrures sur le corps de l'individu se stabilisent.
Le pus noir n'en était certainement pas et serait plus probablement un peu de sang coagulé.

Comme c'est un problème de premier ordre de ne pas connaître l'identité de l'homme et par conséquent ses antécédents médicaux, House demande qu'on analyse son sang et d'autres fluides pour découvrir qui il est.

Le patient ne se réchauffe toujours pas, malgré le bain. House ne voit que la solution de lui induire une fièvre.

Le patient ne met pas longtemps à faire un arrêt cardiaque, car l'infection s'est propagée dans son cœur.

Les marbrures étant réapparues, un nouveau bain s'impose, d'autant que Kutner a évoqué le goût de Robert – son identité est connue désormais – pour les bains et que cela prête House à réflexion.

Élémentaire, mon cher Wilson !

House se rend dans la chambre du patient, prétend être lui-même Robert Eliott et lui tend un tube de crème retrouvé dans sa voiture. Robert l'attrape, comme par réflexe s'en applique sous les narines et explique que c'est pour ne plus sentir les odeurs de fumier.

House en conclut que l'homme est représentant en matériel agricole. Son job l'oblige à faire la tournée des élevages de porcs, et les fosses à purins sont les lieux privilégiés de l'éperythrozoon.

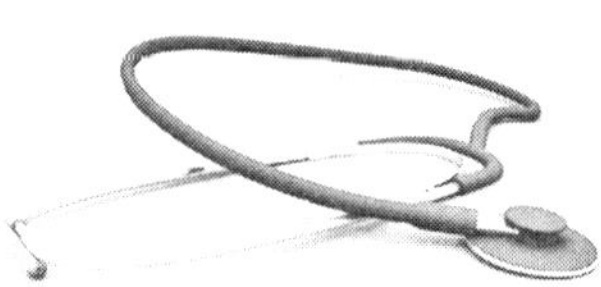

Diagnostic final :
infection par éperythrozoonose

L'éperythrozoon, un parasite qui vit dans la circulation sanguine des animaux (porcs, caprins, ovins), est constitué de micro-organismes multiformes présents à la surface des hématies et dans le sérum.

Le pari de House

Chase, qui fait des paris sur le prochain candidat viré par House, est d'avis que personne ne le sera et, en effet, à la fin, le médecin ne se sépare d'aucun des prétendants. Chase remporte la mise, mais le pari s'avère avoir été truqué : il était de mèche avec son ancien patron, et tous deux partagent les gains.

Dans cet épisode, on apprend que House…

– n'est pas du tout content que Foreman revienne dans l'équipe, avec un rôle de superviseur en prime !

Le moment odieux de House

À Foreman, à propos de son retour dans le service :
Elle vous a augmenté (sous-entendu Cuddy) *? Parce que, si oui, vous êtes une pute. Et, sinon, vous êtes une pute idiote.*

Prise de Vicodin : 0

Cuddy remplace la Vicodin de House par des laxatifs !

« Housisme »

Le but dans la vie, ce n'est pas d'éliminer la misère. C'est d'essayer de la maintenir au minimum.

La métaphore de House

Je ne vous ai jamais fait une de mes métaphores encore ? En fait, les infections sont des criminels. Et le système immunitaire, c'est la police. La police ne laisse pas les gangsters partir sans garder de traces. Elle prend leurs empreintes, leur tire le portrait. Le système immunitaire fait pareil, sauf qu'il appelle cela des anticorps.

House musique

« We're Going to Be Friends » (The White Stripes).

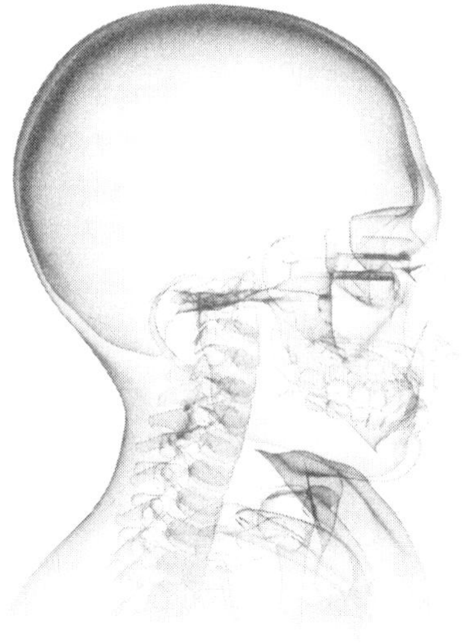

ÉPISODE 76 (4x06)

VF/En mission spéciale - VO/Whatever It Takes

Prise de vicodine :

0

Le patient 1

Identité : Alfonso, Casey.

Âge : inconnu.

Profession : pilote de course (dragster).

Symptômes : convulsions, troubles auditifs et visuels, déshydratation, aréflexie (réflexes diminués), nystagmus vertical, fièvre.

Intérêt : House s’intéresse à son cas parce que... elle est pilote de course.

Le cas

Après une course, une pilote de dragster a des troubles de la vision et de l'audition, convulse et s'évanouit. Foreman pense qu'il s'agit seulement d'un coup de chaleur, car la patiente est déshydratée. Néanmoins, House demande une batterie de tests : l'aréflexie de Casey, ses convulsions et un nystagmus vertical font penser à un syndrome de Miller-Fisher (processus inflammatoire).

Erreur de diagnostic : syndrome de Miller-Fisher

La patiente, assez énervée, refuse le traitement (la plasmaphérèse), et rapidement elle se met à délirer suite aux sommets atteints par sa fièvre. Tout compte fait, on n'est certainement pas en présence d'un syndrome de Miller-Fisher.

L'équipe, privée de la présence de House, trop occupé dans les locaux de la CIA, se déchire entre une sclérose en plaques et un lupus. Casey ne sent plus ses jambes à présent.

Bien que Brennan voie une polio, Foreman ordonne le soin d'un éventuel botulisme (maladie paralytique rare due à une neurotoxine bactérienne).

Erreur de diagnostic : botulisme

La fièvre de Casey monte malgré les médicaments administrés, et son état s'aggrave. Dans le dos de Foreman, Brennan a testé la patiente pour la polio : le résultat est positif.

Erreur de diagnostic : poliomyélite

C'est une maladie infectieuse virale, qui atteint la substance grise de la moelle épinière. Il n'y a pas de traitement contre la polio, toutefois Brennan propose, dans l'esprit de travaux de recherches entamés dans les années 1950, qu'on lui injecte une forte dose de vitamine C.

La méthode semble fonctionner, mais toujours perclus de doutes, Foreman refait des analyses de sang et constate que la patiente n'a pas du tout la polio.

House ne voit qu'une explication, très tordue : un médecin aurait empoisonné Casey au thallium, falsifié des analyses de polio et donné de la vitamine C pour contrecarrer l'empoisonnement. Cette hypothèse n'est pas si tordue, puisque c'est exactement ce qu'a fait le candidat Brennan.

En fait, au départ, la pilote ne souffrait que d'un coup de chaud. Brennan se voit renvoyé.

Diagnostic final :
hyperthermie et empoisonnement au thallium

Le thallium est un élément chimique de symbole Tl et de numéro atomique 81. C'est un métal gris, malléable, très tendre (se coupe au couteau) qui ressemble au plomb et se ternit de la même façon lorsqu'il est exposé à l'air. Il est produit à partir de pyrites, en même temps que l'acide sulfurique, ainsi que lors de l'extraction du plomb et du zinc.

Hautement toxique, il est présent dans certains insecticides et, autrefois, dans la mort-aux-rats (tend à disparaître dans ces usages depuis que son effet cancérigène a été démontré). Il est parfois utilisé en tant que poison, car, réduit en poudre, il est inodore, incolore, et la dose létale se situe à un gramme. Le fait de le toucher est déjà extrêmement dangereux.

L'hyperthermie, élévation de la température corporelle centrale au-dessus de 38°, procède de l'accumulation de chaleur exogène (issue de l'environnement et non pas produite par le corps, contrairement à la fièvre).

Cette hyperthermie peut résulter : d'une exposition à la chaleur du soleil, ou insolation ; d'une exposition à la chaleur ambiante (canicule, ambiance industrielle, incendie) ou coup de chaleur classique ; d'un effort intense avec une mauvaise évacuation de la chaleur (à cause d'une ambiance trop chaude et humide ou de vêtements trop isolants) : on parle de coup de chaleur d'exercice ou d'effort.

Chez l'être humain, il y a risque de décès au-delà de 41,5° (complications cérébrales irréversibles).

Le traitement demande l'hydratation et le refroidissement du malade (déshabiller, appliquer des linges froids et humides, lavage gastrique froid en milieu spécialisé, ventilation de l'air, bain à deux degrés sous la température du patient...). Les médicaments contre la fièvre ne sont d'aucune efficacité.

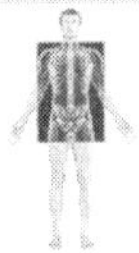

Le patient 2

Identité : John (nom de code).

Âge : inconnu.

Profession : agent de la CIA.

Symptômes : brûlures, maux de ventre, perte de cheveux.

Intérêt : House s'intéresse à son cas parce que... la CIA le lui demande.

Le Dr Samira Terzi, de la CIA, requiert l'aide de House et d'un de ses confrères – le Dr Curtis – pour établir le diagnostic d'un de ses agents, prénommé John pour l'occasion. La plupart des informations le concernant sont top-secret, néanmoins Terzi est dans le droit de dire qu'il revient d'une mission de 11 mois en Bolivie. L'agence pense à un empoisonnement. La peau de John est complètement brûlée.

Erreur de diagnostic : empoisonnement par radiations

C'est l'avis de Curtis. House pencherait plutôt pour une pancréatite due à l'absorption d'alcool. D'ailleurs, il ne se prive pas de virer le traitement de Curtis pour le remplacer par celui qu'il préconise.

Le résultat, loin d'être efficace, empire l'état du patient qui est désormais inconscient.

Erreur de diagnostic : leucémie

À présent, House opte pour un cancer du sang (Waldenstrom). Le Dr Terzi lance la plasmaphérèse et la chimiothérapie.
Alors qu'il n'a pas encore reçu la chimiothérapie, John perd ses cheveux. House en conclut que ce n'est pas un cancer : on a bien essayé de l'empoisonner.

House propose de tenter un traitement expérimental, à base d'herbes chinoises, qui a donné de bons résultats sur... les singes !

Élémentaire, mon cher Wilson !

John raconte à House une mission qui l'a conduit à rencontrer une femme lors d'un carnaval de 40 jours.

Or le carnaval, en Bolivie, ne dure que huit jours, ce qui signifie que le patient n'était pas en Bolivie, mais au Brésil. Ce n'est donc pas des châtaignes qu'il a mangées, comme le précisait son dossier, mais plutôt des noix du Brésil.

Diagnostic final : empoisonnement au sélénium

L'ordonnance de House : Un traitement par chélation

Le sélénium est un élément chimique, de la famille des chalcogènes, de symbole Se et de numéro atomique 34. Oligoélément, mais à très faible dose, il est toxique (voire très toxique sous certaines formes) à des concentrations à peine plus élevées que celles qui en font un oligoélément indispensable. On en trouve notamment dans les rognons de porc ou de bœuf, l'ail, le poisson et les mollusques, le brocoli, les noix du Brésil... À trop forte dose, il peut entraîner des nausées, des diarrhées, une fragilisation des ongles, la perte des cheveux ou de la fatigue.

Dans cet épisode, on apprend que House...

– craque pour le médecin de la CIA, le Dr Samira Terzi. Il lui propose même de rejoindre son équipe.

Le moment odieux de House

House : *Vous êtes le Dr Curtis de* Immunologie et Allergies *?*

Dr Sydney Curtis : *Vous l'avez lu ?*

House : *Non, mais je cale mon piano avec.*

La remarque sexuelle de House

Au Dr Samira Terzi : *Vous voulez larguer le Dr Rabat-Joie et partir sur les hauteurs de Mexico à bord de mon super-jet ? Et je ne vous parle pas du pays, ni de l'avion...*

House musique

« One Big Holiday » (My Morning Jacket) ; « What A Man » (Linda Lyndell) – sonnerie de portable de House ; « I Idolize You » (Lizz Wright).

Guest star

Michael Michele

Le Dr Samira Terzi est interprété par cette comédienne américaine née en 1966. Elle a eu des rôles récurrents à la télévision dans *New York Undercover*, *Homicide*, *Urgences* (Cleo Finch).

Épisode 77 (4x07)

VF/Trop belle, trop bête ? - VO/Ugly

Prise de vicodine :

1

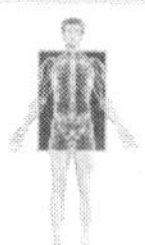

Le patient

Identité : Arnold, Kenny.

Âge : 16 ans.

Profession : étudie chez lui.

Antécédents médicaux : encéphalocèle fronto-nasale. Le garçon est défiguré.

Symptômes : arrêt cardiaque, maux de tête, crachats de sang, saignements de nez, respiration difficile, défaillance hépatique, mouvements musculaires involontaires.

Intérêt : House s'intéresse à son cas parce que… Chase faisait partie de l'équipe de chirurgiens en charge du patient, et Cuddy apprécie de jouer le jeu devant les caméras de télévision. C'est une bonne publicité pour l'hôpital.

Le cas

Une équipe de télévision suit Kenny pour un documentaire. Atteint d'encéphalocèle fronto-nasale (dysmorphie de la ligne médiane), il doit subir une reconstruction faciale au Princeton-Plainsboro.

Avant même l'intervention, le garçon fait un arrêt cardiaque.

Erreur de diagnostic : prise de drogue (fréon)

House remarque une décoloration sous son nez et pense à des prises de drogues fréquentes.

Il demande une scintigraphie, les analyses ne sont pas concluantes, néanmoins, il bloque sur cette idée et préconise un second examen, plutôt dangereux, consistant à arrêter son cœur. Kenny semble s'étouffer, tousse et crache du sang.

La piste de la tumeur dans l'estomac est ensuite écartée.

House suggère une arthrite rhumatoïde juvénile (inflammation continue d'une ou de plusieurs articulations, apparaissant à l'âge de 16 ans).

Erreur de diagnostic : ARJ (arthrite rhumatoïde juvénile)

L'ordonnance de House : corticoïdes

Taub, qui est chirurgien plastique de formation, n'est pas d'accord avec House.

Dans son dos, il va trouver le père de Kenny et lui déclare que l'opération de reconstruction faciale peut avoir lieu.

Cuddy, appelée en arbitre, demande un scanner pour s'assurer que Kenny a bien une déviation médiane. À la lecture du scan crânien, elle tranche en faveur de House.

Cependant, quand il constate que le petit doigt de Kenny bouge à son insu, il en conclut que son diagnostic était erroné.

Élémentaire, mon cher Wilson !

C'est Numéro Treize qui propose le diagnostic exact : la maladie de Lyme. Toutefois, House la réfute, car le patient devrait avoir des irruptions cutanées.

Numéro Treize revient à la charge après avoir vu des photos de Kenny : l'irruption était cachée dans ses cheveux.

Diagnostic final : maladie de Lyme

C'est une maladie parasitaire, pouvant affecter divers organes et toucher divers systèmes. Elle évolue sur plusieurs années ou décennies, en passant par plusieurs stades.

Elle est classée parmi les « borrélioses » parce qu'induite par des bactéries du genre *Borrelia* et parmi les « maladies à tiques », car elle est transmise (exclusivement ou presque, semble-t-il) par des piqûres de tiques.

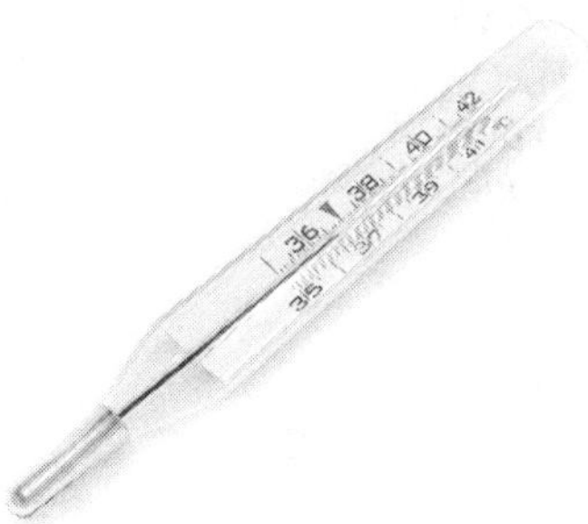

Dans cet épisode, on apprend que House…

– est tellement subjugué par Samira que lorsqu'elle raconte n'importe quoi en diagnostic différentiel, il ne s'en rend même pas compte. Il la vire tout de même à la fin.

– fait encore une fois référence aux films de Michael Moore.

L'accessoire de House

Sa balle de base-ball. Plongé dans une réflexion intense, il la fait rebondir contre le tableau blanc de la salle de Diagnostic.

Le moment odieux de House

Cuddy : *Une minuscule partie de moi…*

House : *Vous n'en avez aucune de minuscule.*

« Housisme »

Vous voulez de la justice ? Vous vous êtes trompé de métier, de patron, d'espèce.

Le moment politiquement incorrect de House

House : *Wouah, qu'est-ce que tu es laid !*

Kenny : *Wouah, qu'est-ce que vous êtes con. J'ai une malformation.*

House : *Je sais. C'est pour ça que t'es laid. Mais t'as quand même du bol : partout ailleurs, dans le domaine animal, tu te serais fait bouffer tout cru à la naissance par tes parents.*

House musique

« Slide Away » (The Verve) ; « My Home Is Your Head » (Joseph Arthur).

ÉPISODE 78 (4x08)

VF/La Part de mystère
VO/You Don't Want to Know

Prise de vicodine :

1

Le patient

Identité : Finn.

Âge : inconnu.

Profession : magicien.

Symptômes : arrêt cardiaque, saignements excessifs, évanouissement, hémopéricarde, insuffisance rénale.

Intérêt : House s'intéresse à son cas parce que... Kutner et Cole assistaient au spectacle du magicien.

Le cas

Lors d'un de ses tours très périlleux, un magicien, qui doit se libérer de ses liens sous l'eau, fait un arrêt cardiaque.

Après plusieurs examens, rien n'explique cet accident. Prêt à entrer dans la machine à IRM, l'homme se plaint de douleurs abdominales. Il fait une hémorragie interne, inexpliquée.

House a deviné que la cause venait de la clé ingérée par Finn lors de sa crise cardiaque. Clé qui devait l'aider à se libérer de ses chaînes pendant l'illusion. Clé que l'aimant de l'IRM a fait voyager des intestins à la rate. Au moment où House lui indique qu'il n'a rien et a tout simplement raté son numéro, le magicien se met à se vider de son sang par le nez.

House pense à une périartérite noueuse (la plus fréquente des vascularites), mais la prise de cocaïne peut aussi être une explication.

Erreur de diagnostic : tularémie (maladie infectieuse transmise par les lapins)

L'ordonnance de House : 48 heures d'antibiotiques

Chez le patient, alors qu'ils recherchent une réserve de drogue, Kutner et Taub tombent sur une cage pleine de lapins.

Cependant, le traitement contre la tularémie n'était pas le bon : Finn s'est évanoui et une échographie a révélé un hémopéricarde (accumulation de sang dans la cavité du cœur).

Erreur de diagnostic : cancer

Finn déclare qu'il va mourir. Il sait que le lendemain à la même heure, il sera mort...

Le magicien a de l'eau dans les poumons, mais pas de masse. Toutefois, il a un autre épanchement de sang au niveau du rein et de la cuisse. Il convulse.

Erreur de diagnostic : amyloïdose

C'est le processus infectieux, dégénératif, sporadique : dépôt anormal de protéines

House demande à fouiller dans le dossier médical du patient pour dénicher tout ce qui peut être associé à une amyloïdose.

Finn reconvulse, et ses reins sont en train de céder, ce qui pourrait confirmer l'amyloïdose, si ce n'est que rien dans ses antécédents ne met sur cette voie. Une biopsie ne donne rien non plus. Numéro Treize et Kutner pensent qu'au bloc opératoire, Finn a reçu du sang contaminé, mais ils manquent de temps pour faire toutes les recherches d'infections. House, qui veut qu'on traite au plus vite le patient pour une amyloïdose, ordonne qu'on lui transfuse le sang qu'a reçu Finn.

Comme il l'avait suspecté, il tombe malade à son tour, victime d'une véritable fièvre de cheval, mais il prétend que ce n'est qu'une simple réaction à la transfusion. Tout à coup, il s'écroule et, avant de perdre conscience, il devine qu'on a mis une drogue dans son thé, une ruse permettant de lui faire des tests qu'il refusait pour découvrir l'origine du mal. Toutes les biopsies sont normales.

Élémentaire, mon cher Wilson !

Wilson et House parlent de rhésus sanguins. *On n'a jamais aucune raison de demander à quelqu'un de quel groupe il est…*

House va voir Finn, qu'on prépare pour l'irradiation, et apprend que le patient est de groupe sanguin A. Il a donc été perfusé de sang du mauvais groupe, car il fabrique des anticorps de type B, en plus, d'où la transfusion erronée de sang AB.

Diagnostic final : anémie hémolytique auto-immune dans un lupus érythémateux disséminé

L'hémolyse est la destruction des globules rouges libérant l'hémoglobine dans le plasma sanguin. À terme apparaît une anémie régénérative.

L'hémolyse auto-immune (ou hyperhémolyse) entraîne une destruction des hématies dépassant leurs capacités de régénération médullaire.

Le lupus érythémateux disséminé est une pathologie touchant plusieurs organes et qui se manifeste différemment selon les individus.

C'est une maladie auto-immune, caractérisée par un trouble sévère de l'immunité, avec une perte de la tolérance et un défaut de contrôle des lymphocytes B. Cette affection peut entraîner potentiellement une autodestruction de tous les organes. Elle présente une importante morbidité par l'atteinte rénale, cardiaque et cérébrale. Son traitement particulièrement lourd grève le pronostic à long terme.

Dans cet épisode, on apprend que House...

– lance un nouveau défi stupide à ses candidats : il veut que l'un d'entre eux lui apporte le string de Cuddy. Celui ou celle qui réussira pourra nominer deux de ses collègues qu'il ou elle désire voir partir. Il restera à House le choix entre ces deux compétiteurs. Cole remporte le trophée. À la fin de l'épisode, il doit faire son choix. Big Love (c'est ainsi que l'appelle House en référence à la série télé mettant en scène une famille mormone) sélectionne Amber et Kutner, ce qui met la puce à l'oreille de House. Kutner avait raison sur le cas, la transfusion, et elle est l'ami de Cole. Pourquoi vouloir qu'il soit éliminé ? House comprend que Big Love et Cuddy ont passé un accord : elle lui donnait son string et il nominait ceux qu'elle lui indiquait.

En fin de compte, House vire Cole.

– est un tricheur. Dérangé dans sa partie de baby-foot avec Wilson, quand ils reprennent la manche, House annonce un score de 9/3, corrigé par Wilson : ils en étaient à 5 partout.

– est du groupe AB.

– découvre que Numéro Treize est peut-être atteinte de la maladie (génétique) de Huntington.

Le moment odieux de House

House : *Mon Dieu ! Vous ne portez pas de culotte !*

Cuddy : Comment ça, je ne porte pas de…

House : *Une jupe aussi moulante livre tous les secrets. On peut même deviner si vous portez un stérilet.*

Les accessoires de House

Une trottinette. Il roule avec dans l'amphithéâtre où il réunit ses candidats.

Partie de baby-foot avec Wilson.

Guest star

Steve Valentine

Cet acteur britannique joue le patient magicien dans l'épisode. Il est connu pour son personnage du Dr Nigel Townsend dans la série télévisée *Preuve à l'appui*. Il a fait des apparitions dans de nombreux feuilletons : *Jag, Will & Grace, Providence, Charmed, Dharma & Greg, Boston Justice, Chuck, Monk…*

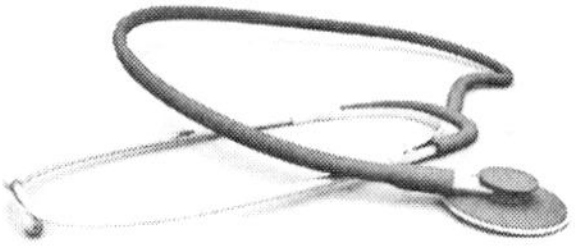

ÉPISODE 79 (4x09)

VF/Les Jeux sont faits - VO/Games

Prise de vicodine :

1

Le patient

Identité : Quidd, Jimmy. Âge : 38 ans.

Profession : rock star (chanteur d'un groupe punk).

Antécédents médicaux : multiples traumas, scarifications. Drogué, alcoolique.

Symptômes : vomissements de sang, pertes de connaissance, anémie, fatigue, inflammation des bronches, fièvre, sang dans les selles et les urines, caillots, insuffisance respiratoire, ganglions lymphatiques dilatés.

Intérêt : House s'intéresse à son cas parce que… Cuddy lui pose un ultimatum. Il doit choisir deux candidats, et, pour ce faire, il veut trouver un dernier cas. Il se rend donc aux Urgences et demande à Cameron ce qu'il peut se mettre sous la dent. C'est là qu'il rencontre Jimmy, en train de se plaindre et atteint d'un nombre de symptômes impressionnant. Cameron pense qu'il est juste un drogué, un menteur et un emmerdeur… Cela ne vous rappelle personne ?

Le cas

Le musicien et chanteur Jimmy Quidd, leader d'un groupe punk, s'apprête à monter sur scène lorsqu'il se met à vomir du sang et tombe inconscient.

Apparemment, tous ses symptômes accusent la drogue, House trouve que c'est trop évident.

On le prépare pour une biopsie, seulement le bout de ses doigts cyanosés montre que des caillots se déplacent dans tout son corps.

Après s'être évanoui de nouveau, Jimmy se retrouve une troisième fois à terre, de surcroît en pleine crise de détresse respiratoire.

House lui fait une échographie et constate des masses étranges près du cœur.

Erreur de diagnostic : vaisseau cardiaque mal placé

Taub pense à une anomalie vasculaire. Pour confirmation, House demande à Chase de pratiquer une opération à cœur couvert sur le patient, seul moyen d'avoir un regard juste et précis.

Le diagnostic s'avère erroné. En revanche, on peut voir des ganglions lymphatiques très gonflés, que House avait pris pour des masses à l'échographie.

Comme l'équipe en revient à accuser la drogue, House demande que ses assistants retrouvent la réserve de Jimmy, tout en commençant à le traiter contre un possible empoisonnement aux métaux lourds.

Élémentaire, mon cher Wilson !

House, qui a appris de Kutner que Quinn était bénévole dans un centre pour enfants abandonnés, demande à Cuddy son accord pour faire une biopsie cérébrale et prouver que le patient a attrapé la rougeole et que le virus est dans son cerveau.

Il a pu être vacciné dans son enfance, mais son système immunitaire a été trahi par ses années de toxicomanie.

Cuddy refuse : Le patient ne présente aucun signe neurologique qui permette d'énoncer cette hypothèse.

Si Jimmy convulse, alors elle permettra l'examen. House expose alors la rock star à sa propre musique et, en effet, il est pris de convulsions.

Diagnostic final : rougeole

Infection éruptive aiguë, elle atteint essentiellement les enfants à partir de l'âge de cinq-six ans, et est définitivement immunisante.

Le virus de la rougeole, un morbillivirus de la famille des *Paramyxoviridae*, appartient à la même famille que le virus des oreillons.

Il se transmet par les gouttelettes de toux en suspension dans l'air et peut également se propager par contact direct avec les sécrétions du nez ou de la gorge de personnes infectées. Il survit peu de temps sur les objets et les surfaces.

Les complications peuvent être de quatre ordres : respiratoire, neurologique, digestif et oculaire.

La vaccination est le meilleur traitement préventif, et il n'existe à ce jour aucun traitement spécifique pour cette infection virale.

Dans cet épisode, on apprend que House…

- choisit de virer Amber. Il élimine aussi Numéro Treize tout en sachant que Cuddy lui demandera de la garder.
Il a ses trois assistants : Taub, Kutner, Treize.

Les accessoires de House

Il mange du pop-corn en regardant *Hôpital central* sur un grand écran plasma.

Il porte une blouse blanche pour assister à un entretien entre Wilson et un de ses patients mal diagnostiqué.

Le moment odieux de House

À Cuddy :
Vous êtes un cauchemar bureaucratique, vous êtes une épine dans le cul et un médecin médiocre, dans le meilleur des cas.

« Housisme »

À Jimmy :
On a trois possibilités dans la vie. Être bon, s'améliorer ou laisser tomber. Vous avez choisi la quatrième. Pourquoi ? La réponse la plus simple, c'est qu'on ne risque pas d'échouer en ne tentant rien. Seriez-vous aussi simpliste ?

House musique

« Nicotine Caffeine » (Alan Milman Sect + Man-Ka-Zam) ; « Kicked Out » (Pussy Galore) ; « Spirit in the Sky » (Norman Greenbaum).

Le morceau folk sur lequel House annonce les derniers renvois a été composé par Hugh Laurie lui-même.

ÉPISODE 80 (4x10)

VF/La Vérité, rien que la vérité ?
VO/It's a Wonderful Lie

Prise de vicodine :

0

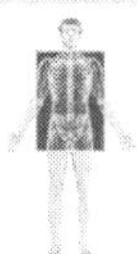

Le patient

Identité : Maggie. Âge : inconnu.

Profession : inconnue.

Antécédents familiaux : mère décédée d'un cancer du sein. A hérité la mutation BRCA1 de sa mère et a déjà subi, à titre préventif, une double mastectomie.

Symptômes : paralysie des mains, raideurs sporadiques des deux bras, cécité, gonflement des ganglions lymphatiques, hémorragie oculaire, durcissement des os (ostéopétrose).

Intérêt : House s'intéresse à son cas parce que... la patiente a promis de n'avoir jamais aucun secret pour sa fille. Évidemment, House va mettre tout en œuvre pour prouver le contraire.

Le cas

Une mère tient la corde de sa fille qui est en train de gravir un mur d'escalade. Tout à coup, elle lâche tout : elle vient de perdre l'usage de ses mains.

Comme la patiente avoue avoir une vie sexuelle très active, l'équipe se met à la recherche d'une possible MST. L'un de ses partenaires avoue lui avoir donné un comprimé d'ecstasy.

Les médecins purgent le sang de Maggie, mais elle a les mains toujours paralysées et devient même aveugle, alors que tous les examens pratiqués sur ses yeux, ainsi que l'IRM, sont parfaitement normaux. Ce n'est pas non plus une SEP (sclérose en plaques).

House envisage qu'elle puisse mentir sur ces deux symptômes que sont la paralysie et la cécité, tandis que Foreman préfère mettre en cause son cerveau.

Erreur de diagnostic : syndrome de conversion

House est d'accord que l'affection puisse être d'origine psychiatrique. Les médecins vont donc lui administrer un placebo pour voir si ses symptômes disparaissent.

Mais c'est tout le contraire qui se produit : Maggie entre en détresse respiratoire, ses ganglions sont enflés et il faut l'intuber en urgence.

Erreur de diagnostic : sarcoïdose

En fouillant dans l'ordinateur de la patiente, où il découvre qu'elle a vendu son stepper, annulé une randonnée, House en arrive à cette conclusion, car elle souffre depuis deux ans de douleurs articulaires.

Mais ce n'est pas une sarcoïdose, puisque ses poumons sont normaux. Seulement, maintenant, du sang coule de ses yeux.

House veut alors un prélèvement de moelle osseuse. Pendant l'intervention, Chase et Foreman constatent avec stupeur que les os de Maggie sont plus durs que le foret de la perceuse. C'est son squelette tout entier qui se change en pierre.

☒ Erreur de diagnostic : carence en CA-2

L'anhydrase carbonique est un enzyme qui accélère la réaction chimique de la transformation du dioxyde de carbone en bicarbonate et proton)

Elle perturbe la synthèse des protéines, et la seule option dans ce cas est la greffe de moelle osseuse.

La fille de Maggie, Jane, est bien sûr toute désignée pour offrir sa moelle, cependant la patiente refuse catégoriquement que sa petite prenne ce risque.

Puis, de toute façon, les analyses réfutent bientôt la thèse de la carence en CA-2.

☒ Élémentaire, mon cher Wilson !

House et Wilson sont à l'extérieur de l'hôpital le soir de la fête de Noël. House se moque de l'idée qu'un juif fête Noël.

On ne verrait par exemple pas une kippa accrochée à un sapin. Wilson, un peu éméché, lui répond : *Les choses s'en fichent*. House a sa révélation : *C'est vrai, les choses s'en fichent.*

On avait exclu le cancer du sein dès le début, car Maggie avait subi des mastectomies préventives. Mais, parfois, des cellules mammaires voyagent à d'autres endroits du corps. C'est le cas ici. Il ne reste plus qu'à lui enlever la tumeur voyageuse et à la soumettre à un traitement de chimiothérapie.

Diagnostic final : cancer du sein dans des cellules mal placées

Le cancer du sein est une tumeur maligne de la glande mammaire. Les cellules malignes se multiplient de manière désordonnée jusqu'à créer une tumeur qui s'attaque aux tissus sains avoisinants et peut également propager des cellules cancéreuses dans tout l'organisme : on dit alors qu'elle « métastase ».

À ce stade d'évolution, il est très rare de pouvoir proposer un traitement curatif. Mais certains médicaments permettent souvent de prolonger la survie de plusieurs années.

Le traitement du cancer du sein métastatique repose d'abord sur la chimiothérapie et l'hormonothérapie. Un traitement chirurgical ou par radiothérapie des sites métastatiques peut être envisagé.

Dans cet épisode, on apprend que House...

– ne supporte pas les décorations de Noël.

– fait une loterie de Noël avec son équipe. Seulement, dans la chaussette du père Noël, il ne met que des papiers portant son nom, obligeant ainsi ses assistants à lui faire un cadeau. Il reçoit une montre, un disque collector, une première édition de Conan Doyle.

Les accessoires de House

Une sucette.

Il joue au baby-foot tout seul.

Un iPhone qu'il prétend avoir reçu en guise de cadeau de Noël. En fait, c'est le téléphone de Wilson qu'il a subtilisé.

« Housismes »

Si tout le monde ment, il y a une raison : ça marche.

C'est grâce à ça que la société fonctionne, c'est ce qui différencie l'homme de la bête. [...] *Les mensonges, c'est comme les gosses. C'est du boulot, mais ça vaut le coup, parce que c'est sur eux que repose l'avenir.*

Tout le monde sait que les petits cadeaux merdiques font les bons amis.

House musique

« Hark ! The Herald Angels Sing » (Frank Sinatra) ; « Love for Christmas » (Felix Gross) ; « Joy to the World » (instrumental) ; « The Twelve Days of Christmas » (instrumental) ; « Trim Your Tree » (Jimmy Butler) ; « The Little Drummer Boy » (The Fab Four) ; « God Rest Ye Merry, Gentleman » (Roy Hargrove) ; « God Rest Ye Merry Gentleman » (Ramsey Lewis Trio) ; « God Rest Ye Merry Gentleman » (chanté par Hugh Laurie) ; « Santa Claus Is Coming to Town » (Ramsey Lewis Trio) ; « Who Took the Merry Out of Christmas » (The Staple Singers).

Guest star

Janel Moloney

Les fans de la série *The West Wing* (*À la Maison-Blanche*) reconnaîtront, en Maggie, Donna Moss.

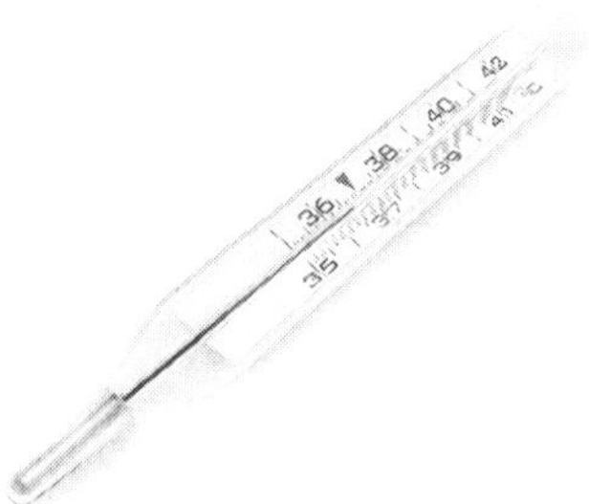

ÉPISODE 81 (4x11)

VF/Celle qui venait du froid - VO/Frozen

Prise de vicodine :

1

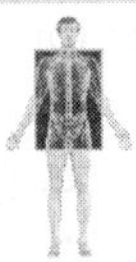

Le patient

Identité : Milton, Cate.

Âge : inconnu.

Profession : psychiatre, en mission au pôle Sud.

Symptômes : maux de ventre, vomissements, insuffisance rénale, collapsus pulmonaire, inflammation, coma, hypertension intracrânienne.

Intérêt : House s'intéresse à son cas parce que... Cate est membre auxiliaire de la faculté de Princeton-Plainsboro. Comme elle est bloquée au pôle Sud, House y voit un sacré challenge : le diagnostic à distance, par webcam.

Le cas

Une psychiatre, en mission au pôle Sud, se porte au secours, dans la tempête, un technicien qui vient de se trancher l'artère fémorale. Une fois son patient hors de danger, la praticienne hurle de douleur, se tient le ventre, et se met à vomir.

Erreur de diagnostic : calcul rénal (de struvite – présence d'une bactérie)

Le problème est que dans la base où se trouve Cate, elle n'a rien à sa disposition pour faire passer ce calcul. Kutner propose d'utiliser des fréquences sonores pour le pulvériser.

Le Dr Milton réfute cette théorie de toute façon. House ordonne des antibiotiques, qu'elle refuse de prendre. Selon elle, d'autres au campement en ont davantage besoin.

Foreman demande à la psychiatre de se faire un bilan sanguin, qui pourra confirmer ou non la présence d'un calcul. Le test indique que sa fonction rénale décline et, en outre, la respiration de Cate est haletante.

Erreur de diagnostic : tumeur dans l'abdomen

Ne disposant d'aucun matériel pour une biopsie, Cate n'a accès qu'aux rayons X. Pour obtenir confirmation de ce diagnostic de cancer, House demande à Cate de se faire des clichés de tout le corps. Il est hasardeux pour Wilson de donner une réponse tranchée à la seule observation des radios. Comme House doit lui trouver des ganglions, il la fait déshabiller (elle ne garde que ses chaussettes) et la regarde se palper. Tout ganglion repéré au toucher pourra être ponctionné. Ils en repèrent un au niveau de l'abdomen. Cate se fait le prélèvement. Pour le liquide de contraste en vue de l'analyse, elle utilise, sur les conseils de Wilson, du vin rouge.

La thèse du cancer est écartée après analyse de l'échantillon, toutefois, ses douleurs au ventre sont toujours plus aiguës.

☒ Erreur de diagnostic : maladie auto-immune

L'ordonnance de House : Prednisone

Nouvelle thèse de House. Une fois de plus, puisque Cate ne veut pas gâcher des antibiotiques sur une simple hypothèse, House doit lui donner la preuve concrète qu'elle est atteinte d'une maladie auto-immune.

Il lui fait mettre un trombone dans un tube contenant son sang. La psychiatre n'a plus qu'à secouer, et quelques cellules sanguines seront découpées par le trombone. Si elle a une maladie auto-immune, son système immunitaire va se gorger de ces cellules endommagées, elles grossiront et ainsi seront visibles au microscope. L'examen n'est pas concluant. House souligne qu'un test avec un trombone n'est pas des plus fiables et encourage à nouveau Cate à prendre de la Prednisone. Foreman souligne qu'il y a un autre moyen d'être fixé : Cate doit aller dehors, cinq minutes, dans le froid. Si ses douleurs rénales s'arrêtent, le diagnostic d'auto-immunité sera validé. House est vraiment contre cette façon de procéder, car le risque est trop important. Du reste, avant même de sortir, elle s'effondre et sombre dans le coma.

Le Dr House a soudain une étincelle de génie : Sean – le technicien de la base – doit boire l'urine de Cate ! Si elle est diluée comme de l'eau, c'est que le problème est cérébral. L'homme s'exécute et constate qu'en effet son urine a le goût de l'eau. Foreman hésite entre un problème à l'hypothalamus et trop de pression intracrânienne. House explique à Sean qu'il doit lui percer un trou dans le crâne. Avec une perceuse, il s'exécute, puis Cate se réveille. Il s'agissait bien d'hypertension intercrânienne.

Élémentaire, mon cher Wilson !

Désormais, l'équipe se concentre sur l'idée d'un caillot, mais Kutner insiste sur une embolie graisseuse. House rétorque que c'est impossible, car cette affection implique une fracture osseuse mal réparée. Il a vu ses radios, il a « examiné » Cate sous toutes les coutures... En réalité, ce n'est pas exactement le cas : elle dissimulait ses pieds sous ses chaussettes de laine ! Dès qu'on les retire apparaît une belle fracture du gros orteil.

Diagnostic final : embolie graisseuse due à une fracture de l'orteil

L'embolie graisseuse est constituée de gouttelettes graisseuses, provenant de la moelle osseuse d'un os fracturé, qui migrent dans un vaisseau sanguin.

Elle peut être mortelle dans 15 à 30 % des cas, entraînant une détresse respiratoire aiguë, sans que l'on puisse déterminer si c'est l'embolie elle-même ou le contexte dans lequel elle se produit (traumatismes graves) qui est en cause. Les autres cas guérissent souvent sans séquelles en une quinzaine de jours.

Les signes apparaissent au bout de quelques heures : fièvre, insuffisance respiratoire aiguë, purpura (taches cutanées hémorragiques) du thorax et de la conjonctive ; d'autres complications hémorragiques (rénales, cardiovasculaires) peuvent survenir. Les troubles neuropsychiques sont variables (agitation, confusion, coma). Sa prévention passe par la réduction et la stabilisation des fractures osseuses.

Dans cet épisode, on apprend que House...

– s'insurge que le comité directeur de l'hôpital ait décidé de faire payer la télé par câble aux patients. Lui qui le regarde dans les chambres des comateux, comment va-t-il bien pouvoir faire à présent ? Il demande à Cameron d'intercéder en sa faveur, puis la menace. Quand Allison choisit de donner sa démission au comité, il placarde dans l'hôpital des affichettes pour adoption de chien avec le numéro de son ancienne assistante.

– a des insomnies et boit deux ou trois verres de bourbon avant de s'endormir devant la télé.

– découvre qu'Amber (alias l'Abominable Garce) est la nouvelle conquête de Wilson.

L'accessoire de House

Un ordinateur portable Apple (MacBook Pro) gris métal.

Guest stars

Mira Sorvino

Elle est le Dr Cate Milton, la patiente. Fille de l'acteur italo-américain Paul Sorvino (*Les Affranchis*), elle est née le 28 septembre 1967. Diplômée de Harvard, elle a une thèse d'études est-asiatiques. Elle parle couramment le mandarin et très bien le français. Néanmoins, elle a préféré la comédie. Le film *Maudite Aphrodite* de Woody Allen lui vaut d'obtenir l'Oscar du Second Rôle en 1996. Elle n'a ensuite pas retrouvé un aussi beau rôle. En parallèle de sa carrière au cinéma, cette ex de Quentin Tarantino et Olivier Martinez est membre d'Amnesty International.

Jeffrey Hephner

Il interprète Sean. On l'a aperçu dans quelques séries et il a obtenu un rôle récurrent dans *Newport Beach*.

Le moment odieux de House

À Wilson, essayant de percer l'identité de sa nouvelle petite amie : *Ça ne peut pas être Cuddy, vu que t'es hétéro.*

House musique

« Let's Get It On » (Marvin Gaye) ; « Human » (Civil Twilight) ; « Awake » (Mungal & Nitin Sawhney).

ÉPISODE 82 (4x12)

VF/Virage à 180° - VO/Don't Ever Change

Prise de vicodine :

0

Le patient

Identité : Viner, Roz.

Âge : 38 ans.

Profession : ancienne productrice de musique.

Symptômes : syncope, perte du contrôle de la vessie, hématurie (sang dans les urines), hypoxie (oxygénation insuffisante des tissus).

Intérêt : House s'intéresse à son cas parce que... il est sûr qu'elle a tenté de se suicider, alors que l'équipe affirme le contraire. La patiente est juive et le suicide est un péché dans cette religion.

Le cas

Lors d'un mariage juif, la mariée s'effondre et se casse la jambe dans sa chute. En plus de la perte du contrôle de la vessie, elle a du sang dans les urines. Avant d'être juive hassidique (ultra-orthodoxie), elle travaillait dans le business de la musique et prenait de l'héroïne, mais elle est saine depuis un certain temps maintenant. House pense que sa subite conversion est un symptôme (*La religion est un symptôme de croyance irrationnelle et d'espoir sans fondement.*) Par conséquent, il y voit une possible porphyrie.

Erreurs de diagnostic : porphyrie (maladie génétique rare), lupus, Wegener

La soudaine crise d'hypoxie de Roz infirme ce diagnostic.

House, qui soupçonne un lupus, ce qui cache forcément un problème cardiaque, ordonne un test d'effort afin de vérifier si elle fera une crise cardiaque. Taub, pour sa part, penche pour un Wegener. L'examen montre que le cœur de la patiente va bien. En revanche, la jambe est extrêmement douloureuse et, au final, ce n'est ni un lupus ni un Wegener. L'IRM ne révèle pas non plus la présence d'un caillot. Dès que Roz est debout, sa tension et son rythme cardiaque chutent. En outre, au cours d'un examen censé la faire transpirer, on observe chez elle une chute de température, elle convulse et est frigorifiée. En somme, son corps ne cesse de faire le contraire de ce qu'il devrait.

Erreur de diagnostic : maladie d'Addison (maladie endocrinienne, insuffisance des glandes corticosurrénales)

Le traitement est administré, mais Roz se sent subitement mal et fait une hémorragie interne. Elle doit être opérée, mais refuse l'intervention avant le coucher du soleil, et, se croyant condamnée à mourir, elle veut passer un dernier shabbat avec son époux.

Élémentaire, mon cher Wilson !

Les choses ne sont pas là où l'on voudrait qu'elles soient simplement parce qu'on le veut. Ce qui ne signifie pas qu'elles sont là où elles devraient être...

House court vers la patiente et demande qu'on la mette debout, bien qu'elle ne tienne pas vraiment dans cette position ! Sa tension s'effondre. Lorsque House appuie sur son abdomen, elle va mieux ; il relâche, elle chancelle à nouveau.

Diagnostic final :
néphroptose (syndrome du rein flottant)

La descente du rein peut, le plus souvent, ne pas être ressentie par le malade, mais aussi être à l'origine de douleurs, le plus souvent à la fatigue et en position debout, en rapport avec des phénomènes de tension sur les artères et les nerfs rénaux.

La position allongée permet assez souvent une rémission des symptômes. Cette douleur peut concerner une partie de l'abdomen, de la fosse lombaire jusqu'à la fosse iliaque. L'examen radiologique met en évidence une descente rénale, plus ou moins importante. Le traitement repose sur une remise en place normale du rein par intervention chirurgicale (néphropexie), qui permet la disparition totale des douleurs.

Le pari de House

House donne deux mois au couple Amber/Wilson. Ce dernier parie 100 dollars le contraire. Puis, il lui annonce qu'ils sont ensemble depuis quatre mois. Or House apprend plus tard par Kutner qu'ils ne se fréquentent que depuis un mois.

Dans cet épisode, on apprend que House...

– pense qu'Amber sort avec Wilson pour rester proche de

lui. Il lui propose un poste si elle quitte Wilson, mais elle refuse.

– est traumatisé que Wilson sorte avec une femme comme Amber, une femme qui lui ressemble beaucoup :
Oh, mon Dieu !
Tu couches avec moi…

Le moment odieux de House

À Wilson à propos d'Amber :
C'est une terreur, pourquoi aurait-elle besoin d'un minable ?

« Housisme »

Personne ne change jamais.

La métaphore de House :

Le rein est comme un lustre, attaché au plafond des intestins et des vaisseaux sanguins. Mais votre entrepreneur – vous voyez qui je veux dire – l'a accroché avec une chaîne au rabais. Le lustre a donc pendouillé pendant des années, jusqu'à ce que finalement un choc casse la chaîne.

House musique

« Niggun of the Alter Rebbe » (Richard Kaplan) ; « Od Yishama » (chant hébreux) ; « Jerry Weintraub » (Waldeck) ; « Nani, Nani » (Accentus Ensemble) ; « Eshet Chayil » (prière hébraïque chantée par l'acteur) ; « Waiting on a Friend » (The Rolling Stones).

Guest star

Eyal Podell

Yonatan Arnoff, le mari juif hassidique, dans cet épisode.
Il est né à Tel-Aviv et est arrivé aux États-Unis à l'âge de huit ans. C'est un habitué des petits rôles à la télé : *Ally McBeal, The West Wing, Urgences, Jag, FBI : Portés disparus, Charmed, Angel, Les Experts : Las Vegas, Everwood, Commander in Chief, NCIS, 24 Heures chrono…*

ÉPISODE 83 (4x13)

VF/Trop gentil pour être vrai
VO/No More Mr. Nice Guy

Prise de vicodine :
1

Le patient

Identité : Tallridge, Jeff. Âge : inconnu.

Profession : nettoyeur de moquette.

Symptômes : évanouissement, dysgueusie (tout a un goût de tarte au citron), gentillesse, hypercalcémie, AVC, défaillance hépatique, crise cardiaque.

Intérêt : House s'intéresse à son cas parce que... la grève des infirmières entraîne un chaos aux Urgences. Sachant que Cuddy va vouloir qu'il travaille dans le service, en renfort, il se cache... aux Urgences, c'est-à-dire là où il est sûr que Cuddy n'aura pas l'idée de le chercher. Il aperçoit alors Jeff et trouve qu'il a l'air trop souriant, ce qui cache forcément quelque chose !
Il est simplement... heureux de vivre. Il faut que j'arrête ça avant que ça se propage.

Le cas

Conduit aux Urgences après un malaise, Jeff a le sourire vissé aux lèvres. Son dossier médical stipule qu'il souffre depuis peu de dysgueusie (perte ou modification du goût). House perçoit sa gentillesse comme un symptôme supplémentaire.

Erreur de diagnostic : syndrome de Williams

Le patient, atteint d'hypercalcémie (augmentation de la concentration du calcium dans le sang), est en plus dépourvu du gène de la méfiance, ce qui amène House à suspecter un syndrome de Williams. L'équipe objecte qu'il manque à Jeff quelques symptômes pour confirmer ce diagnostic, notamment la faculté de chanter très juste. D'ailleurs, en montrant ses pauvres talents de chanteur, le patient fait un AVC.

Erreur de diagnostic : neurosyphilis

Le patient est fidèle, a confiance en sa femme et trouve absurde que l'on puisse soupçonner une neurosyphilis. Pourtant, le test se révèle positif, et, en outre, on décèle chez Jeff une hépatite. L'équipe le met par conséquent sous corticoïdes et recherche, pour commencer, une sarcoïdose, mais cela s'avère une mauvaise déduction.

Entre-temps, l'humeur du patient a changé du tout au tout : il crie, jure, est irritable, puis fait une crise cardiaque.

Élémentaire, mon cher Wilson !

Kutner pose le diagnostic : Jeff a peut-être une maladie qui fausse le test de la syphilis, mais House ne veut pas croire qu'il puisse s'agir d'une maladie de Chagas. Kutner rétorque qu'il y a de ça 10 ans, le patient a travaillé au Costa Rica. Il a refait l'IRM, on y voit clairement une inflammation, une encéphalite qui explique sa gentillesse pathologique.

Diagnostic final : maladie de Chagas

Maladie parasitaire qui sévit dans les régions tropicales d'Amérique du Sud et centrale. Elle est provoquée par *Trypanosoma cruzi*, un trypanosome transmis par des punaises hématophages.

La phase chronique symptomatique peut ne pas se produire avant des années ou même des décennies après l'infection initiale. La maladie affecte le système nerveux, le système digestif et le cœur.

L'infection chronique entraîne divers troubles neurologiques allant jusqu'à la démence, une atteinte du muscle cardiaque (la cardiomyopathie, qui est la complication la plus sérieuse), et parfois une dilatation du tube digestif ainsi qu'une perte de poids.

En l'absence de traitement, elle peut s'avérer mortelle, dans la plupart des cas en raison d'une cardiomyopathie associée.

Dans cet épisode, on apprend que House...

– joue au bowling. Il fait une partie avec Chase, car Wilson est trop occupé avec Amber.

– propose à Amber une « garde alternée » de Wilson. Il l'aurait un jour sur deux et un week-end sur deux. Elle ne lui accorde que le mercredi, avant 23 heures ainsi qu'un week-end sur deux. House demande le lundi en plus, et jusqu'à minuit pour ces deux soirs. Ne trouvant pas de consensus, ils font appel à l'arbitrage de Cuddy – Wilson ne voulant surtout pas s'en mêler ! Elle n'accepte de trancher que si, en échange, House fait une évaluation écrite de son équipe.

– fait une bonne blague à son équipe. Pensant que leur patient est gentil à cause de sa syphilis, les assistants de House se disent qu'il est méchant parce que lui aussi en est atteint. Kutner trouve un échantillon de son sang et l'analyse. Il est positif pour la maladie vénérienne. House semble consterné, prend le traitement préconisé et paraît de plus en plus agréable à son entourage. En vérité, ce n'était pas son sang et il se joue d'eux en leur faisant croire que son caractère s'améliore.

Les moments odieux de House

À Cuddy : *Vous savez qu'avec ce haut, vous ressemblez à une prostituée afghane ?*

La femme du patient (à propos de l'état de son mari) *: Je ne suis pas inquiète.*

Kutner *: Moi non plus.*

House *: Moi non plus. Parce que j'en ai rien à cirer.*

Les accessoires de House

Son piano (chez lui), de marque Yamaha.

Une sucette.

House musique

« I Want It » (Kristen Mari) ; « Everyday People » (Sly & The Family Stone) ; « Baby, I'm-a Want You » (Bread – chanté par le patient) ; « You Keep Me Hanging On » (The Supremes).

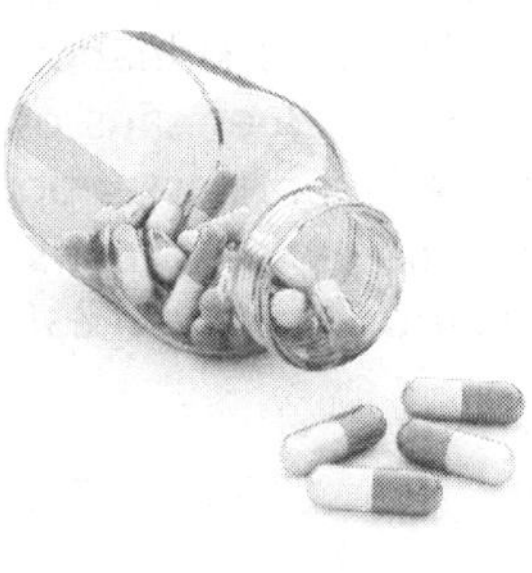

ÉPISODE 84 (4x14)

VF/Pour l'amour du soap - VO/Living the Dream

Prise de vicodine :
1

Le patient

Identité : Greer, Evan (alias Dr Brock Sterling) – Evan Green dans la VO.

Âge : inconnu. Profession : acteur.

Symptômes : déficit dans le coin supérieur gauche du champ visuel (intermittent), insuffisance rénale, engourdissement, délire, coma.

Intérêt : House s'intéresse à son cas parce que... pendant qu'il regarde son feuilleton préféré, House est sûr de repérer un symptôme chez la star du programme. Il se met donc en tête de la kidnapper (puisqu'il a pris contact avec l'agent de Greer sans obtenir la réponse qu'il souhaitait) en se faisant passer pour son chauffeur. *Je m'en fous que vous mouriez, mais si Brock Sterling meurt, Anna ne saura jamais qui est le père du bébé de Marie.*

Le cas

Convaincu que le comédien du soap qu'il regarde à la télé a une tumeur au cerveau, House l'enlève à la sortie du plateau de tournage pour lui faire passer des examens et lui sauver la vie.

House a remarqué qu'en l'espace d'un mois, le temps de lecture de Greer est passé de 2,1 à 2,9 secondes pour une ligne. Il hésite, a du mal à lire un côté du prompteur…

Erreur de diagnostic : tumeur au cerveau

Les examens de la vision et l'IRM infirment catégoriquement ce diagnostic. Evan est fou de rage contre House qui l'a d'abord enlevé, puis drogué pour pratiquer les tests sans qu'il n'oppose aucune résistance.

Sur le point de faire un esclandre auprès de Cuddy, le jeune homme ne sent plus son pied et n'arrive plus à tenir debout.

Pour trouver d'autres symptômes, House entraîne son équipe dans un examen des épisodes de la série : comment Greer parle, comment il tient son stéthoscope, etc.

Lui complète l'investigation en allant, sur le plateau télé, interroger la partenaire de jeu d'Evan. Quand la jeune femme lui dit qu'ils ont eu quelques rendez-vous, mais qu'il s'éclipsait toujours avant que cela devienne trop intime, House s'imagine que l'homme est impuissant.

Erreur de diagnostic : intoxication à la vitamine B6

Le médecin met en cause la consommation excessive de graines de tournesol du patient.

Pour tester ses fonctions érectiles, il lui donne une revue porno et, bien qu'Evan ne semble pas manifester de problèmes à ce niveau, il fait un arrêt cardiaque après avoir joui.

Erreur de diagnostic : maladie de Basedow

La thyroïde de Greer est maintenant dans la ligne de mire de House. Elle doit être neutralisée avant qu'elle ne s'enflamme. Dans le dos de House, Foreman ordonne à l'équipe de pratiquer un examen de la thyroïde avant de recourir à cette méthode extrême. Ce test annonce que les reins d'Evan sont en train de le trahir.

House est à son chevet et ils ont une discussion sur le sens de la vie. Tout à coup, le médecin se rend compte que Greer est en train de réciter de vieilles répliques de son feuilleton. Il a de la fièvre, son rythme cardiaque augmente, prétend s'appeler Dr Brock Sterling et tombe dans le coma.

Erreur de diagnostic : infection

L'ordonnance de House : antibiotiques

Face à ce retournement, l'équipe fait une croix sur son idée d'auto-immunité et penche pour une infection due à une mycose ou un parasite.

Élémentaire, mon cher Wilson !

House est chez un revendeur de matelas avec Wilson, à la recherche d'un nouveau lit. Allongé sur un modèle recouvert d'une atroce parure avec des fleurs, il s'attarde sur ce motif et conclut que ce n'est pas une infection qui est en train de tuer Evan, mais une allergie. C'est pourquoi les antibiotiques ne font aucun effet. Il lui faut une forte dose de Prednisone.

Mais House semble s'être trompé : les tests sur le patient sont négatifs pour toutes les allergies florales.

Quoi qu'il en soit, Evan est sorti du coma grâce aux corticoïdes. Alors, à quoi peut-il bien être allergique ?

En regardant un épisode du feuilleton, House a une seconde révélation lorsqu'il y voit Greer (alias Brock) boire un gin tonic : les bulles dans le verre lui font comprendre que son patient est allergique à la quinine.

Diagnostic final : allergie à la quinine

La quinine est un alcaloïde naturel extrait de l'écorce de quinquina. Elle augmente le débit sanguin, apaise les contractions musculaires et tue le parasite du paludisme (malaria) en agissant sur son génome. La molécule est fluorescente.

En outre, elle est contenue dans certaines boissons gazeuses au goût amer, comme les tonics.

Le goût aigre de la quinine utilisée contre le paludisme incita jadis les coloniaux britanniques en Inde à la mélanger avec du gin, créant ainsi le cocktail gin tonic.

Elle peut provoquer une allergie cutanée, des troubles auditifs, cardiovasculaires et respiratoires, des palpitations, des vertiges, une hypoglycémie...

Cependant, le gin tonic actuel est très différent de la boisson de cette époque, notamment parce que la dose de quinine employée n'est désormais qu'environ le quart de ce qu'elle était. Aux États-Unis, la dose maximale autorisée est de 83 ppm.

Dans cet épisode, on apprend que House...

– a des revues pornos dans le tiroir de son bureau.

– prend son déjeuner dans la morgue, au milieu des cadavres. Tout cela pour ennuyer Cuddy, l'inspecteur censé donner ses accréditations à l'hôpital devant visiter la morgue dans les quelques minutes à venir.

« Housismes »

Toutes les jolies filles sont interchangeables.

Rien n'importe. Nous ne sommes que des cloportes. Des gnous à l'agonie sur la berge. Aucun de nos actes n'a le moindre sens.

– L'espoir, c'est pour les chochottes.

Les accessoires de House

Sa casquette en flanelle grise.

Il réussit à enlever de la salle de repos des médecins le grand écran plasma.

Sa balle de base-ball. Pendant qu'il attend la réaction du patient au traitement, il jongle avec elle en s'aidant de sa canne.

Le moment odieux de House

House, cherchant à tester les réflexes érectiles de son patient, se tourne vers Cameron.

Cameron : *Je ne montrerai sûrement pas mes seins.*

House : *Aucune réaction devant vos seins ne prouverait rien. Numéro Treize, montrez-lui vos... Pfffff. Où est-ce que je peux trouver des lolos dignes de ce nom ?*

House musique

« Needles in My Eyes » (The Beta Band).

Guest stars

Jason Lewis

Il joue l'acteur du soap favori de House. Cet ancien mannequin, né en 1971, s'est tourné vers la comédie. Pour le moment, il est surtout apparu dans des séries télé : *Beverly Hills, Sex and the City, Charmed, Brothers and Sisters...*

Rob Benedict

Dr Conway, l'inspecteur qui fait trembler Cuddy. Il a joué dans *Buffy contre les vampires, Felicity, Alias, Threshold, Dirt, Les Experts : Las Vegas, Supernatural...*

ÉPISODE 85 (4x15)

VF/Dans la tête de House... - VO/House's Head

Prises de vicodine :

2

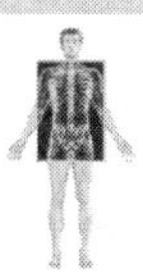

Le patient

Identité : inconnue.

Âge : inconnu.

Profession : chauffeur de bus.

Symptômes : paralysie soudaine, douleurs à l'estomac, défaillance hépatique, embolie pulmonaire.

Intérêt : House s'intéresse à son cas parce que... il était dans le bus qui a eu un accident.

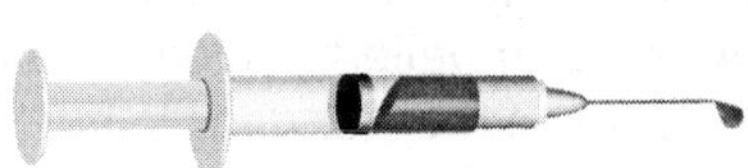

Le cas

House est dans une boîte de striptease sans savoir comment il est arrivé là. Il a une commotion et souffre d'amnésie antérograde (incapacité de fixer durablement de nouveaux souvenirs).

En sortant du club, il se trouve dans la rue face à un tragique accident de bus, comprend qu'il devait se trouver à bord et est convaincu d'avoir reconnu un symptôme sur un passager avant le drame.

Il commence par se demander pourquoi diable il a bien pu prendre le bus en sortant du Princeton-Plainsboro.

Ensuite, il met les Urgences en quarantaine pour pouvoir avoir toutes les victimes de l'accident sous la main et retrouver quel est le malade qu'il avait repéré.

Chase tente de l'hypnotiser pour faire revenir ses souvenirs. Dans cet état second, House se rappelle avoir été dans un bar et bu pas mal d'alcool. Présente dans sa projection hypnotique : Amber. Le barman avait confisqué ses clés pour ne pas qu'il reprenne sa moto alors qu'il était en état d'ivresse.

Aux Urgences, le chauffeur du bus est pris d'une crise de paralysie des jambes.

Le subconscient de House retourne dans le bus. Cette fois ce n'est plus grâce à l'hypnose, mais plutôt à la Vicodin.

Il est en pleine hallucination. Alarmé, Wilson lui fait passer une IRM qui révèle une fracture longitudinale de l'os temporal.

Le chauffeur, quant à lui, semble retrouver doucement l'usage de ses jambes, mais se plaint de douleurs terribles à l'estomac.

House saigne de l'oreille. Qu'importe, il décide de prendre un bain salé et glacé pour tenter, par privation sensorielle, de retrouver la mémoire. Ainsi se rappelle-t-il avoir vu le chauffeur se lever et aider une vieille dame à monter dans le bus. Il a alors constaté que le conducteur traînait la jambe, ce qui laisse supposer une maladie de Parkinson.

Erreur de diagnostic : maladie de Parkinson

Lorsque House se relève du bain, son oreille saigne toujours (sa fracture va jusqu'à son conduit auditif), il se met à vomir et tombe dans les pommes. Cuddy le renvoie chez lui et l'assigne à résidence en affectant une infirmière et un agent de sécurité pour l'avoir à l'œil. Le chauffeur d'autobus ne souffre pas de la maladie de Parkinson.

Erreur de diagnostic : paralysie périodique thyréotoxique

En faisant au patient un test d'effort et en le gavant de bagels (pour les féculents), l'équipe cherche une PPT (paralysie périodique thyréotoxique). Le test n'est pas probant, car la respiration haletante du chauffeur pendant qu'il court ne colle pas avec la PPT. L'homme s'effondre et fait une embolie pulmonaire. House, qui est de retour à l'hôpital, constate, en vérifiant l'intubation, que le patient est allé chez le dentiste récemment. La fraise dentaire a envoyé une bulle dans les gencives, laquelle, en se déplaçant, a causé une secousse myoclonique.

Elle est allée se loger dans la colonne, le foie et les poumons. House commande à Numéro Treize d'attraper une seringue et de la lui planter dans le cœur.

Il avait vu juste : le patient est sauvé.

Diagnostic final : embolie gazeuse (due à une intervention chirurgicale dentaire)

Migration de bulles de gaz dans les vaisseaux sanguins, qui les transportent le plus souvent jusqu'au cerveau. Parmi les causes, presque toujours iatrogènes (troubles ou maladies causés par un acte, un traitement médical ou un médicament), on retrouve, entre autres, la chirurgie.

Elle donne lieu à des troubles neurologiques soudains – convulsions, coma, déficit moteur, troubles visuels –, sources de possibles séquelles, et à des troubles cardiovasculaires : collapsus, arrêt cardiocirculatoire, troubles du rythme cardiaque ou signes d'insuffisance coronarienne.

Le traitement, qui relève de la plus grande urgence, est fondé sur la réanimation cardiorespiratoire, avec restauration d'une pression artérielle normale et ventilation en oxygène pur, ainsi que sur le contrôle des convulsions.

Complication

Au cours d'une nouvelle hallucination (ou un rêve), House comprend qu'il n'a pas complètement percé l'énigme.

Il décide de se remettre dans les conditions de l'accident, à bord du bus, et réunit toutes les personnes qu'il trouve en leur faisant jouer le rôle des victimes. Il avale des médicaments contre la maladie d'Alzheimer (Physostigmine) pour booster son cerveau et stimuler sa mémoire. Un tel acte est extrêmement dangereux, cela va sans dire, car il risque un arrêt cardiaque.

Son subconscient de retour dans le bus, House se voit reparler à la mystérieuse femme brune qu'il voit dans ses hallucinations depuis le début. Elle lui demande qui elle est, mais il n'en a aucune idée. Elle l'interroge alors sur le pendentif qu'elle porte autour du cou : il est en ambre.

Élémentaire, mon cher Wilson !

Ambre... Amber. C'est Amber qui était dans le bus avec lui ! C'est elle qui est en train de mourir. Pendant qu'il fait cette découverte dans son « voyage », Wilson et Cuddy pratiquent sur lui massage cardiaque et bouche-à-bouche. Ils sont en train de le perdre.

House revient enfin à lui et apprend à Wilson qu'Amber est en danger.

À suivre…

Dans cet épisode, on apprend que House…

– dans une de ses hallucinations, a un fantasme : Cuddy habillée en écolière avec des couettes, un kilt ras les fesses, une brassière et des chaussettes montantes. En prime, elle entame une danse lascive.

L'accessoire de House

Il a perdu sa canne avec la flamme, lors de l'accident de bus, et utilise maintenant une béquille.

Guest stars

Fred Durst

Le leader du groupe de rock nu metal, Limp Bizkit, joue le barman.

Ivana Milicevic

Elle apparaît dans les hallucinations de House et semble détenir la réponse. Cette actrice américaine d'origine croate naît le 26 avril 1974 à Sarajevo. D'abord mannequin, elle se lance dans la comédie et obtient des rôles au cinéma (*Vanilla Sky, Love Actually, Casino Royale*…) et à la télévision (*Felicity, Journal intime d'un homme marié, Friends, Las Vegas, Ugly Betty*…)

Le moment odieux de House

À un punk :

Si je blaguais, je me fringuerais comme vous.

Prises de Vicodin : 2

Il ajoute des comprimés de Physostigmine.

House musique

« U A Freak (Nasty Girl) » (Chingy) ; « There's No Fucking Rules, Dude » (!!! Chk Chik Chick).

Épisode 86 (4x16)

VF/Dans le cœur de Wilson - VO/Wilson's Heart

Prise de vicodine :

0

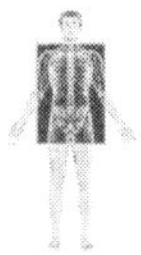

Le patient

Identité : Volakis, Amber.

Âge : inconnu.

Profession : médecin.

Symptômes : tachycardie, insuffisance hépatique, rash dans le bas des reins, grippe.

Intérêt : House s'intéresse à son cas parce que... c'est la petite amie de Wilson. Il était avec elle lors de l'accident de bus – s'en est souvenu dans l'épisode précédent. Toutefois, il ignore pourquoi.
Elle a été admise dans l'autre hôpital de la ville. Wilson, à son instigation, demande le transfert de la jeune femme au Princeton-Plainsboro.

Le cas

Amber a été frappée de plein fouet par un véhicule lors d'un accident de bus. Elle est en état de choc, alors qu'elle était stable après l'opération. Ses deux reins ne sont plus fonctionnels, et elle s'est déchiré l'artère fémorale. Sa tachycardie reste inexplicable, car le choc n'a rien à voir avec le problème cardiaque.

Dans l'ambulance qui la transfère au Princeton-Plainsboro, elle fait un arrêt, et Wilson suggère de la refroidir (32°) et de mettre son sang en circulation extracorporelle le temps que House pose son diagnostic.

House pense que le trauma a déclenché une affection cardiaque dormante.

Dans l'armoire à pharmacie d'Amber, Kutner trouve des coupe-faim contenant des amphétamines. Ils pourraient être à l'origine du mal, mais Wilson refuse de croire qu'il n'a pas vu qu'elle était dépendante à ces pilules au point de s'en détruire le cœur.

Le blanc des yeux de la jeune femme est jaune. Elle a un ictère (jaunisse), ce qui signifie que son foie est à son tour en train de céder.

Il faut la refroidir de nouveau.

House se rappelle le bar où il se soûlait quand Amber l'a retrouvé, s'y rend, et le barman lui apprend qu'à un moment, la jeune femme a éternué. Une infection ?

Erreur de diagnostic : infection

En rêve, House voit qu'Amber a une éruption cutanée dans le bas des reins. Ce rêve coïncide en fait avec la réalité.

Wilson craint qu'on ne redémarre son cœur alors que le diagnostic n'est pas à 100 % fiable.

Foreman conteste cette option, qui empêche de savoir si les

antibiotiques sont efficaces. House se range du côté de son ami. Foreman court chercher Cuddy, qui le soutient et l'aide à redémarrer le cœur.

Quand Wilson arrive dans la chambre d'Amber, il est comme fou, d'autant que l'intervention n'a eu pour effet que d'attaquer son cerveau.

☒ Erreur de diagnostic : maladie auto-immune

L'ordonnance de House : corticoïdes

Wilson craint que ce traitement ne l'achève si le diagnostic est erroné.

Il demande une faveur à son ami : qu'il subisse une intervention très dangereuse pour mettre une chance de plus de leur côté. Il s'agit de lui envoyer des stimulations électriques dans l'hypothalamus afin qu'il se souvienne de la nuit et du symptôme qu'il avait pensé déceler chez Amber.

House se plie à la requête de Wilson et découvre que, ce soir-là, le barman a confisqué ses clés sous prétexte qu'il était trop saoul pour conduire.

Privé de son véhicule, il a téléphoné à Wilson pour qu'il vienne le chercher ; seulement il était de garde. House a alors demandé à Amber qu'elle dise à son ami de le récupérer au bar après son astreinte.

C'est en fait Amber qui s'est présentée pour s'acquitter de cette corvée. Il lui a payé un verre, elle a bel et bien éternué, a réglé sa note et l'a suivi dans le bus (ne voulant pas rentrer avec elle, il a tenté de la semer). Elle a encore éternué, s'est plainte de la grippe dont elle ne réussissait pas à se défaire, a avalé des comprimés…

Élémentaire, mon cher Wilson !

Ce n'est pas la grippe qui a causé les complications, mais les cachets qu'elle a pris pour l'enrayer : Amber fait une intoxication à l'amantadine.

Ses reins, sérieusement abîmés par l'accident, ne filtrent plus le médicament.

Malheureusement, une dialyse ne peut pas éliminer l'antiviral de son organisme, puisqu'il se colle aux protéines. Amber est condamnée.

Diagnostic final :
empoisonnement à l'amantadine (à cause d'une défaillance rénale, suite à un accident)

C'est l'un des premiers médicaments antiviraux utilisés contre la grippe (encore souvent prescrit contre la grippe saisonnière).

La résistance à l'amantadine des virus de la grippe A en circulation a désormais fortement augmenté.

Le médicament inhibe la réplication du virus.

L'amantadine est aussi utilisée contre la maladie de Parkinson. Elle a souvent montré des effets neurologiques (nervosité, insomnie, voire confusions et hallucinations, et plus rarement convulsions).

Ces effets secondaires sont plus fréquents chez les personnes âgées et chez les sujets qui ont des troubles épileptiques ou psychiatriques, ou une insuffisance rénale.

Lorsque les posologies sont fondées sur la clairance de la créatinine (dosage établissant un rapport entre la créatinine sanguine et la créatinine urinaire, et permettant d'évaluer la fonction rénale, en particulier la capacité de filtration des reins et l'excrétion de la créatinine), des effets secondaires sérieux sont peu fréquents.

Dans cet épisode, on apprend que House…

– après avoir reçu les stimulations électriques dans l'hypothalamus lui permettant de stimuler sa mémoire, convulse et plonge dans le coma. Il est possible que des dommages cérébraux s'ensuivent. House a une conversation avec Amber dans l'antichambre de la mort, au cours de laquelle il avoue être tenté de mourir, pour ne plus souffrir, pour ne plus être malheureux, pour ne pas à avoir à subir la colère de Wilson, son meilleur ami. Pourtant, il se réveille.

L'accessoire de House

Une nouvelle canne puisque sa dernière a été éjectée dans l'accident. Il s'agit d'une canne courbe, en érable clair (un modèle du nom de « Blonde Horn Ball – Light Maple »).

Les moments odieux de House

À Numéro Treize :
Vous restez muette pendant les différentiels. Une poupée gonflable serait plus utile. Oui, je sais, je n'ai jamais été aussi désobligeant à l'égard d'une poupée gonflable.

« Housisme »

La vie ne devrait pas être du hasard. Les drogués misanthropes au cœur solitaire devraient mourir dans les accidents de bus, et les belles âmes sensibles et amoureuses qu'on extirpe de leur appartement en pleine nuit devraient s'en tirer saines et sauves.

House musique

« Teardrop » (José Gonzàlez) ; « Stacks » (Bon Iver) ; « Light for the Deadvine » (People In Planes) ; « Passing Afternoon » (Iron & Wine).

Guest star

Fred Durst,

Comme dans l'épisode précédent.

Saison 5

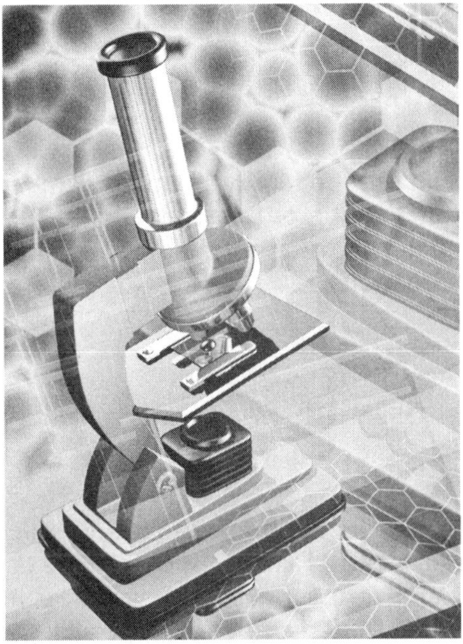

Épisode 87 (5x01)

VF/La Vie après la mort - Parle avec lui
VO/Dying Changes Everything

En résumé

Alors que Wilson est effondré par la mort d'Amber et veut quitter le Princeton-Plainsboro, House et son équipe traitent une femme, assistante de la directrice d'une fondation féministe, victime d'hallucinations.

Diagnostic final :
lèpre lépromateuse diffuse

Lèpre : maladie infectieuse chronique due à *Mycobacterium lepræ* (une bactérie proche de l'agent responsable de la tuberculose), touchant les nerfs périphériques, la peau et les muqueuses, et provoquant des infirmités sévères et irréversibles.

Elle est endémique dans certains pays tropicaux (en particulier d'Asie). La lèpre a longtemps été incurable et très mutilante.

Aujourd'hui on la traite par administration d'antibiotiques.

La lèpre lépromateuse est, quant à elle, plus grave. Elle se caractérise par des lésions cutanées ulcérées touchant la face, les membres et le tronc, associées à des lésions viscérales.

Le bon mot de House

Je vous aime mieux maintenant
que vous êtes en train de mourir.

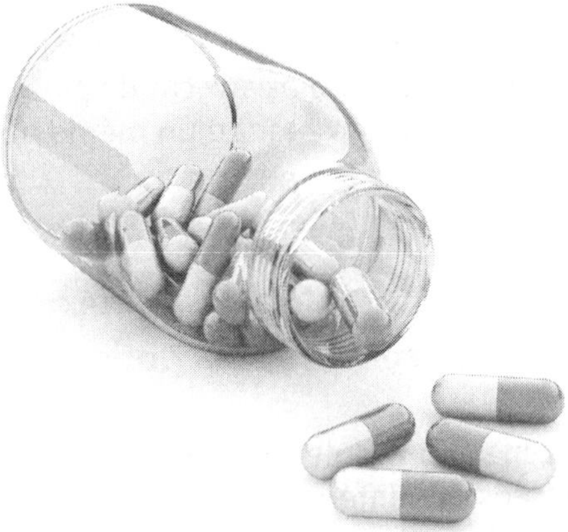

Épisode 88 (5x02)

VF/Cancer es-tu là ?
VO/Not Cancer

En résumé

Très occupé à mettre un détective privé sur les talons de Wilson, House ne s'en consacre pas moins aux cas de plusieurs personnes qui ont reçu des organes provenant d'un même donneur.

Diagnostic final : cellules souches cancéreuses transplantées sur plusieurs patients

Une cellule souche (ou cellule indifférenciée) peut donner des cellules spécialisées par différenciation cellulaire et peut virtuellement se renouveler indéfiniment.

Les cellules souches sont présentes chez l'embryon et chez l'adulte, mais elles sont bien plus rares dans l'organisme adulte.
Les lymphomes sont des proliférations cellulaires malignes (ou

cancers) dans les organes lymphoïdes secondaires. Ils se révèlent souvent après la découverte d'une adénopathie (terme désignant l'état pathologique d'un ganglion lymphatique dont l'inflammation peut avoir plusieurs origines).

Le bon mot de House

Dites à Foreman de s'en occuper.
Les vieux ont peur des Noirs.

House musique

« Vice » (The Crystal Method) ;
« You Might Die Trying »
(Dave Matthews Band).

ÉPISODE 89 (5x03)

VF/Flou artistique
VO/Adverse Events

En résumé

Le détective privé, Lucas Douglas, est en passe de devenir le nouvel ami de House.

Il enquête même sur l'actuel patient de l'équipe, un peintre atteint de troubles de la vision qui fait des essais cliniques pour compenser financièrement les rares ventes de ses tableaux.

Diagnostic final : prise massive de drogue due à un bézoard alimentaire

Le bézoard (du persan *bazahr*, « qui préserve du poison ») est un corps étranger que l'on trouve le plus souvent dans l'estomac des humains ou des animaux ruminants.

On distingue : les phytobézoards, formés de débris végétaux ; les trichobézoards, formés de cheveux (susceptibles d'apparaître chez des enfants, ou des personnes atteintes de trichophagie) ; les pharmacobézoards, formés d'un amas d'un ou de plusieurs médicaments (ou des enveloppes composant ces médicaments).

Le bon mot de House

La plupart des idiots n'ont pas autant d'ambition.

House musique

« First Brain » (Kaki King) ;
« Drown in My Own Tears » –
(joué à la guitare et
au piano par House et Lucas).

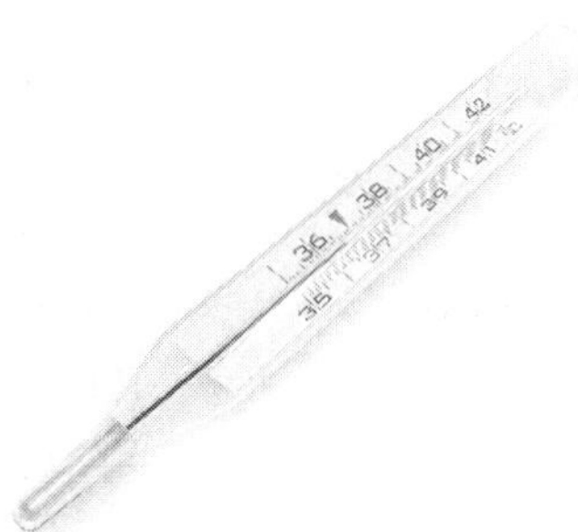

ÉPISODE 90 (5x04)

VF/L'Origine du mal - VO/Birthmarks

En résumé

Apprenant la mort de son père, House est plus que réticent à l'idée de se rendre à l'enterrement et se fait pratiquement kidnapper par Wilson pour y assister. Pendant ce temps, l'équipe s'occupe d'une jeune Asiatique rapatriée de Chine, où elle était partie à la recherche de ses parents biologiques. Face à eux, elle s'était mise à vomir du sang avant de perdre conscience.

Diagnostic final : aiguilles dans le cerveau

Elles y étaient, car ses parents biologiques avaient tenté de la tuer à la naissance (en raison de la politique chinoise de l'enfant unique).

Le bon mot de House

Laissez-la vomir dans l'appareil à IRM, c'est à ça que servent les infirmières.

House musique

« MMMBop » (Hanson – sonnerie de portable de House).

ÉPISODE 91 (5x05)

VF/La Vie privée de Numéro Treize
VO/Lucky Thirteen

En résumé

Numéro Treize a une aventure avec une femme qui se met à convulser.

L'occasion est trop belle pour House, car il peut fouiller allègrement dans la vie privée de sa nouvelle employée, d'un naturel plutôt énigmatique.

En parallèle, il continue à fouiner du côté de chez Wilson. Une première vérité éclate au sujet de la conquête de Numéro Treize : elle avait séduit le médecin pour être suivie par House.

Diagnostic final :
syndrome de Goujerot-Sjögren

Maladie auto-immune systémique caractérisée par une atteinte des glandes exocrines, en particulier des glandes lacrymales et salivaires. La maladie touche plus souvent les femmes que les hommes.

Bien que primitive (c'est-à-dire isolée) dans 50 % des cas, elle peut être associée à une autre maladie auto-immune (lupus érythémateux disséminé, polyarthrite rhumatoïde...).

Le bon mot de House

Le mot « viré » a-t-il un autre sens, dont j'ignorerais tout ?

House musique

« Cheap and Cheerful » (The Kills) ;
« Could We Survive » (Joseph Arthur) ;
« Dark Road » (Annie Lennox).

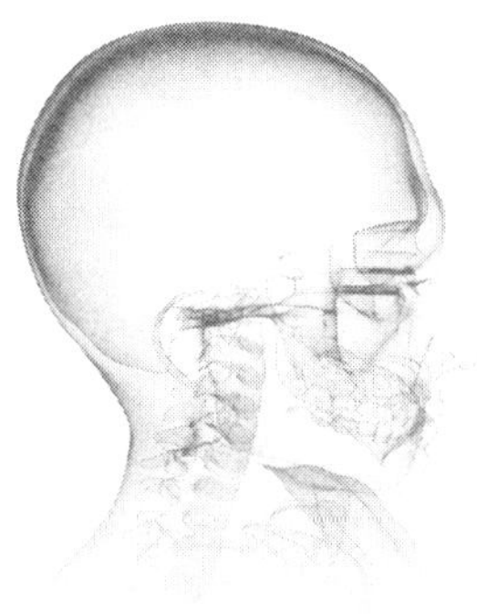

ÉPISODE 92 (5x06)

VF/Rêves éveillés
VO/Joy

En résumé

Cuddy est très soucieuse du bien-être de celle qui doit être la mère porteuse de son enfant.

Au département Diagnostics, on s'occupe d'un homme conduit à l'hôpital par sa fille qui le trouve désorienté. Il semble consommer de la cocaïne... lors de crises de somnambulisme.

Diagnostic final : fièvre méditerranéenne familiale (Jerry et Samantha), hypoplasie pulmonaire (Becca)

La fièvre méditerranéenne familiale (Jerry et Samantha) est une maladie génétique autosomique récessive qui se manifeste notamment par des poussées inflammatoires survenant à intervalles variables.

Les crises fébriles durent en moyenne d'une demi-journée à trois jours et sont caractérisées par des douleurs intermittentes parfois violentes dans l'abdomen, le thorax, ainsi que les articulations.

Des éruptions cutanées peuvent également apparaître.

Hypoplasie pulmonaire (Becca) : hypoplasie est un terme général qui désigne un arrêt du développement ou un développement insuffisant d'un tissu ou organe.

La plupart des causes d'hypoplasie sont des maladies génétiques.

Le bon mot de House

Ça a l'air de vous réussir cette histoire de gamin : vous récoltez tous les cadeaux sans vous payer les vergetures.

House musique

« Fire » (Daniel Lanois).

ÉPISODE 93 (5x07)

VF/Consultation à domicile
VO/The Itch

En résumé

Wilson, qui a appris que House et Cuddy s'étaient embrassés, tente de convaincre son ami de l'inviter à sortir. House, gêné, choisit de concentrer son attention sur un patient tellement agoraphobe qu'il préfère rester chez lui plutôt que subir l'opération qui pourrait lui sauver la vie.

Diagnostic final : saturnisme

Nom de la maladie correspondant à une intoxication aiguë ou chronique par le plomb. Cette affection est ainsi appelée en référence à la planète Saturne, symbole du plomb en alchimie.

Une partie du plomb absorbé par ingestion ou inhalation est excrétée, mais le reste s'accumule durablement dans l'organisme, essentiellement dans les os. Il est aussi stocké dans le foie, le rein, le cerveau... où il provoque des effets graves et irréversibles sur l'organisme, dont un retard mental chez l'enfant, de l'hypertension, des troubles neuromoteurs, voire la paralysie, la stérilité, le cancer et éventuellement la mort.

Le bon mot de House

Haïr le genre humain après s'être fait tirer dessus, c'est à la portée du premier venu. Le détester avant, faut déjà être plus balèze !

House musique

« I'm in Love with a Girl »
(Alex Chilton).

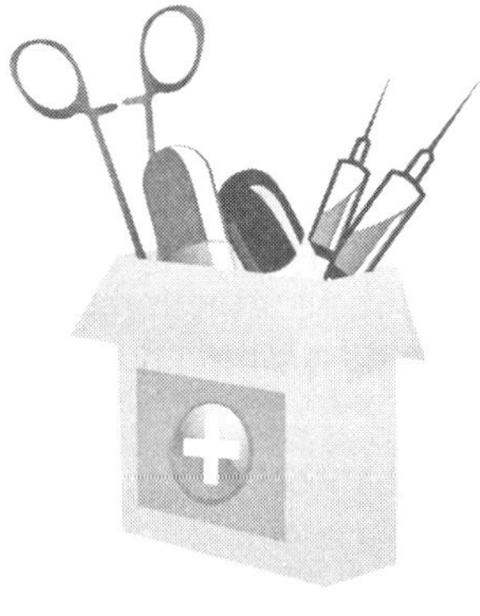

ÉPISODE 94 (5x08)

VF/Un vent d'indépendance
VO/Emancipation

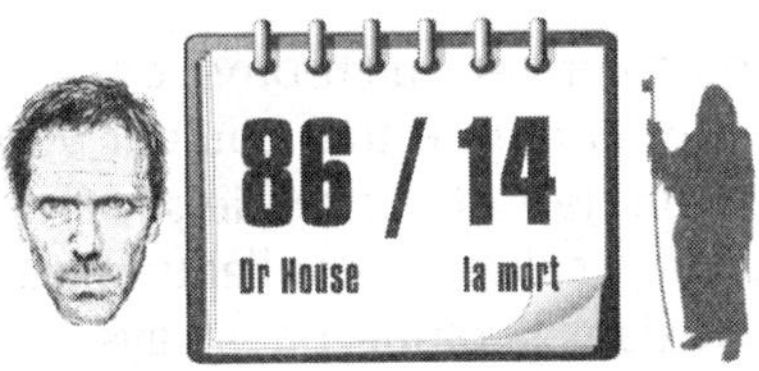

En résumé

Une jeune ouvrière de 16 ans – émancipée – fait un œdème pulmonaire, suivi d'un épisode psychotique. Quand il s'avère qu'elle nécessite une greffe de moelle osseuse, l'équipe se rend compte qu'elle a usurpé l'identité d'une autre.

Diagnostic final : leucémie aiguë promyélocytaire et empoisonnement à l'arsenic (Sophia), empoisonnement au fer (Jonah)

Leucémie aiguë promyélocytaire aiguë et empoisonnement à l'arsenic (Sophia). La **leucémie** est une maladie cancéreuse caractérisée par une prolifération de cellules malignes dans la moelle osseuse et le sang. Il en existe de très nombreuses formes, dont la leucémie aiguë promyélocytaire à l'évolution rapide, particulièrement grave. Elle implique les chromosomes 15 et 17, se manifeste chez des sujets jeunes et est souvent associée à des manifestations hémorragiques dues à une coagulopathie, responsable de la mortalité précoce.

Empoisonnement à l'arsenic : l'arsenic est un élément chimique de symbole As et de numéro atomique 33. Sa réputation n'est pas usurpée : l'arsenic sous forme pure ou de composé minéral est dangereux, même à faible dose, surtout en cas d'exposition répétée.

Mélangé avec du cuivre et du chrome, c'est un produit de traitement du bois (qui lui donne une couleur verdâtre). Bien que controversé en raison de sa toxicité, de sa rémanence et du fait qu'il soit partiellement soluble dans l'eau et les pluies, ce traitement reste autorisé dans la plupart des pays.

Empoisonnement au fer (Jonah) : le fer est un élément chimique, de symbole Fe et de numéro atomique 26. C'est un des sels minéraux qu'on retrouve dans les aliments. Il est essentiel au transport de l'oxygène et à la formation des globules rouges dans le sang, mais son accumulation dans l'organisme entraîne la mort cellulaire.

Le bon mot de House

Notre boulot, c'est de trouver ce qui tue les patients, pas de les guérir de leur connerie chronique.

House musique

« Through The Dark » (Alexi Murdoch).

ÉPISODE 95 (5x09)

VF/Un diagnostic ou je tire

VO/Last Resort

En résumé

La salle d'attente du Princeton-Plainsboro est prise en otage par un homme armé qui menace de tuer si House ne diagnostique pas la maladie dont il pense être atteint.

Il a vu 16 médecins en 2 ans, en vain.

De peur d'être empoisonné, le ravisseur exige que Numéro Treize prenne les traitements, préconisés par House, avant lui.

Diagnostic final : mélioïdose

Zoonose bactérienne, due à un bacille tellurique, *Burkholderia pseumallei* (germe invasif, transmis par voie aérienne ou cutanée).

Endémique en Asie, c'est une infection sévère, à mortalité élevée.

Maladie émergente, en voie de dissémination, le récent tsunami de décembre 2004 lui a conféré un regain d'actualité.

Le bon mot de House

Première règle en matière de triage : les mecs qui ont des flingues passent en premier.

House musique

« It's Not The Same » (Yppah) ; « Herzog » (Clark) ; « Glue of the World » (Four Tet) ; « A Chronicle of Early Failures, Part 1 » (The Dead Texan) ; « Between The Lines » – Instrumental (Bonobo).

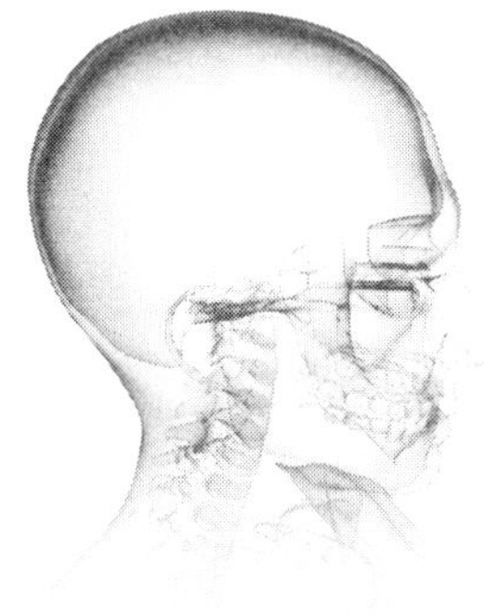

ÉPISODE 96 (5x10)

VF/Manger, bouger
VO/Let Them Eat Cake

House pose le bon diagnostic, mais la patiente refuse
de prendre le traitement. Elle aime mieux mourir que grossir.

En résumé

Depuis que son bureau a été saccagé (cf. l'épisode précédent), Cuddy squatte celui de House qui, pour sa part, s'occupe d'une patiente de 30 ans, ancienne obèse tournant une publicité dans le cadre de la lutte contre le surpoids. La jeune femme s'est effondrée et a dévalé un escalier.

Numéro Treize accepte de participer aux essais cliniques conduits par Foreman pour sa maladie de Huntington.

Diagnostic final :
coproporphyrie héréditaire

C'est une forme de porphyrie hépatique aiguë, affection le plus souvent congénitale, due à un déficit de différents enzymes intervenant dans la biosynthèse de l'hème (constituant de l'hémoglobine, formé d'un dérivé de la porphyrine et de fer, sur lequel se fixe l'oxygène), caractérisée par la survenue de crises neuroviscérales et, plus rarement, par la présence de lésions cutanées.

Les patients souffrent de crises neuroviscérales pouvant persister plusieurs semaines et se manifestant par des douleurs abdominales très intenses, des troubles neurologiques et des troubles psychiques.

Le bon mot de House

Je voyais bien que vous aviez un gros cul,
mais je n'aurais jamais imaginé
qu'en plus il était bourré de poison.

House musique

« Coconut »
(Harry Nilsson).

ÉPISODE 97 (5x11)

VF/Le Divin Enfant
VO/Joy to the World

En résumé

Tout en pariant avec Wilson qu'il peut se faire aimer d'un patient au point de recevoir un cadeau, House et son équipe traitent une adolescente de 16 ans, en surpoids, qui s'est mise à vomir lors du spectacle de Noël de son école.

Diagnostic final :
éclampsie post-partum

Complication sérieuse de la grossesse caractérisée par des convulsions pouvant apparaître avant, pendant et après l'accouchement (post-partum).

Le bon mot de House

Je ne suis pas physiquement programmé pour être poli.

House musique

« Joy to the World » (chanté par les enfants) ; « The Christmas Song » (chanté par les enfants) ; « Jingle Bell Rock » (Bobby Helms) ; « Whisper » (A Fine Frenzy) ; « The Christmas Song » (Gavin DeGraw).

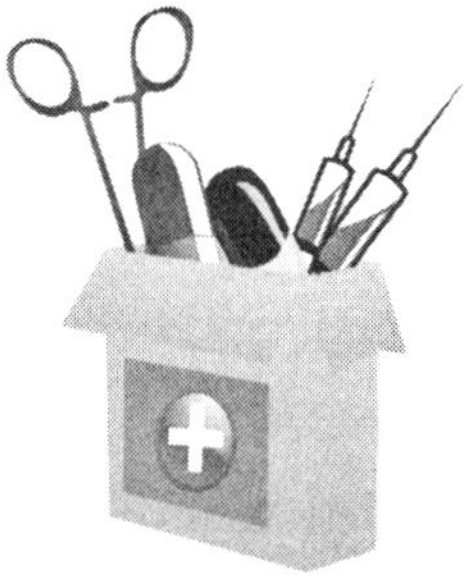

Épisode 98 (5x12)

VF/Sans douleur
VO/Painless

En résumé

Sa vie gâchée par trop de douleurs physiques, Jeff tente à plusieurs reprises de se suicider. En parallèle, House nage dans les problèmes de plomberie de son appartement.

Diagnostic final : épilepsie

Affection neurologique qui est le symptôme d'une hyperactivité cérébrale paroxystique pouvant se manifester par des convulsions ou une perte de conscience, voire par des hallucinations complexes inaugurales (visuelles et/ou auditives et/ou somesthésiques), avec ou sans convulsions, mais ce n'est pas une maladie mentale.

Le bon mot de House

Faut laisser sonner plus de quatre fois quand vous téléphonez à un invalide.

House musique

« I Still Care for You » (Ray LaMontagne).

Épisode 99 (5x13)

VF/Gros Bébé
VO/Big Baby

En résumé

Cameron remplace Cuddy, la directrice voulant se consacrer davantage à son rôle de mère adoptive et moins à celui d'administratrice hospitalière.

L'équipe de Diagnostic s'occupe du cas de Sarah, une enseignante qui s'est mise à cracher du sang.

House se délecte de la relation amoureuse qui est née entre Foreman et Numéro Treize.

Diagnostic final : persistance du canal artériel

État pathologique résultant de l'absence de fermeture physiologique du canal artériel à la naissance.

Ce canal, qui joint l'aorte et l'artère pulmonaire, est un des dispositifs de la circulation sanguine fœtale.

Le bon mot de House

Elle a déjà invité une de ses copines lesbiennes à venir vous rejoindre au pieu ?

House musique

« On My Side »
(Cory Chisel and the Wandering Sons).

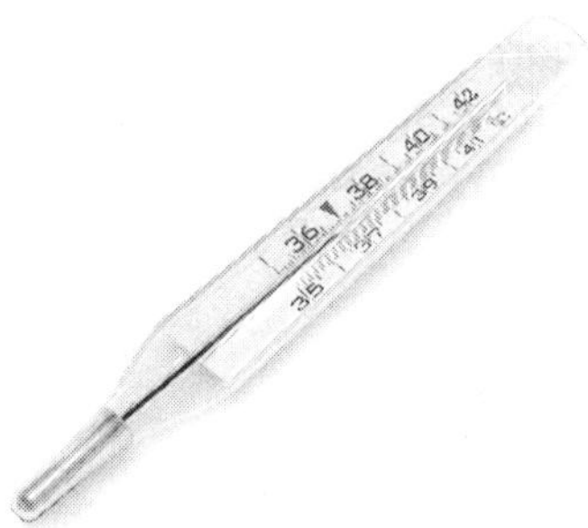

ÉPISODE 100 (5x14)

VF/Prises de risques
VO/The Greater Good

En résumé

Cuddy entend bien se venger de House qui a fait en sorte qu'elle reprenne son poste à plein temps. La malade du jour s'appelle Dana Miller.

Elle prenait des cours de cuisine quand des douleurs à la poitrine et au dos, ainsi qu'une cyanose, se sont manifestées. Dana s'avère être chercheur en cancérologie. Assez célèbre dans sa branche, elle a cependant laissé tomber sa carrière quand on lui a diagnostiqué un myome utérin.

Diagnostic final :
endométriose ectopique

Présence de cellules endométriales en dehors de la cavité utérine (cavité péritonéale et ovaire). Maladie bénigne, mais incurable, encore mystérieuse : ni son origine ni son remède ne sont déterminés à ce jour.

Les lésions d'endométriose, outre la sphère gynécologique, peuvent également se situer sur les organes digestifs (dont le rectum), la vessie, voire les reins.

Dans de rares cas, des atteintes pulmonaires se produisent.

Le bon mot de House

Vous n'aviez vraiment pas le choix.
C'est ça, d'être un abruti.

House musique

« Brand New Day »
(Joshua Radin).

Épisode 101 (5x15)

VF/Crises de foi
VO/Unfaithful

En résumé

Bien décidé à imposer une rupture à Foreman et Numéro Treize, House traite en même temps un prêtre qui a halluciné et prétendu voir Jésus-Christ.

L'homme d'Église a, par le passé, été soupçonné d'actes de pédophilie.

Diagnostic final :
hallucinations dues à l'alcool et syndrome de Wiskott-Aldrich

L'hallucination se définit comme une « perception sans objet à percevoir ».

Les hallucinations auditives sont les plus répandues ; visuelles, elles sont plus rares. Certaines sont typiques, comme la vision d'animaux effrayants (zoopsies), dans le delirium tremens de l'alcoolique.

Le syndrome de Wiskott-Aldrich est une maladie génétique marquée par une perturbation des plaquettes et des lymphocytes.

Les garçons atteints présentent des manifestations hémorragiques telles qu'épistaxis, diarrhées sanglantes, pétéchies et des infections fréquentes, virales et bactériennes, particulièrement de l'oreille.

Le bon mot de House

Donc, le serviteur de Dieu, qui ne croit pas en Dieu, a fait une crise cardiaque qui n'en était pas une. J'assure grave, non, pour choisir les cas !

House musique

« Firesuite » (Doves) ;
« Cuddy's Serenade » (par Hugh Laurie).

Épisode 102 (5x16)

VF/En douceur/Un peu de douceur
VO/The Softer Side

En résumé

À la naissance de leur enfant, des parents ont appris qu'il était hermaphrodite. Ils ont fait le choix de l'élever en garçon. Le fils a grandi et s'évanouit lors d'un match de basket.

Au Princeton-Plainsboro, les parents refusent que les médecins évoquent son hermaphrodisme devant le garçon. De son côté, House décide d'entamer un traitement à la méthadone.

Diagnostic final : empoisonnement à un produit de contraste causé par une néphropathie due à une déshydratation

En imagerie médicale (IRM, etc.), un produit de contraste est un médicament qui augmente artificiellement le contraste permettant de visualiser une structure anatomique (un organe) ou pathologique (une tumeur) naturellement peu ou pas contrastée, et que l'on aurait donc du mal à distinguer des tissus voisins. Les principales caractéristiques de ces produits sont : la viscosité, l'osmolalité et l'hydrophilie.

Le produit iodé est éliminé par voie urinaire (par filtration glomérulaire). Comme pour tout produit étranger introduit dans le corps, il peut y avoir quelques manifestations indésirables, voire un empoisonnement.

La maladie de Berger est une maladie rare des reins, liée à une atteinte microscopique de l'unité fondamentale de l'anatomie rénale : le glomérule, où se déposent des immunoglobulines A (IgA ou anticorps A). C'est une maladie auto-immune. Son nom complet est glomérulonéphrite (inflammation du glomérule) à dépôts mésangiaux d'IgA, ou simplement néphropathie à IgA.

La présence de sang dans les urines est presque constante, et l'évolution vers l'insuffisance rénale chronique se juge sur les taux sanguins d'urée et de créatinine.

Le bon mot de House

J'ai l'impression que mon pénis a fait un arrêt respiratoire. Vous connaissez les techniques de réanimation ?

House musique

« $300 » (Soul Coughing) ;
« Bobski 2000 » (Galactic).

Épisode 103 (5x17)

VF/Je dis tout ce que je pense - VO/The Social Contract

En résumé

House soigne un homme qui affranchi de toute inhibition, dit tout ce qu'il pense à voix haute. Les bonnes sorties du patient n'empêchent pas House de chercher à savoir ce que Wilson lui cache. James a en effet retrouvé son frère qui vit dans les rues de New York.

Diagnostic final : syndrome de Dodge-Potter

Syndrome paranéoplasique causé par une tumeur bénigne ou maligne, dû à la déviation du système immunitaire par ladite tumeur.

Le bon mot de House

Relax ! Vous n'avez pas un grand nez, il est seulement un peu voyant.

House musique

« MMMBop » (Hanson – toujours la sonnerie de téléphone portable de House) ; « The Shining » (Badly Drawn Boy).

ÉPISODE 104 (5x18)

VF/Appelons un chat un chat
VO/Here Kitty

En résumé

L'équipe s'occupe d'une patiente qui veut qu'on la soigne, car elle est persuadée d'avoir une maladie incurable. Elle tient cette information d'un chat qui ne dort qu'à côté de personnes sur le point de mourir.

Diagnostic final : tumeur carcinoïde de l'appendice

Le terme de « tumeur carcinoïde » n'est plus aujourd'hui utilisé : il est remplacé par « tumeur endocrine ». Les tumeurs endocrines appendiculaires représentent 20 % de l'ensemble des tumeurs endocrines digestives.

Le plus souvent situées au niveau de la pointe de l'appendice –l'appendice vermiculaire ou appendice iléo-cæcal est une invagination en doigt de gant de la partie débutante du gros intestin (cæcum), située à droite de l'abdomen – elles ont dans la grande majorité des cas un comportement très peu agressif, bénin malgré l'infiltration quasi constante de la musculeuse.

Le bon mot de House

Si vous êtes là pour me tuer et me violer, par pitié, faites-le dans cet ordre-là.

House musique

« Stranglehold » (Ted Nugent) ;
« I Cain't Say No » (de la comédie musicale *Oklahoma !*) ;
« I'm Not Drowning » (Steve Winwood).

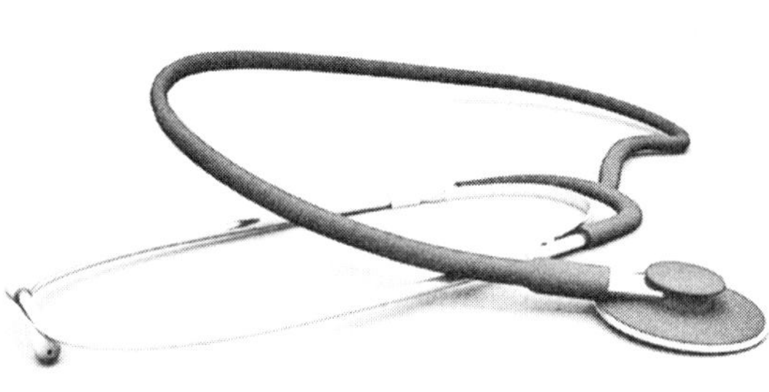

ÉPISODE 105 (5x19)

VF/Enfermé/Enfermé de l'intérieur
VO/Locked In

Mettons la victoire de cet épisode au crédit de House
alors que c'est Kutner qui a découvert la solution.

En résumé

Un épisode qui embarque le téléspectateur dans l'esprit d'un homme souffrant du syndrome d'enfermement.

Wilson découvre que House a consulté un psychiatre et qu'il ne compte pas poursuivre sa thérapie pour autant.

Diagnostic final :
syndrome d'enfermement dû à une leptospirose

Le syndrome d'enfermement est un état neurologique rare – consécutif majoritairement à un accident vasculaire cérébral, plus rarement à un traumatisme – détruisant le tronc cérébral.

Le patient est éveillé et totalement conscient, il voit tout, entend tout, mais ne peut plus ni bouger ni parler en raison d'une paralysie complète, excepté le mouvement des paupières. Les facultés cognitives du sujet sont intactes, d'où le nom de syndrome d'enfermement.

La leptospirose, parfois appelée « maladie du rat », est une anthropozoonose infectieuse d'origine bactérienne, transmise par les rats et autres animaux, le plus souvent sauvages.

La contamination peut se produire par morsure ou via les urines. Elle peut évoluer vers des hémorragies violentes – parfois létales.

Le bon mot de House

Incroyable. Un homme qui n'a plus que deux mots à sa disposition est encore capable de mentir.

ÉPISODE 106 (5x20)

VF/Il n'y a rien à comprendre
VO/Simple Explanation

En résumé

Un patient est sur son lit de mort, terrassé par un cancer. Il fait ses adieux à sa femme et, contre toute attente, c'est elle qui entre en détresse respiratoire.

La mort annoncée du mari est retardée... L'équipe doit en même temps faire face à sa propre tragédie : Kutner a été retrouvé mort dans son appartement. Il se serait suicidé.

Diagnostic final : leishmaniose viscérale (Charlotte), blastomycose cardiaque (Eddie)

Leishmaniose viscérale (Charlotte).

Maladie causée par un parasite du genre *Leishmania*. Le parasite migre dans les viscères comme le foie, la rate et la moelle osseuse et, en l'absence de traitement, aboutit presque toujours à la mort de l'hôte. Les symptômes comprennent la fièvre, l'amaigrissement, l'anémie, l'hépatomégalie (gros foie) et la splénomégalie (grosse rate).

Blastomycose cardiaque (Eddie). Maladie infectieuse mycotique causée par le champignon *Blastomyces dermatitidis*. Outre des symptômes grippaux et cardiaques, elle entraîne un état simulant une tuberculose ou un cancer du poumon (présence de nodules souvent pris pour des tumeurs).

La plupart des antifongiques agissant, elle est très rarement mortelle.

Le bon mot de House

Je préfère une réponse
moins subtile du genre :
« House, vous aviez raison. »

House musique

« Lose You »
(Pete Yorn).

ÉPISODE 107 (5x21)

VF/En perdition - VO/Saviors

En résumé

Chase a toujours des doutes sur les sentiments de Cameron à l'égard de House, d'autant qu'elle a demandé à son ancien patron de jeter un œil au dossier d'un militant de la cause écologique, pris de vertiges au cours d'un sit-in. House est très intrigué par la modification radicale du régime alimentaire de son ami Wilson.

Diagnostic final : sporotrichose

Maladie mycotique rare appartenant à la famille des levuroses et due à la présence dans l'organisme d'une moisissure toxique et parasite, *Sporothric schenckii.* Elle se contracte notamment via les roses, se manifeste par divers symptômes. La maladie n'est pas propre à un organe : tout le corps peut être touché.

Le bon mot de House

Y a un arbre, dans l'Oregon, qu'il aime plus que vous, sauf qu'il ne peut pas se le faire.

House musique

« This Land Is Your Land » (par les acteurs) ; « Georgia on My Mind » (par House, au piano et à l'harmonica).

Épisode 108 (5x22)

VF/Dédoublement/Ce qui est réel ou non
VO/House Divided

En résumé

Un jeune patient sourd entend des explosions et refuse les implants qui lui permettraient de recouvrer l'ouïe, ce qu'a du mal à concevoir House.

Il est déjà bien assez occupé à se battre contre ses insomnies et ses hallucinations au cours desquelles il ressuscite Amber, ainsi qu'à organiser l'enterrement de vie de garçon de Chase, que Cameron a décidé d'épouser.

Diagnostic final : sarcoïdose

Maladie inflammatoire systémique de cause inconnue, qui atteint préférentiellement les poumons, mais peut toucher n'importe quel organe.

Généralement sans gravité, elle guérit spontanément dans la grande majorité des cas.

Cependant, chez 20 % des malades, elle provoque des complications respiratoires menaçantes qui justifient un diagnostic précoce et un suivi régulier.

Le bon mot de House

Le mariage est dans 15 jours ?
Si je pensais que Chase a atteint la puberté,
je parierais que vous êtes enceinte.

House musique

« Fight the Power » (Public Enemy) ; « Spread Your Love » (Vibrolux) ; « Do What You Wanna » – Mr. Scruff's Soul Party Remix (Ramsey Lewis & Mr. Scruff) ; « American Cowboy » (Jada) ; « Pink Fairy Floss » (Bumblebeez 81).

ÉPISODE 109 (5x23)

VF/À fleur de peau/Sous l'apparence
VO/Under My Skin

En résumé

House parvient à mieux dormir, cependant, toujours aux prises avec ses hallucinations, il voit Amber à ses côtés, à l'aider notamment à diagnostiquer une danseuse étoile entrée en détresse respiratoire au milieu d'une répétition, et qui a fait une réaction très rare aux antibiotiques.

La seule solution pour House semble être de se libérer une fois pour toutes de la Vicodin et il sollicite l'aide de Cuddy.

Diagnostic final :
abcès cardiaque dû à une gonorrhée

La blennorragie ou gonorrhée (aussi appelée familièrement « chaude-pisse » ou « chtouille ») est une maladie sexuellement transmissible. C'est une infection des organes génito-urinaires, due au gonocoque (*Neisseria gonorrhoeæ*).

L'infection gonococcique disséminée peut entraîner arthrite, dermatite, endocardite, méningite…

Localisée très exceptionnellement dans l'endocarde, elle provoque des lésions mortelles en l'absence de traitement efficace par antibiotiques.

Le bon mot de House

Trop aigre. L'aigreur, j'en ai déjà à revendre.

House musique

« String Quartet N° 2 (Company) » (Philip Glass) ; « Yankee Doodle Dandy » (joué au ukulélé par la comédienne) ; « Never Had Nobody Like You » (M. Ward) ; « MMMBop » (Hanson – toujours la sonnerie de téléphone portable de House) ; « Enjoy Yourself » (par l'actrice) ; « Drive » (Dawn Landes).

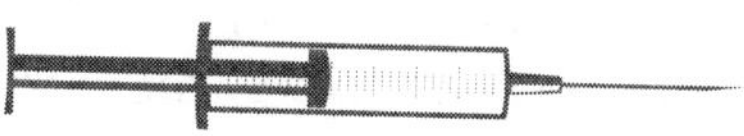

ÉPISODE 110 (5x24)

VF/La Stratégie de l'inconscient
VO/Both Sides Now

Créditons-le, mais c'est Taub qui trouve la solution.

En résumé

Après la nuit torride passée en compagnie de Cuddy, House semble enjoué. De plus, il est sevré des opiacés depuis 24 heures.

Le patient du jour souffre du syndrome de la main étrangère : il n'a pas le contrôle de son bras gauche. Pourtant, il ne semble pas y avoir de lien entre son état de santé et les convulsions dont il a été pris subitement.

La saison se ferme sur cette triste vérité :

House a halluciné sa nuit d'amour avec Cuddy, comme il avait halluciné les présences d'Amber et Kutner.

Pendant que Cameron et Chase convolent en justes noces, Wilson conduit son ami Greg à la porte de l'hôpital psychiatrique de Mayfield.

Diagnostic final : empoisonnement au propylène glycol

C'est une substance qui se trouvait dans le déodorant du patient (Scott), cancer du pancréas (Eugene).

Empoisonnement au propylène glycol (Scott) : produit chimique utilisé principalement comme additif alimentaire, considéré comme généralement non toxique, et comme anti-moisissure dans les cosmétiques.

Le cancer du pancréas (Eugene), ou adénocarcinome pancréatique, est un cancer digestif dont le pronostic est très sombre. Il touche un peu plus souvent l'homme que la femme avec une incidence qui augmente avec l'âge.

Le bon mot de House

Sa bouche dit non, mais ses hormones crient : « Oh, mon Dieu, oui, encore ! »

House musique

« The Trolley Song » (par Hugh Laurie) ; « China Grove » (The Doobie Brothers) ; « As Tears Go By » (Vitamin String Quartet) ; « As Tears Go By » (The Rolling Stones).